盘　口

徐小明　著

地震出版社
Seismological Press

图书在版编目（CIP）数据

盘口/徐小明著．—北京：地震出版社，2012.8（2021.5 重印）
ISBN 978-7-5028-4106-5

Ⅰ.①盘…　Ⅱ.①徐…　Ⅲ.①股票投资－基本知识
Ⅳ.①F830.91

中国版本图书馆 CIP 数据核字（2012）第 142295 号

地震版　XM4907

盘口
徐小明　著
责任编辑：薛广盈
责任校对：孔景宽

出版发行：地震出版社
北京市海淀区民族大学南路 9 号　邮编：100081
发行部：68423031　68467993　传真：88421706
门市部：68467991　传真：68467991
总编室：68462709　68423029　传真：68455221
证券图书事业部：68426052　68470332
http：//seismologicalpress.com
E-mail：zqbj68426052@163.com
经销：全国各地新华书店
印刷：天津嘉杰印务有限公司

版（印）次：2012 年 8 月第一版　2021 年 5 月第 23 次印刷
开本：787×1092　1/16
字数：225 千字
印张：14.25
书号：ISBN 978-7-5028-4106-5/F（4784）
定价：48.00 元

前 言

交易，最终都会落在盘口上

2008年我在写了《数字化定量分析》之后，一直没有再出版其他的著作，本来是想写《数字化定量分析续》的，但在数字运行规律和量化分析领域还有一部分内容正在研究和测试中。我很希望能够在金融研究领域多发表一些比较新的思想和方法，但越是新的东西，越是需要市场的验证，能够经得起市场检验才是合格的、才是成熟的，所以我并没有急于出《数字化定量分析续》。

通常我们获取金融知识的途径有两种：一种是找到地图自己走，在市场上去交易、去拼杀、去亲身经历、真实地感受市场。在不断的交易过程中，学习市场知识，同时会形成以自身感受为主的交易经验。经历了市场的洗礼，品味了市场里的喜怒哀乐，才会增加对市场和交易的认知，会形成自身对于交易的理解。另一种就是跟着别人走，他山之石可以攻玉。投资具有专业属性，是需要有经验的专业人士进行传道授业的。

这几年我将时间除了用于交易和研究以外，还部分投入到投资者教育领域，因为我本身在市场里经历比较多，有些路甚至走得很曲折，曾经走过的弯路，别人可以借鉴，或可以少走一些，这是一件有意义的事。早年很多困扰我很久的问题，其中比方说资本市场里到底有没有规律，它其实决定了我接下来要选择的研究方向。如果金融市场是没有规律的、是无序的，那么我们就失去了研究金融市场的性质、意义和基础。当你要进入这个市场，并且打算进行深入研究，“怀疑”这两个字你必须得过。我用了两年多的时间，经过反复的发现与验证、成功与失败，再发现、再验证才彻底的解决了这个问题，坚信金融市场是有规律的，从而才进入了金融市场的正确之门。单就“怀疑”这一关，没有正确的引导，有的投资者可能永远都过不去。

还比方说市场当中的方法种类繁多，成千上万。哪一种方法是最有效的？我想会有很多人想知道。但由于每个人的性格不同，所受教育程度不同，自身知识体系不同，并没有任何一种方法能够在任何时间里适合所有的人。如果有，那么必然在上百年的金融市场里，会被浪沙淘尽始见金，一定会被发现。但现在有吗？答案是没有。我深知世上本没有最好的交易方法，只有最适合自己的交易方法。所以，我在投资者教育领域所走的路，跟绝大多数老师所走的路是不同的。很多老师，希望你学习了他的知识，然后跟他走。我希望大家学习了我的知识，然后自己走，将命运掌握在自己的手里。

人的一生，经历毕竟是有限的，所以凡事都要讲究方法和效率。在自己走路的这个环节里，如果你乱走，很多人是到达不了终点的，即在市场里无法实现投资盈利。有的人即便有希望到达终点，但在过程中受到了比较大的伤害，走了很多的弯路，跌跌撞撞、遍体鳞伤。有的人受的伤害多了，没有了信心，在中途就退出了，成功将与其永远无缘。还有的人选择了很多条路一齐走，结果是样样通却样样松。所以在选择走哪条路的这个环节上，你一定要本着先确定一个方向，集中全部精力，走的足够深才行。先求精，再去求广。

而确定你要走的路之前，你要充分地了解金融市场里的相关知识，做到博学。博学才能找好路，才能根据自身的情况确定哪条路是最适合自己的。当你确定了最适合自己的路之后，就要坚定不移地走下去，要有十年磨一剑的信念，你一定会成为这条路上，也就是这个领域里的佼佼者。资本市场里的本质还是博弈的，你在某一个领域的深度与精度，决定了你在博弈中一定占有优势。

在交易的过程中，你会体会各种各样的感受。有成功也有失败，有兴奋也有懊恼，有欢乐也有悲伤。所以我写书的原因，其中最主要的一点就是尽量让投资者能够学到更多的知识，走更少的弯路，减少或降低在金融市场中的伤害，尽快地进入金融市场的正确之门，更多地体会到交易带来的乐趣。

经过多年的深入了解和研究之后，我发现很多投资者在交易领域缺乏最基础的盘口知识。凡是涉及交易领域的，无论是买入还是卖出，无论是大盘还是个股，无论是短线、中线还是长线，最终还是都要落在盘口上。所以，盘口是基本功，如果基本功不扎实，战术和方法在实际运用当中就会走形，有时候甚至会导致原则性的错误。

因此，我整理了这几年对于盘口知识的理解与心得，精心地编写了《盘口》一书，这本书不是什么操盘秘籍，也不是什么终极武器，尽管我在博客里的盘中同步分析提示里出现了很多次的高低点的精确即时判定，但我希望广大读者能够从更基础的、更广泛的角度来看这本书，因为每一笔的交易最终都要落在盘口上，我希望这本书给大家的感觉如同我本人一样，低调与温和。

重剑无锋。希望《盘口》能对广大投资者有所帮助，在形成足够多的积累情况下能够得以厚积薄发。

感谢和讯网 www. hexun. com 中国最大的财经门户网站对本书出版给予的支持与帮助。

徐小明

2012年5月于北京

目　　录

第一章　大盘盘口

第二章 个股盘口

第一章

大盘盘口

大盘盘口是指股票指数的分时图走势和表现形式，它反映整个股市里各种股票市场价格的总体水平及其变动情况，囊括了整体的股票价格变化和成交量的全部信息，受人为操纵的难度较大。我们精研大盘盘口就能够做到知一点而知其整体市场概况的特性，通过大盘盘口表达出来的信息就可以找到大部分个股的高低点。

第 1 节

为什么要学习大盘盘口

1. 什么是大盘

股票价格指数就是用以反映整个股票市场上各种股票市场价格的总体水平及其变动情况的指标，简称为股票指数。股票价格指数通常是选取有代表性的一组股票，把它们的价格进行加权平均，通过一定的计算得到。各种指数具体的股票选取和计算方法是各不相同的。

对于具体某一种股票的价格变化，投资者观察起来比较容易。而对于多种股票的价格变化，要逐一了解就非常困难，时间和精力都不够用，比方说 A 股现在已经有了 2000 多只股票，我们根本没有办法了解其全部信息。为了适应这种情况和需要，金融服务机构就利用自己的专业知识和对金融市场的认知，编制出股票价格指数，也就是表明股票行情变动情况的价格平均数，进行公开发布，作为市场整体价格变动的指标。投资者可以据此判断整体市场的环境，并用以预测股票市场的动向，跟随股票市场的整体趋势。

2. 股票指数的编制方法

编制股票指数，通常以某年某月为基础，以这个基期的股票价格作为100或1000或其他数，用以后各时期的股票价格和基期价格比较，计算出升降的百分比，就是该时期的股票指数的变动情况和涨跌幅度。投资者根据指数的升降，可以判断出整体股票市场价格的变动趋势。计算股票指数，要考虑两方面的因素：一是抽样，即在众多股票中抽取少数具有代表性的样本股（通常样本股必须具有代表性，并且在市场里或行业中占有比较重要的位置）。二是计算程序，有简单的算术平均数，也有加权平均数。加权平均是指按单价或总值进行加权平均（现在大多数指数使用加权平均，其权数可以是成交股数、股票总市值、股票发行量等）。

3. 常用的股票指数有哪些

上证指数：全称是上海证券综合指数，简称上证综指（图1—1—1）。它是上海证券交易所编制的，以上海证券交易所挂牌上市的全部股票为计算范围，以发行量为权数综合。上证综指反映了上海证券交易市场的总体走势。由于上海证券交易所中的上市公司多是国内比较具备规模的上市公司，市值占有绝对优势，所以人们常说的“大盘股”，就是指这些股，它们在上证指数中占了绝大部分。

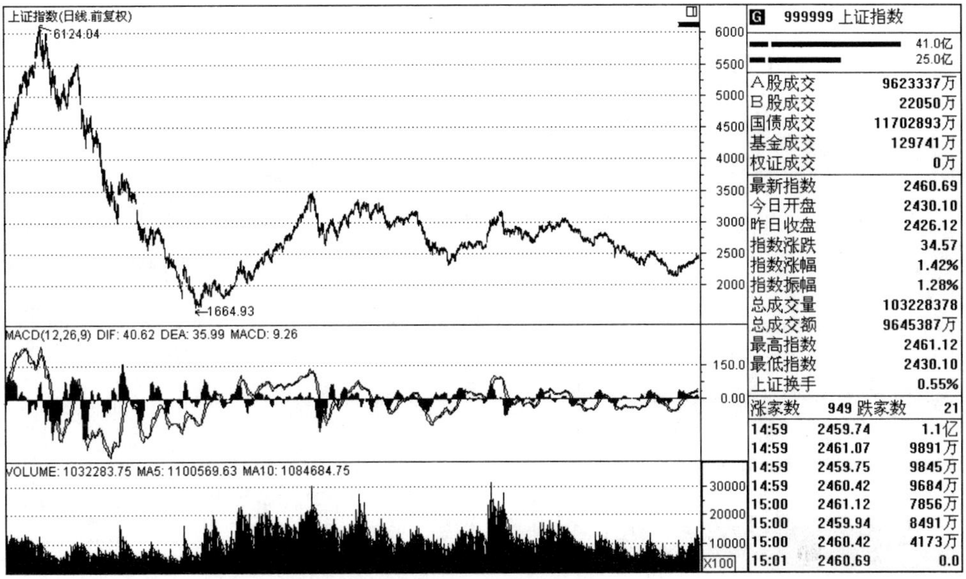

图 1—1—1　上证指数

通常在股票软件里，快捷键 F3 可直接进入到上证指数，代码 999999。

深证成指：全称是深圳证券交易所成分股价指数，简称深成指（图 1—1—2）。它是深圳证券交易所的主要股指。但和上证指数有所不同，它不以全部股票为计算范围，而是按一定标准选出 40 家有代表性的上市公司作为成分股，用成分股的可流通数作为权数，采用综合法进行编制而成的。深成指从 1995 年 5 月 1 日起开始计算，以 1994 年 7 月 20 日为基日，基日指数定为 1000 点。

$$股价指数=\frac{现时成分股总市值}{基期成分股总市值}\times 1000$$

沪深 300 指数：简称沪深 300，代码 399300（图1—1—3）。沪深 300 指数是沪深证券交易所于 2005 年 4 月 8 日联合发布的反映 A 股市场整体走势的指数，其最大的特点就是集合了两大证券交易所上市的优质股票，为指数化投资和指

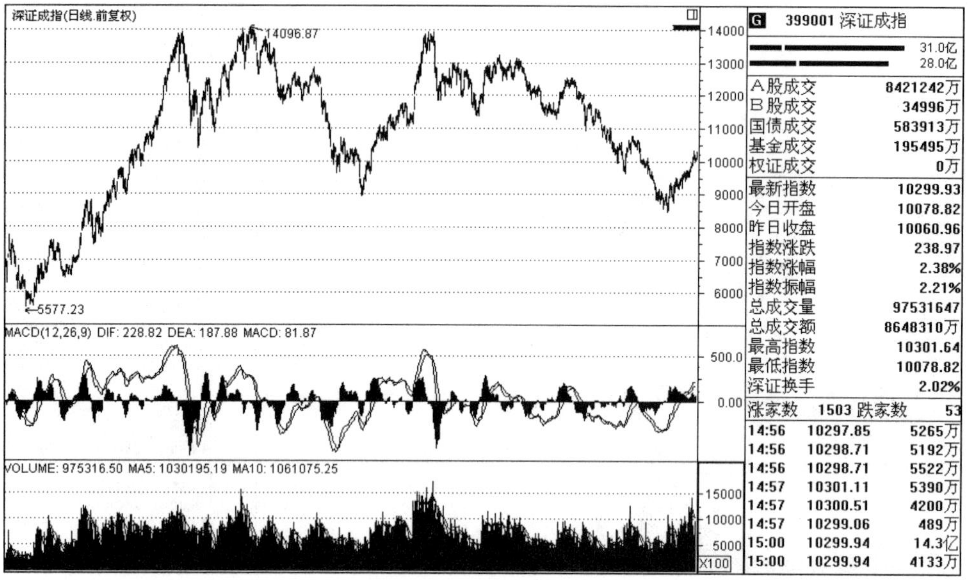

图 1—1—2　深证成指

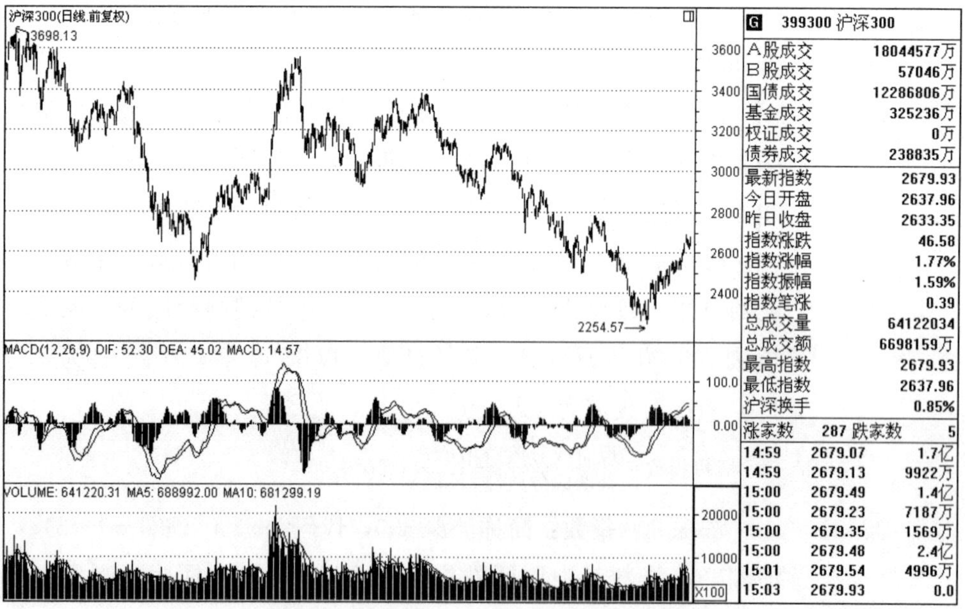

图 1—1—3　沪深 300 指数

通常在股票软件里，快捷键 F4 可直接进入到深证成指，代码 399001。

沪深 300 指数代码为 399300。

数衍生产品创新提供基础条件。比方说首个期指合约就是以沪深 300 指数为合约标的，交易代码“IF”。还有以沪深 300 指数为标的，交易型开放式指数基金（ETF），即沪深 300ETF。

中小板指数：简称中小板指，代码 399005（图1—1—4）。是在深圳证券交易所中小企业板上市交易的 A 股中选取具有代表性的优质上市公司 100 家为成分股。反映中小板（中小板股票代码为 002 开头）以 2005 年 6 月 7 日为基日，基日指数为 1000，采用派氏加权法编制[①]。

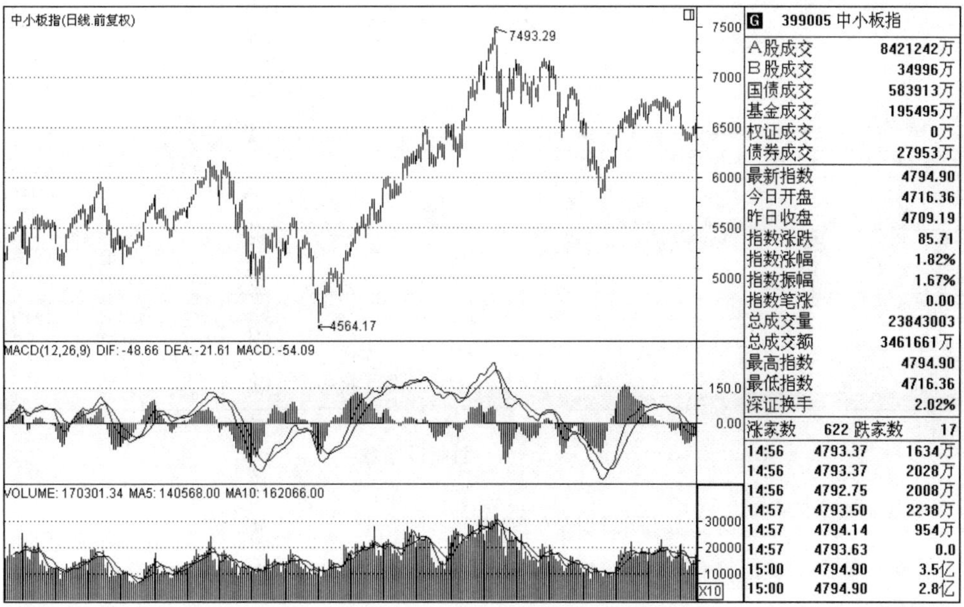

图 1—1—4　中小板指数

① 计算期加权股价指数又称派氏加权指数（Paasche Index），采用计算期发行量或成交量作为权数。

中小板指数代码为 399005。

创业板指数：简称创业板指，代码 399006（图1—1—5）。创业板地位是次于主板市场的二板证券市场，以 NASDAQ 市场为代表，在中国特指深圳创业板。创业板指数，是在深圳证券交易所创业板上市交易的 A 股中选取具有代表性的优质上市公司 100 家为成分股（创业板股票代码为 300 开头），以 2010 年 5 月 31 日为基日，基日指数为 1000，同样采用派氏加权法编制。

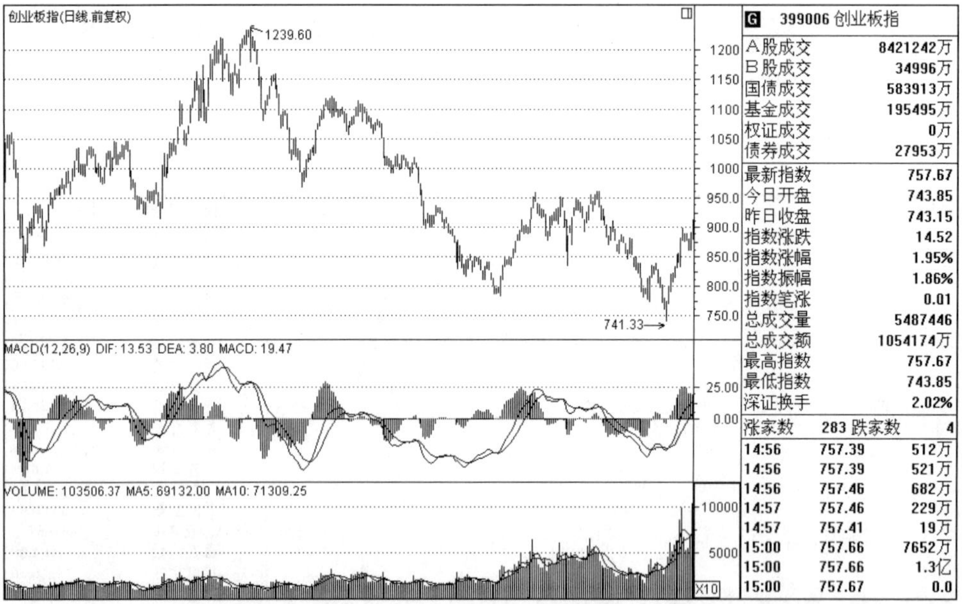

图 1—1—5 创业板指数

创业板指数代码为 399006。

其他指数：除了上述 5 种常用的重要指数外，还有根据性质、行业、风格、主题等制定的相应指数。拿上海证券交易所里的指数为例，包括成分指数：上证 180、上证 50 等；综合指数：A 股指数、B 股指数、新综指；行业指数：上证工业、上证医药、上证金融；风格指数：180 价值、

180 成长；主题指数：红利指数、责任指数、基金指数、国债指数等。

4. 什么是大盘盘口

大盘盘口其实是指股票价格指数的分时盘口数据。通常在指数 K 线图上，按快捷键 F5 进行切换或“05＋回车”。与 K 线图最为明显的区别是 K 线是蜡烛图，分时盘口是两条线；K 线图的时段是不固定的，分时盘口是上午 9:30～11:30，下午 13:00～15:00；K 线图左上角会标明 K 线周期，而分时盘口会标明“分时”两个字。如图 1－1－6 所示。

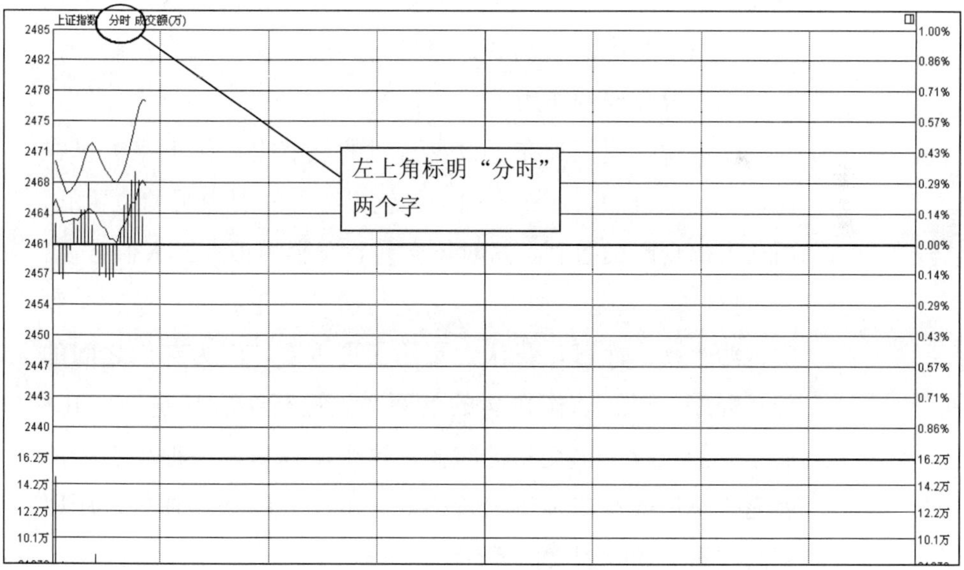

图 1－1－6 盘口分时

5. 为什么要学习大盘盘口

大盘通常是反映众多股票整体行为的，因规模非常大而受到人为操纵的难度要比股票大很多，所以大盘的反映会比较客观和准确，能够提供给我们一种指导操作的环境。在交易过程中，凡是涉及交易领域的，无论是买入还是卖出，无论是短线、中线还是长线，最终都是要落在盘口上。如果大盘是上升的，市场里的个股多数会是上升的；如果大盘是下跌的，那么市场里的个股多数会是下跌的。由于大盘每天盘口在位置上会出现很多个高点和低点，如果我们能够认真地对待盘口交易，注重操作的细节，买入的时候尽量选择在大盘盘口的低点买入，卖出的时候尽量选择在大盘盘口的高点卖出，对于交易的成功率、交易的心态与交易风险控制等都会起到十分重要的作用。

比方说，我们买在了大盘盘口的低点上，接下来大盘在盘口上是上升的，那么你的交易就很有可能因为买的位置低，而马上出现账面盈利，这对于交易心态影响很大。人们常说："买是徒弟，卖是师傅"，其实这句话是不正确的。单就买和卖这两个动作而言，我认为买比卖更重要，因为它们之间的相互顺序，买的动作在卖的前面，先进行买入后进行卖出。而在我们执行卖出交易的时候，这个市场里，是很少有人能够完全忘记或忽略掉买入价格的。由于买的动作在先，所以买的位置会影响着卖的动作。

假如你买的位置足够低，你卖出的时候，就是赚多赚少的问题；如果你买的位置高，那么你卖出的时候，就是赔多赔少的问题。由于绝大多数人根本不可能在卖出的时候能够完全不顾账面上的盈亏所带来的感受，所以当亏损的时候，卖的动作没有在盈利的时候执行卖这个动作执行的更坚决。因此，很多投资者导致其巨大亏损的原因，都是由于微小的亏损引发的。我们可以利用大盘盘口的特征，来尽可能地使买入的位置更低一些，我们的抗风险能力就会更强一些，操作和交易的成功率就会更高一些。

如果你留意国际上知名的竞技大赛，你就会发现顶级高手比拼的都是细微之处。细微之处的专注和专业，足以决定竞技场上的成败。而在金融市场里大博弈的环境下，能在交易时的细节之处下工夫的人，一定会在博弈里占有优势。有时候大盘分时线盘口知识的掌握，可能比不顾盘口的人会低买很多。就算低买 1 分钱，它的意义都是比较大的。假如行情转弱，你账面上每股盈利 1 分钱，和账面每股上亏损 1 分钱，会直接导致你账户里的颜色是红（盈利）还是绿（亏损）。而绿的时候，就不如红的时候卖出更容易些。而真实交易里，很多次大的亏损都是由于这些微不足道的小亏损引起的。

大家在亏损的时候，主观意愿上是不愿意卖出的，而就因为 1 分钱的亏损，就会导致你更倾向于等待，更容易产生侥幸心理，从而导致亏损 1 毛钱，1 块钱，几块钱，甚至几十块钱。想想看，哪一次大亏跟开始的小亏没有关系？所以，盘口交易不仅要注重细节，而且要“斤斤计较”，正所谓细节决定成败。

第 2 节
大盘盘口的相关解释

我们以大家最常用的免费软件通达信为例（通常证券公司的网上交易端都是免费的通达信系统）。大盘盘口通常分为主图和副图，如图1—2—1（大盘盘口大图），主图占了整张图左边3/4的位置，是显示一天的指数价格的变动情况。横坐标是时间，纵坐标是价格，左侧是指数价格，右侧是指数的涨跌幅度H，下面是成交量。A：最中间是上一个交易日的收盘价格，通常是白色表示。B：白色价格上方的价格是红色的，高于昨天的收盘价格，代表上涨。C：白色价格下方的价格是绿色的，低于昨天的收盘价格，代表下跌。D：横坐标是时间，每半个小时用一条竖线隔开，全天共交易4个小时。早盘集合竞价的时间不显示，只从9:30开始至中午11:30结束；下午13:00开始至15:00结束。上午股指期货的盘口会比股票提前15分钟开盘，下午收盘也滞后15分钟收盘，结算日除外。

下面是成交量，通常是黄色的柱状线，通过它的高度来表示是放量的还是缩量的。E最下面是指标。分时盘口的指标，我本人并不常用，喜欢的可以自己调用一下试试。其实即便是在K线，我也并不常用指标，写博客的时候也很少谈及指标。最主要是因为我曾经深入地研究过指标，比方说均

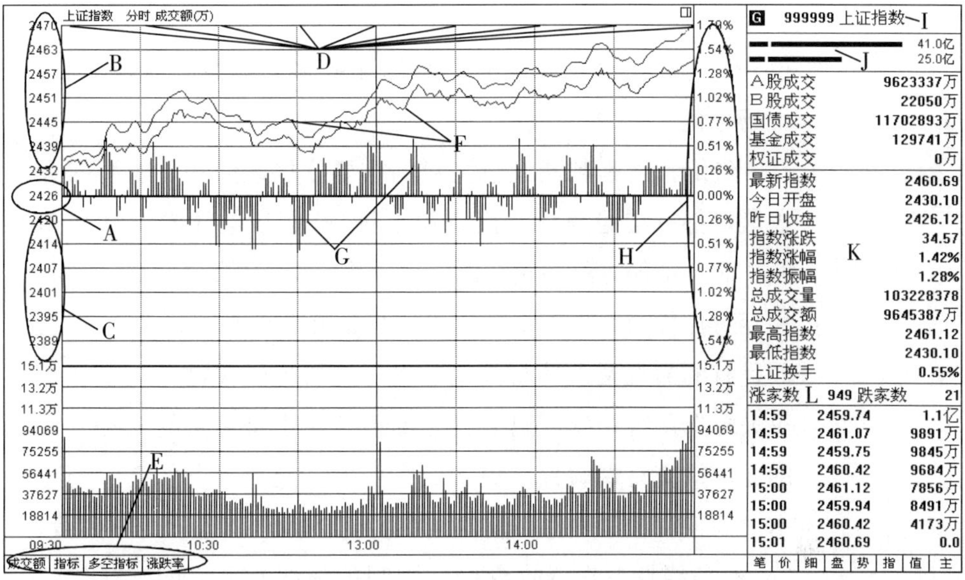

图 1—2—1 大盘盘口大图

线、布林线、KDJ、RSI、乖离率、宝塔线等，甚至把它们的设计公式进行拆分，仔细研究了一下指标的构成。正是对指标有很深的理解，所以才不怎么应用指标。因为所有的指标都是由空间和时间换算出来的，绝大部分指标跟成交量没有关系，只跟时间和价格有关系。所以，我可以只看价格和时间的运行情况就知道指标的大概运行状况。而所有的指标都有参数，有参数就代表了滞后，最快的是 KDJ 了，标准参数（9，3，3）仍然滞后 3 个周期。因此，时间和价格是最快的，我对时间和价格的研究也最深入。

中间的部分，也是大盘盘口里最主要的部分，为价格主图。主要的构成有白色线、黄色线、红角线和绿角线等。F：白色线，也叫大盘股线，代表了占指数绝对统治地位的大盘蓝筹股的市场表现，也是指数的真实价格的波动（白色线的价格和指数的价格一致）。黄色线，也叫小盘股线，代表了占股票数量优势的小盘股的市场表现，但并不代表大盘的价格。

有时候大盘在涨，但个股却跌的多，那就是小盘股线在下跌；也有的时候大盘在跌，但个股却涨的多，小盘股线在上涨，市场分化。

红绿角线是判断大盘盘口的重要依据，但并非所有的大盘盘口都有红绿角线，比方说上证 50 指数，就没有红绿角线。而且即便有红绿角线的，由于软件本身的设计思想不同，相互对比你会发现，不同的软件红绿角线的表现形式也不同，而且有的简直偏差的很离谱。由于这块比较关键，我强烈建议大家选用统一的看盘软件，即最普遍也是免费的证券公司的通达信交易端软件。免费的东西不一定比收费的差。到写本书为止，我本人并不用任何收费交易软件来进行交易决策。G：红角线是在昨日收盘价（中间的横线）上方的，红色的柱状线俗称“红毛”；绿角线是在昨日收盘价下方的，绿色的柱状线俗称“绿毛”。

按键盘上的“左”、“右”箭头，能在分时线上把十字光标调出来，如图 1—2—2 所示。十字光标是以每一分钟作为时间间隔，竖线代表时间（精确到分钟），横线代表当前价格。当十字光标出现的时候，左上角将出现一个小窗口，分别显示时间、价位、均价、涨跌、涨幅、成交额。

到这里主图就介绍完了，下面我们来介绍一下副图。

副图是在盘口里最右侧的位置，我们由上至下进行详细介绍。

最上面是指数代码和指数名称，比方说 I 代码 999999、名称为上证指数（图 1—2—1）。紧接着下面是大盘多空阵线（新功能）J，用处不大。是统计了所有的 5 档总卖出金额和 5 档总买入金额的挂单量，其中有个小竖线，竖线左边是最重要的 5 档里面的第 1 档的金额汇总，竖线右边是其余 4 档金额汇总。接下来是本交易所的其他指数报价，分为：A 股、B

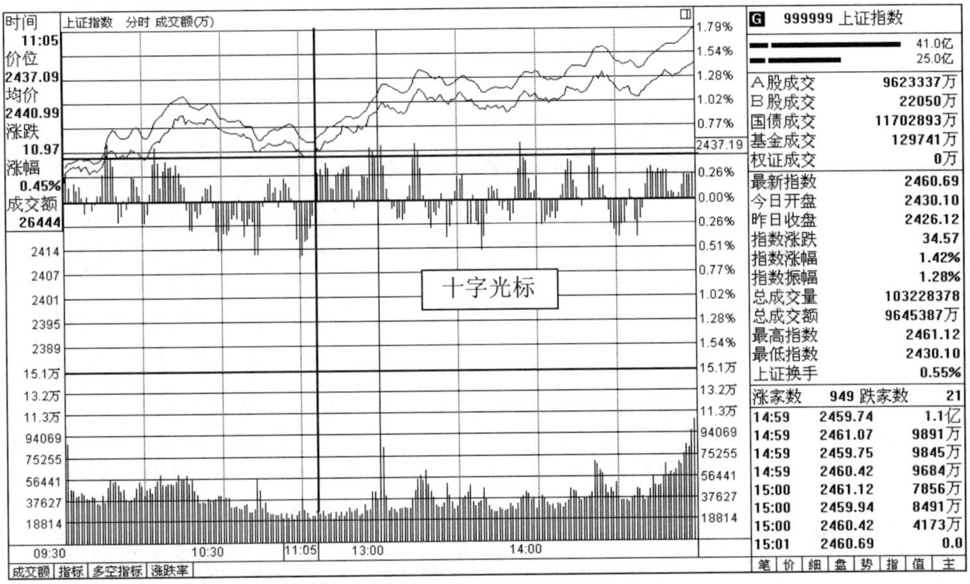

图 1—2—2　十字光标

股、国债、基金、权证，这些信息用处也不大。

再下面就是指数的详细明细了，即 K 区域，相对来讲重要一些。分别是：最新指数，指的是当前的最新一笔指数价格；今日开盘，指的是当天第一笔集合竞价形成的指数价格；昨日收盘，指的是上一个交易日的指数收盘价格；指数涨跌，指的是对比昨日收盘价的价格变动情况；指数涨幅，指的是对比昨日收盘价的涨跌幅情况；指数振幅，指的是最高价和最低价形成的震荡的幅度；总成交量，指的是所有股票的成交总量（单位手）；总成交金额，指的是所有成交金额的汇总（单位万元）。

这里面要注意的是，总成交量和总成交金额不同，大与小、多与少都是相对而论的。单就成交量和成交金额来讲，成交金额更重要一些，因它直接代表了资金。K 线里成交量的代码是 VOL，成交金额的代码是 AMO。如果指数的成交量相对大，但成交金额相对不大，则代表了今天成交主要集中在中低价股。如果指数的成交量相对不大，但成交额却相对大，则代表了今天成交主要集中在中高价股。这对判断市场整体的热点价格区域有直接帮助。

最高指数，指的是全天最高的一笔指数价格；最低指数，指的是全天最低的一笔指数价格。这块也比较重要，因为在波浪理论判断浪形里，能否创新高或创新低，对于浪形判断会起到关键作用，所以最高价和最低价的精确数值非常重要。上证换手，指的是在上海证券交易所里的流通股票当天有百分之多少进行了换手，它代表交易的活跃度和热情。

再下面就是涨跌家数 L，这个也经常用到。如果大盘涨，上涨家数也多，代表普涨；大盘跌，下跌家数多，代表普跌。这属于比较正常的，指数代表了绝大多数的股票运行情况。如果大盘涨，但下跌家数多，或者是大盘跌，但上涨家数多，这表示个股和大盘之间出现了比较明显的分化。指数涨跌没有代表绝大多数股票，而是只代表了权重蓝筹股。

再下面是分笔报价部分，最下方是一些细分功能，它们的作用都不大，这里就不详细介绍了。

以上是以上证指数为例，其他的指数，功能上基本相同。至此，大家可以对大盘盘口有一个简单的了解，这对我们后面学习大盘盘口打下了必要的基础。

第 3 节

大盘的 1 分钟高低点

下面就让我们先来进行大盘盘口位置的分析和判断吧。位置其实就是指高点还是低点，后面我们再讨论高低点的重要程度，也就是级别。现在我们就先在不考虑级别的前提下，只是区分出大盘的盘口处于什么样的位置上。

判断大盘盘口的位置是高点还是低点，主要要用到大盘的价格线和红绿角线，所以对看盘软件有要求，再次建议使用免费的而且常见的证券交易端通达信系统。我们争取都用同一平台，这对于盘口的判断会更加的趋于一致。

那么，怎么判断大盘的位置呢？我对于位置的高和低，是相对于最小的分时 K 线 1 分钟线而言的。在我博客里的盘中同步直播里，会常写“1 分钟高点”或“1 分钟低点”，就是 1 分钟 K 线上的高点和低点位置。如图 1—3—1 所示。

关于 1 分钟 K 线的调用，可以按数字“91”之后“回车”，“92”“回车”对应的是 5 分钟线，“93”“回车”对应的是 15 分钟线，“94”“回车”对应的是 30 分钟线，“95”“回车”对应的是 60 分钟线，“96”“回车”对应的是日线，“97”“回车”对应的是周线，“98”回车对应的是月线。或者是把大盘分时盘口按 F5 键或“05”“回车”切换到“K 线”上，点鼠标右键，选择分析周期，再选择 1 分钟线。如图 1—3—2 所示。

图 1—3—1 1 分钟 K 线

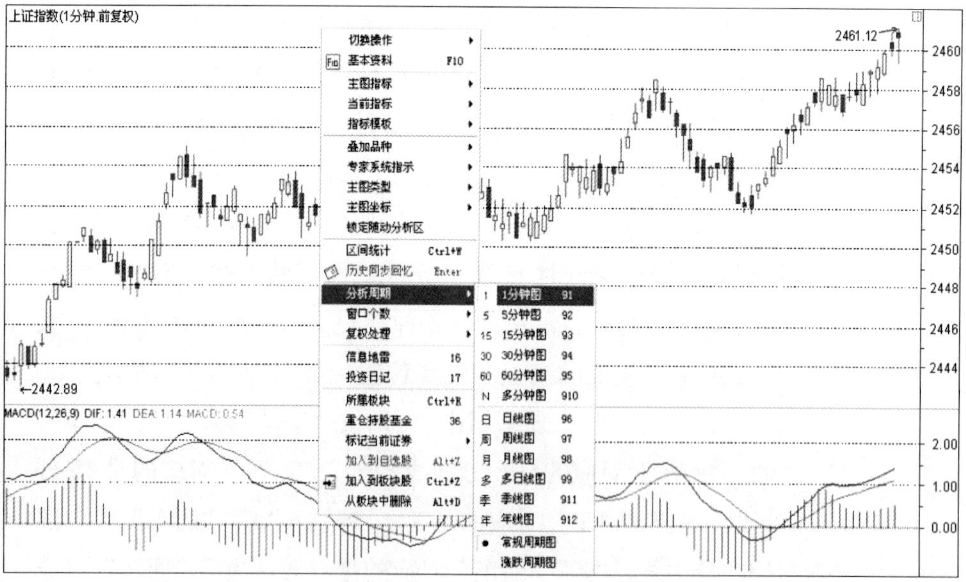

图 1—3—2 选择分析周期

当调用出 1 分钟 K 线之后，那么在 1 分钟 K 线上形成的明显的高点和低点就是大盘盘口的位置。我在博客盘中同步分析提示里写的“1 分钟高点”或“1 分钟低点”，实际上就是大盘 1 分钟 K 线的高点和低点。我们当然容易在已经走过的行情里找到大盘 1 分钟 K 线上的高低点，而问题的关键是，我们怎么能够在大盘的盘口上即时地判定为高点还是低点呢？这是带有一定的预测性的，如果跌了几分钟了，我们当然可以判断几分钟之前是 1 分钟高点；或者是涨了几分钟了，我们就能够确定几分钟涨之前是 1 分钟低点。那是事后诸葛亮，对于交易来讲没有任何作用。

即时地判定，就是预测其后的几分种的时间里，市场将要怎样运行，这种分析方法带有预测的成分。千万不要人云亦云道听途说地认为，在股市里不能预测。说的人多，却未必对，《数字化定量分析》已经举过类似的例子。在这个市场里，我们一定要自己去思考很多简单的问题，它在逻辑上是否成立。我认为，预测是金融市场的必要过程。你买股票，不就是在预测股价将要上涨吗？如果你预测股价要跌，为什么买呢？卖出也一样。只要你做了买和卖这种最基础的动作，就是在预测。没有预测，在金融市场里、在股市里我们什么都做不了。所以预测是金融市场里常用的一种形式，一个必要的过程，我们总不能每天穿着鞋，却反对穿鞋吧。预测是指有条件的、有原因的推出结果，而没有条件，没有原因的推出结果，那不叫预测，而是预言。我们要当一个预测者，而不是预言者，预测是金融市场里最科学的方法之一。

单就预测而言，预测越近的时间效果就越好。因为我们用以推导未来的原因多是现在，所以距离现在越近，预测的效果就会越好。打个比方说，你判断你下一分钟将要发生什么，要比你判断下一个小时发生什么容易得多；你判断你今天要发生什么要比你判断明年的今天你要发生什么容易得多。金融市场也是一样，预测未来几分钟的事，要比预测未来几年的事容易得多。所以我常说的一句话，最有效的分析方法，其中之一就是别想太远的事，拿着手电，照一米，走一米。

那么，大盘位置的即时判定实际上就是要解决未来几分钟大盘的运行方向的问题。我们可以通过买卖盘之间的力度对比，价格与红绿角线之间的关系（注：本书是黑白印刷，大盘与个股价格变化时的“红角线”在书中实际上是 0 轴以上朝上的竖线，“绿角线”对应的是 0 轴以下朝下的竖线）来充分地表述这个问题，它的重复性和精确度都很高。

1 分钟高点的判断方法是：首先找到大盘分时盘口的一个上升，然后找到这个上升的鼎盛时期和衰退时期，最后判断衰退时期的临界点，即转折点。

为了方便讲解，我们把正常的行情放大一些。如图 1—3—3 所示。

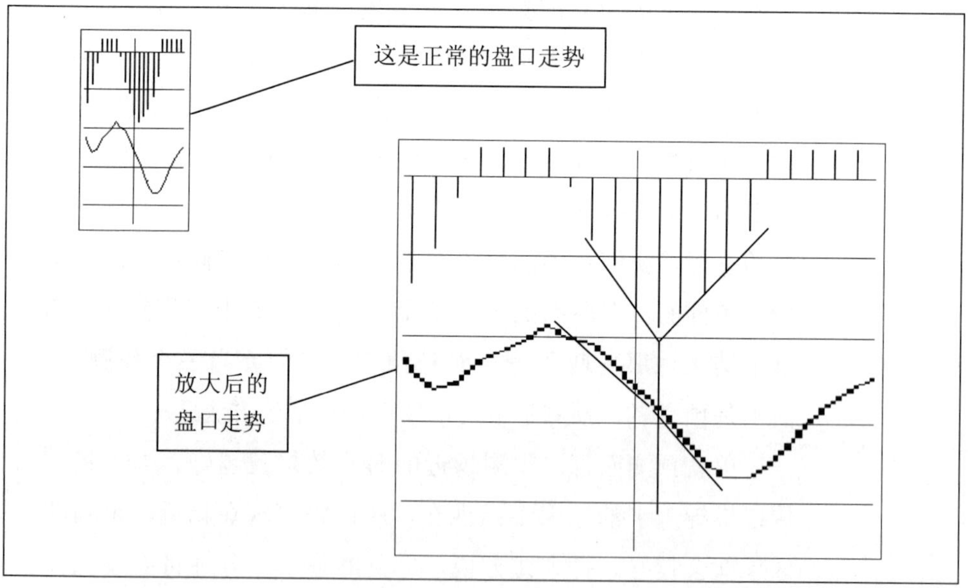

图 1—3—3 放大

在图1—3—3中，左上角是大盘盘口正常的行情走势，为了方便讲解，把左上角的图形进行放大，就是右边的部分了。

首先是找大盘分时盘口的一个上升，这并不难。那么什么是分时线上升的鼎盛时期呢？鼎盛时期有一个特征，就是速度很快，在上升的过程中，同时伴随着红角线的不断放大，代表还有持续的做多能力。如果遇到这种情况，就代表了分时线的上升正处于鼎盛时期，会有一定的上升延续性，通常也就不会形成1分钟高点。如图1—3—4所示。

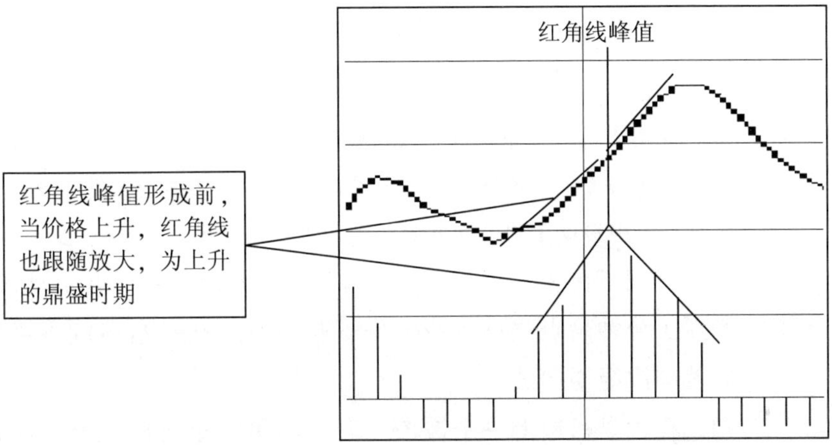

图1—3—4 上升鼎盛时期

在图1—3—4中，红角线的峰值（最高点）形成之前，当价格上升红角线也跟随放大，呈现出同步的上升，在红角线没有回落之前，上升处于鼎盛时期。

什么是大盘盘口分时线上升的衰退时期呢？就是分时线仍处于上升的过程中，但速度开始由快转慢，红角线开始由大变小，价格和红角线之间形成背驰，一个向上运行，一个向下运行。这是能量衰竭的重要信号，称之为盘口分时线上升的衰退时期。如图1—3—5所示。

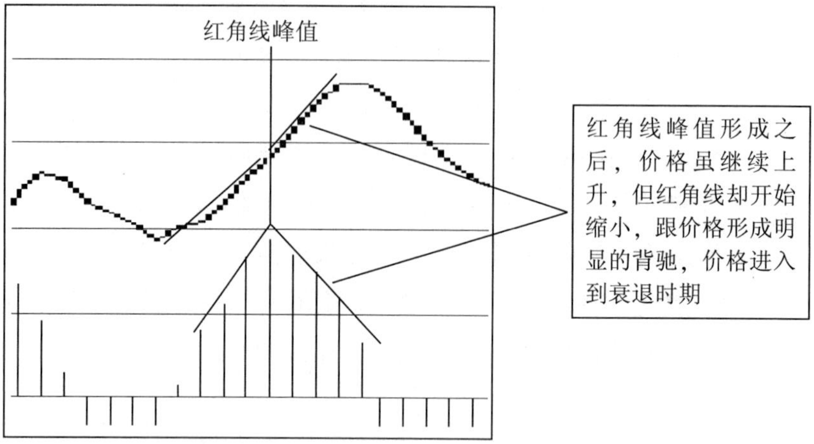

图 1—3—5 上升衰退时期

在图 1—3—5 中，红角线的峰值（最高点）形成之后，红角线开始出现回落，但价格延续了上升的惯性，还在继续上升，这跟红角线的缩小形成了明显的背驰，上升进入到衰退时期。

找到了价格上升衰退时期，就距离 1 分钟高点不远了。判断 1 分钟高点之前，我们先了解一下什么是盘口的主级正向波与次级逆向波。

在大盘盘口上一个波段上升区间里的小阶段上升，或在大盘盘口上一个波段下跌区间里的小阶段下跌，因为跟其所在较大的波段方向相同，叫做主级正向波（通常我们也可以做上升趋势里的上升，或下降趋势里的下跌）。相反，在大盘盘口上一个波段上升区间里的小阶段调整，或在大盘盘口上一个波段下跌区间里的小阶段上升，因为跟其所在较大的波段方向相反，叫做次级逆向波（通常我们也可以做上升趋势里的回调，或下降趋势里的反弹）。如图 1—3—6 和图 1—3—7 所示。

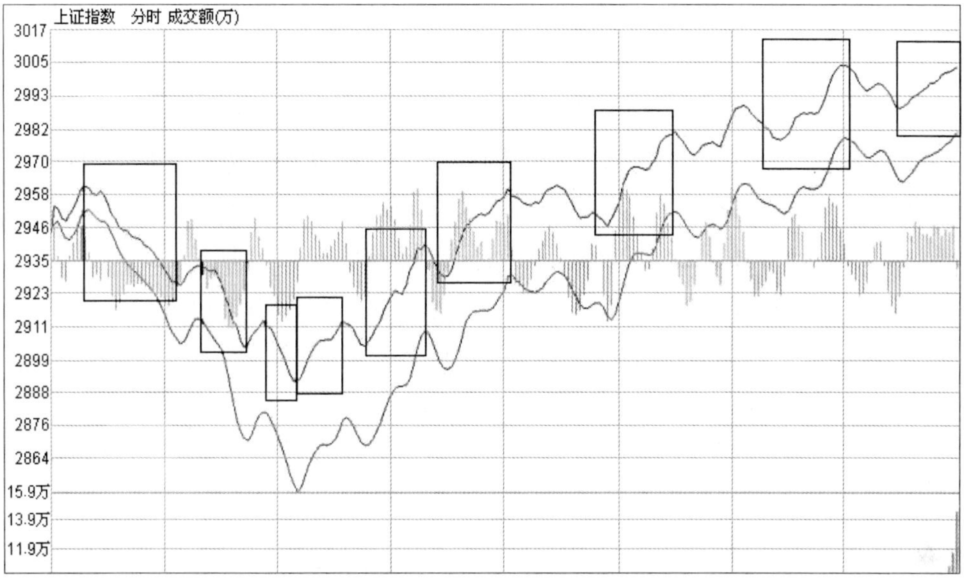

图 1—3—6 主级正向波

在图 1—3—6 中，方框里的行情部分，最低点之前分时盘口是下降趋势，下降趋势里的下跌，是主级正向波；最低点之后分时盘口是上升趋势，上升趋势里的上升也是主级正向波。

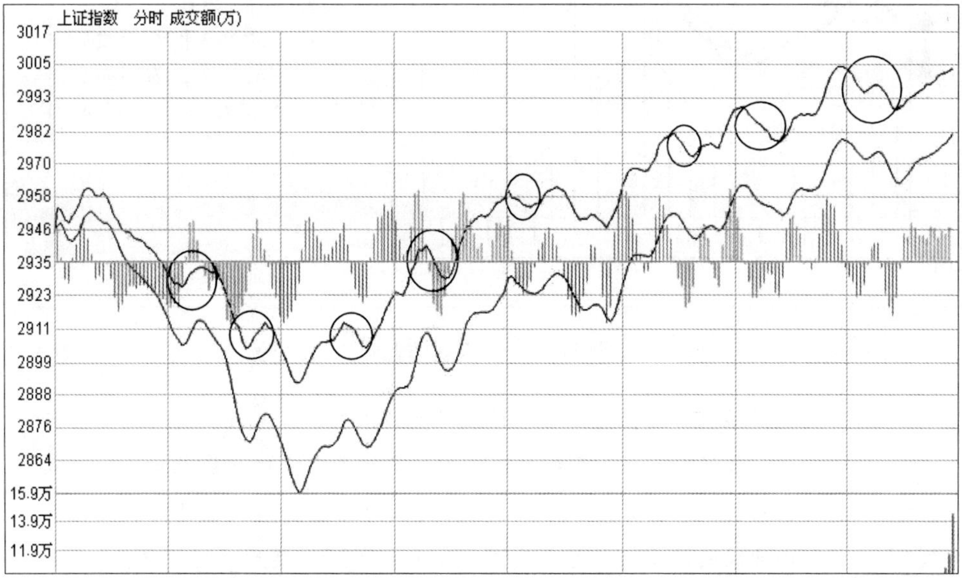

图 1—3—7 次级逆向波

在图 1—3—7 中，圆圈里的行情部分，最低点之前分时盘口是下降趋势，下降趋势里的反弹，是次级逆向波；最低点之后分时盘口是上升趋势，上升趋势里的调整也是次级逆向波。

什么是衰退时期的临界点呢？通过对大盘盘口的仔细观察，我发现价格与红角线之间的背驰所形成的衰退时期并不能持续很久。如果是在盘口上出现明显的分时线上升，即主级正向波里，在红角线形成最高点出现回落的第 3 分钟（最高点为零不是第 1 分钟）为临界点。我们可以把十字光标打出来，找到红角线最高的那根线（记为 0），按右键到后面的第 3 根线对应的价格，市场将出现这个小波段的最高点，也就是临界点，随后转向下跌。如图 1—3—8 所示。

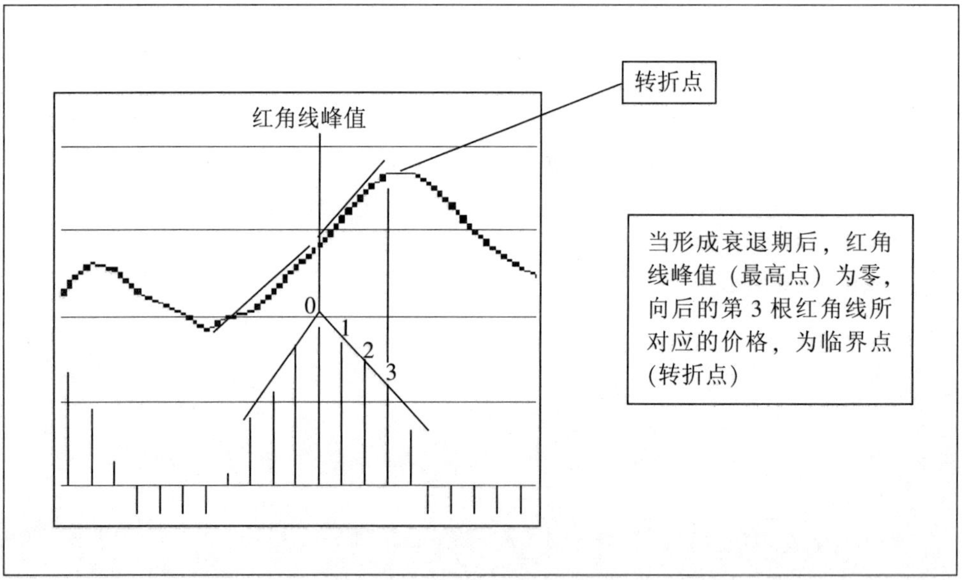

图 1—3—8　明显的上升

在图 1—3—8 中，在明显的盘口上升，或主级正向波里，当盘口形成了前面所讲到的衰退期后，从红角线峰值（最高点）为起点记为 0，向后按右键到第 3 根红角线对应的价格，市场将出现这个小波段的最高点，也就是临界点（转折点），随后转向下跌。

如果是在盘口上出现的上升并不很明显，或是下降途中的反弹的话，即次级逆向波里，在红角线形成最高点出现回落的第2分钟（最高点记为0不是第1分钟），即把十字光标打出来，找到红角线最高的那根线（记为0），按右键到后面的第2根线对应的价格，市场将出现这个小波段的最高点，也就是临界点，随后转向下跌。如图1—3—9所示。

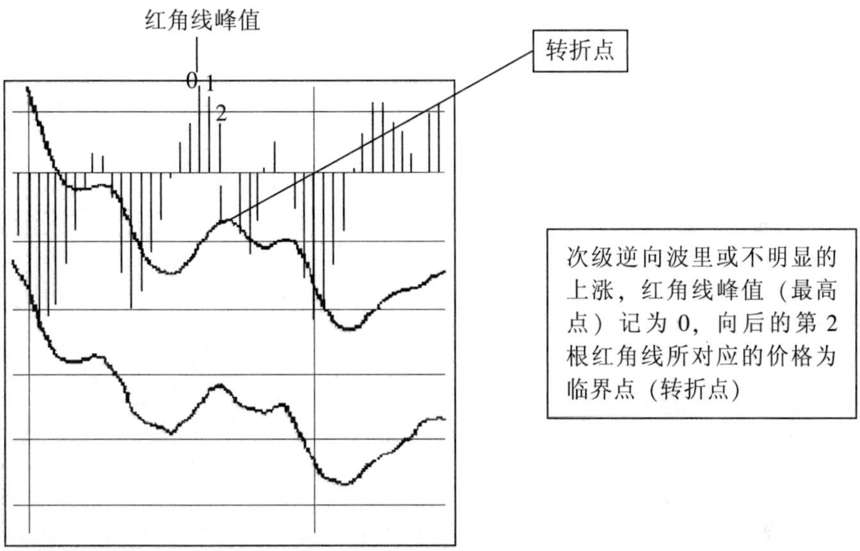

图1—3—9 不明显的上升

在图1—3—9中，在不明显的盘口上升，或次级逆向波里，当盘口形成了衰退期后，从红角线峰值（最高点）为起点记为0，向后按右键到后面的第2根红角线对应的价格，市场将出现这个小波段的最高点，也就是临界点（转点），随后转向下跌。

这样我就能够用价格和量能之间的关系来找到大盘的1分钟高点。同理，我们也能够找到大盘的1分钟低点。方法如下：

1分钟低点的判断方法是：首先找到大盘分时盘口的一个下跌，然后找到这个下跌的鼎盛时期和衰退时期，最后判断衰退时期的临界点，即转折点。

首先是找大盘分时盘口的一个下跌。那么什么是分时线下跌的鼎盛时期呢？和上升的鼎盛时期一样，特征就是速度很快，在下跌的过程中，伴随着绿角线的不断放大，代表还有持续的做空能力。如果遇到这种情况，就代表了分时线的下跌正处于鼎盛时期，会有一定的下跌延续性，也就不会形成1分钟低点。如图1—3—10所示。

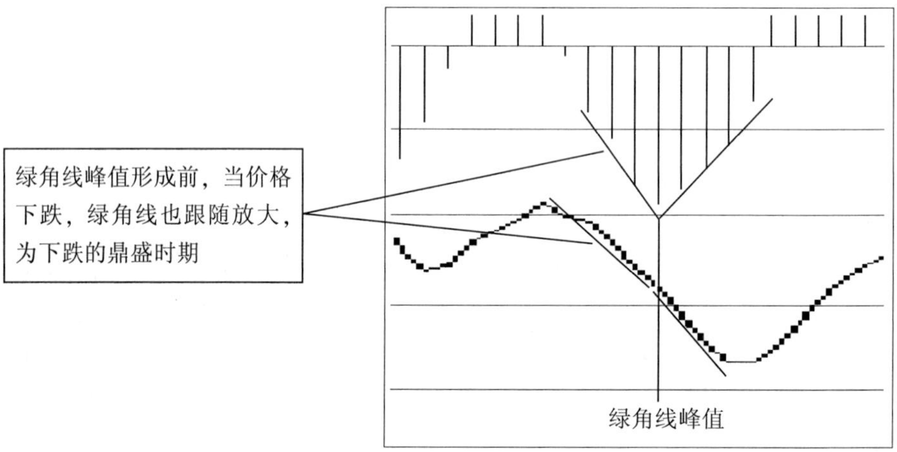

图1—3—10 下跌鼎盛时期

在图1—3—10中，绿角线的峰值（最低点）形成之前，当价格下跌绿角线也跟随放大，呈现出同步的下跌，在绿角线没有回升之前，下跌处于鼎盛时期。

什么是大盘盘口分时线下跌的衰退时期呢？就是分时线仍处于下跌的过程中，但速度开始由快转慢，绿角线开始由大变小，价格和绿角线之间形成背驰，一个向下运行，一个向上运行。这是能量衰竭的重要信号，称之为盘口分时线下跌的衰退时期，如图1—3—11所示。

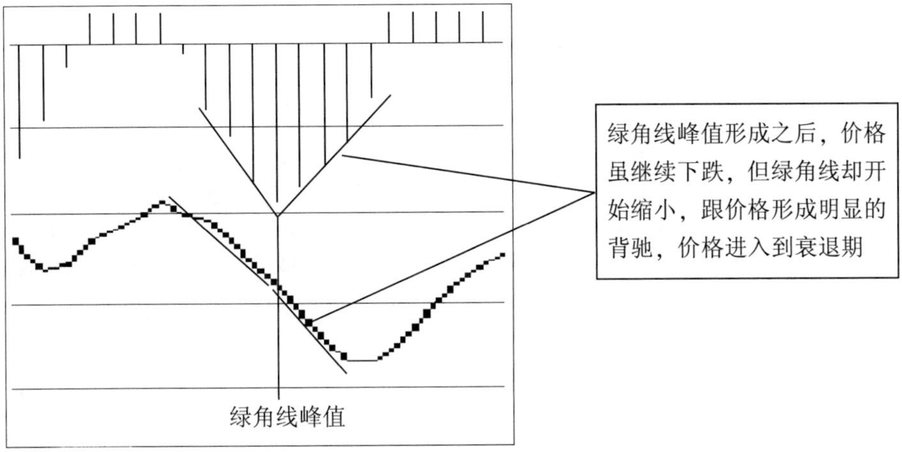

图 1—3—11　下跌衰退时期

在图 1—3—11 中，绿角线的峰值（最低点）形成之后，绿角线开始出现回升，但价格延续了下跌的惯性，还在继续下跌，这跟绿角线的缩小形成了明显的背驰，下跌进入到衰退时期。

什么是衰退时期的临界点呢？如果是在盘口上出现明显的分时线下跌，即在主级正向波里，在绿角线形成最低点出现回升的第 3 分钟（最低点记为 0，不是第 1 分钟），即把十字光标打出来，找到绿角线最低的那根线（记为 0），按右键到后面的第 3 跟线对应的价格，市场将出现这个小波段的最低点，也就是临界点，随后转向上升。如图 1—3—12 所示。

如果是在盘口上出现的下跌并不很明显，或是上升途中调整的话，即在次级逆向波里，在绿角线形成最低点出现回升的第 2 分钟（最低点记为 0，不是第 1 分钟），即把十字光标打出来，找到绿角线最低的那根线（记为 0），按右键到后面的第 2 跟线对应的价格，市场将出现这个小波段的最低点，也就是临界点，随后转向上升，如图 1—3—13 所示。

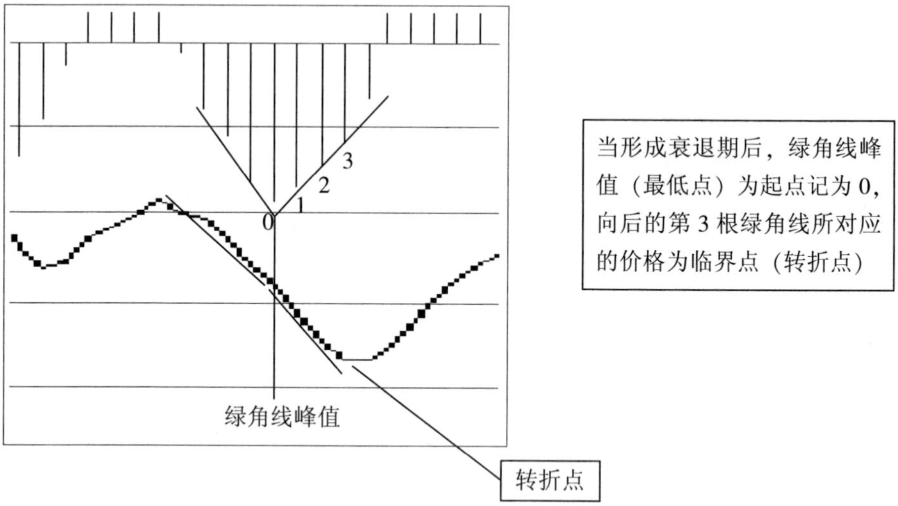

图 1—3—12 明显的下跌

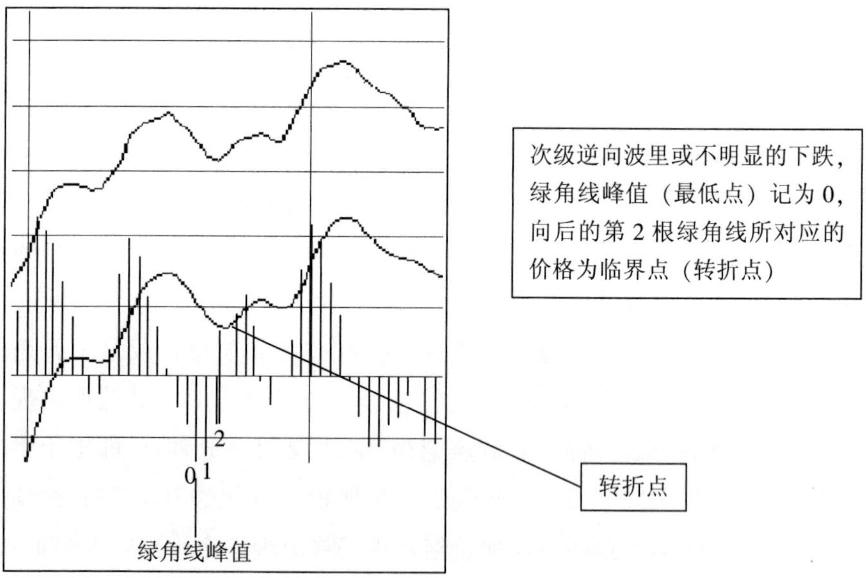

图 1—3—13 不明显的下跌

在图 1—3—12 中，在明显的盘口下跌或主级正向波里，当盘口形成了衰退期后，从绿角线的峰值（最低点）为起点记为 0，向后按右键到后面的第 3 根绿角线对应的价格，市场将出现这个小波段的最低点，也就是临界点（转折点），随后转向上升。

在图 1—3—13 中，在不明显的盘口下跌，或次级逆向波里，当盘口形成了衰退期后，从绿角线峰值（最低点）为起点记为 0，向后按右键到后面的第 2 根绿角线对应的价格，市场将出现这个小波段的最低点，也就是临界点（转折点），随后转向上升。

通过这个方法，我们就能即时地判定大盘的盘口位置了，我们找到的高点和低点的位置，实际上就是 1 分钟 K 线的高点和低点，即我在博客里常写的 1 分钟高点和 1 分钟低点。位置是基础，只有先找出高低点，才能判断高点和低点的级别以及随后的结构与强弱。因此基础一定要打牢。

上面我们所讲的是绝大多数情况，1 分钟高低点的判断方法，它也是大盘盘口的基础。那么在有些个别的情况下，这个方法也将进行适当的调整，那就是在极强或极弱的市场条件下。

比方说代表大盘分时盘口极强的上升，通常我在博客里盘中同步分析提示称之为“井喷”。遇到井喷的极强盘口，分时线的上升角度大于 75°角，速度极快而猛烈，短期升幅巨大。其背景通常是某一个板块整体出现了大幅拉升，引领整体的市场出现疯狂性抢筹，导致全线快速上涨。这个时候，我们还可以用上述方法来找到 1 分钟高点，只不过在此刻的红角线形成最高点之后，要向后比正常的判断方法后移 1～2 分钟，因为井喷导致大盘盘口的上升惯性很强，会比正常有一定的延迟，如图 1—3—14 所示。

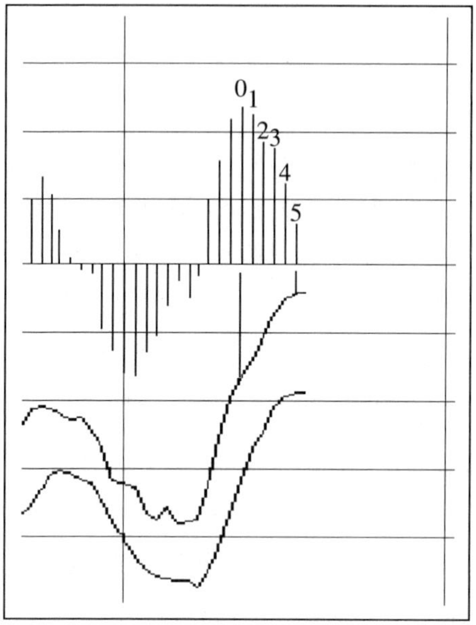

大盘盘口出现井喷的时候，红角线的峰值要向后多数 1~2 个周期，本图第 5 根红角线对应的价格才见到临界点

图 1—3—14 大盘井喷

在图 1—3—14 中，在盘口出现快速上涨的井喷走势的情况下，当盘口形成了衰退期后，从红角线峰值（最高点）为起点记为 0，向后按右键到后面的第 4 根至第 5 根红角线对应的价格，市场将出现这个波段上升的最高点，也就是临界点（转折点）。

代表大盘分时盘口极弱的下跌，通常我在博客里盘中同步分析提示称之为“跳水”。遇到跳水的极弱盘口，分时线的下跌角度大于 75°角，速度也是极快而猛烈的，导致短期跌幅巨大。同理，其背景通常是某一个板块整体出现了密集性跳水，引领整体的市场出现恐慌性抛盘，导致全线快速下跌。这个时候，我们还可以用上述方法来找到 1 分钟低点，只不过在此刻的绿角线形成最低点之后要向后比正常的判断方法也后移 1～2 分钟，其原因也是因为跳水导致大盘盘口的下跌惯性很强，会比正常有一定的延迟，如图 1—3—15 所示。

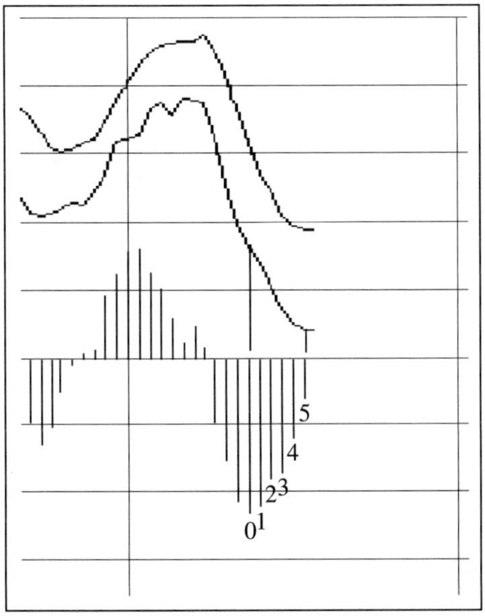

大盘盘口出现跳水的时候，绿角线的峰值要向后多数 1~2 个周期，本图第 5 根红角线对应的价格才见到临界点

图 1—3—15　大盘跳水

在图 1—3—15 中，在盘口出现快速下跌的跳水走势的情况下，当盘口形成了衰退期后，从绿角线峰值（最低点）为起点记为 0，向后按右键到后面的第 4 根至第 5 根绿角线对应的价格，市场将出现这个波段下跌的最低点，也就是临界点（转折点）。

井喷和跳水并不是常态，在盘口里也并非容易经常出现，但我们需先有所了解。以上的内容就是寻找大盘盘口位置的方法，用这个方法，可以精确地找到和判定大盘的 1 分钟线的高点和低点，即 1 分钟高低点。但市场里有些位置的高低点会比较重要，有着比平常位置更大的级别，那就是 5 分钟高低点。下面将告诉大家如何能找到市场的 5 分钟高低点的方法。

第 4 节

大盘的 5 分钟高低点

纵观市场上这么多写盘中直播的，可以说，我写的盘中同步分析提示是最简单的。相对比来讲，节省了很多文字，也节省了很多打字的时间，因为我更重要的还要进行实盘的交易，或下达交易指令。但我写的盘中同步分析，点击量一直是全国第一，其精髓在于我们没必要把市场已经发生的事情描述的更为详细，描述的再详细它也是已经发生过了。我们更应关注的是未来，所以我写 1 分钟高点和 1 分钟低点的时候，有很多人认为过于单调，它虽然简单但却是描述未来的。1 分钟高点之后的未来几分钟是下降的，那么 1 分钟低点之后的未来几分钟是上升的。这在我们实盘的时候下单，会给你争取更多的买入和卖出的竞价环境和优势。所以点击量一直第一的主要原因是它的实用性。未来要比过去更实用。

用上一节所使用的方法，基本能够确保我们找对绝大部分的 1 分钟高低点了。其实这并不难，确定大盘在随后的几分钟要发生什么事情要比确定大盘在随后的几个小时要发生什么事情容易得多。你也可以试一下，看看能否找到 1 分钟高低点。这是基础，是第一步。而在众多的 1 分钟高低点当中，总有一些在盘口上起到转折的作用，那么这些 1 分钟高低点的级别就要比通常所指的 1 分钟高低点级别要大。我叫做它为 5 分钟高低点，其意义就是在 5 分钟 K 线上高点和低点的位置，如图 1—4—1 所示。

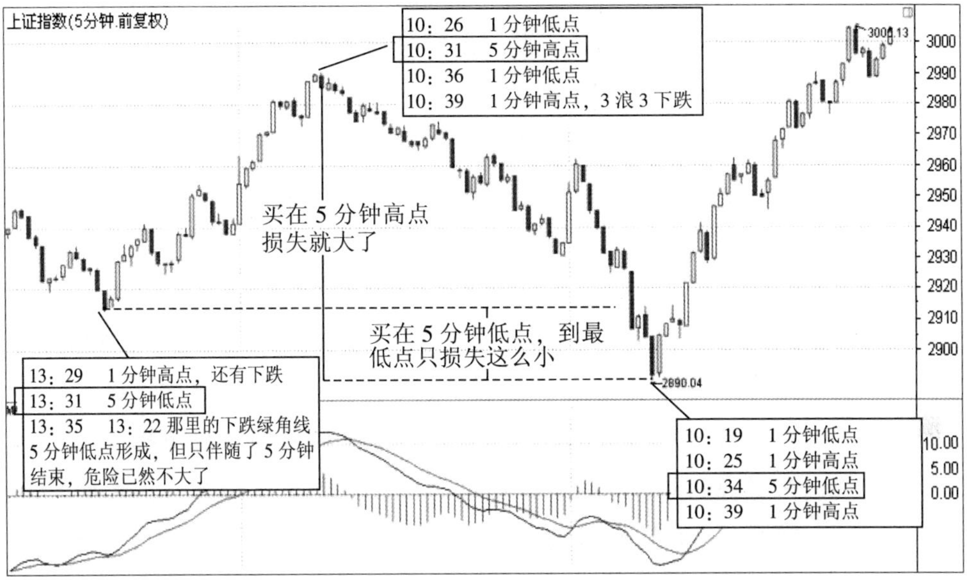

图 1—4—1　5 分钟 K 线

在图 1—4—1 中，展示的是上证指数的 5 分钟 K 线走势图（非盘口走势），在 5 分钟 K 线图上出现的明显高点和低点的位置，被称为 5 分钟高低点，我在博客盘中同步分析提示里，会在这些 5 分钟 K 线上比较重要的高低位置出现时提示 5 分钟高点或 5 分钟低点。

简单地说，5 分钟高低点就是在众多 1 分钟高低点当中找到级别比较大的、级别比较重要的高低点。那么这些 5 分钟高低点，经常会成为全天最高点或全天最低点，我在博客中已经不下百次给大家做过即时盘中当场判定和演示。有时候你可能会觉得很神奇，但看过本节的内容，你也会经常能够找到全天的最高点和最低点了。这样配合上交易，如果能够卖在全天的最高点或者买在全天的最低点，对你的交易心态、交易心情、交易质量的提升都会有很大的影响。下面我们就介绍如何找到大盘盘口的 5 分钟高低点。

如果说判断 1 分钟高低点的核心是大盘的一个上升或下跌与期间红绿角线的方向形成背驰的话，5 分钟高低点的判断方法的核心就是：当大盘分时盘口的两个上升或下跌的价格的峰值（峰值指最高值或最低值）与其对应的红绿角线的峰值的背离关系。为了便于区分，我把单个上升内形成的价格和红绿角线的相反关系叫做背驰，两个上升形成的价格和红绿角线的相反关系叫做背离。

具体 5 分钟高点的判断方法是，在第一个大盘分时盘口出现上升和价格出现峰值的时候，红角线也会形成一个峰值。当价格出现回落的时候，红角线转为绿角线。然后，当价格再次出现上升的时候，价格将再次出现峰值，红角线也将再次出现峰值。而 5 分钟高点的特征就在于价格的峰值比前一次更高，而红角线的峰值将低于前一次的峰值，从而形成两个峰值之间的明显背离，价格峰值向上，红角线峰值向下，为 5 分钟高点，如图 1—4—2 和图 1—4—3 所示。

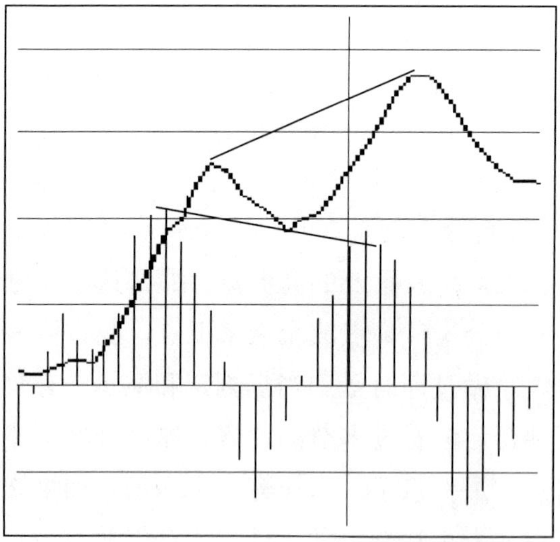

价格与红角线两个峰值进行比较，如果价格的高点创了新高而红角线的峰值没有创新高，背离引发 5 分钟高点

图 1—4—2 5 分钟高点

在图 1—4—2 中，价格和红角线的两个峰值之间进行比较，价格高点创了新高，而红角线的峰值没有创新高，这样就和价格形成了背离的走势，背离是一种量能衰竭的表现，引发 5 分钟高点形成。

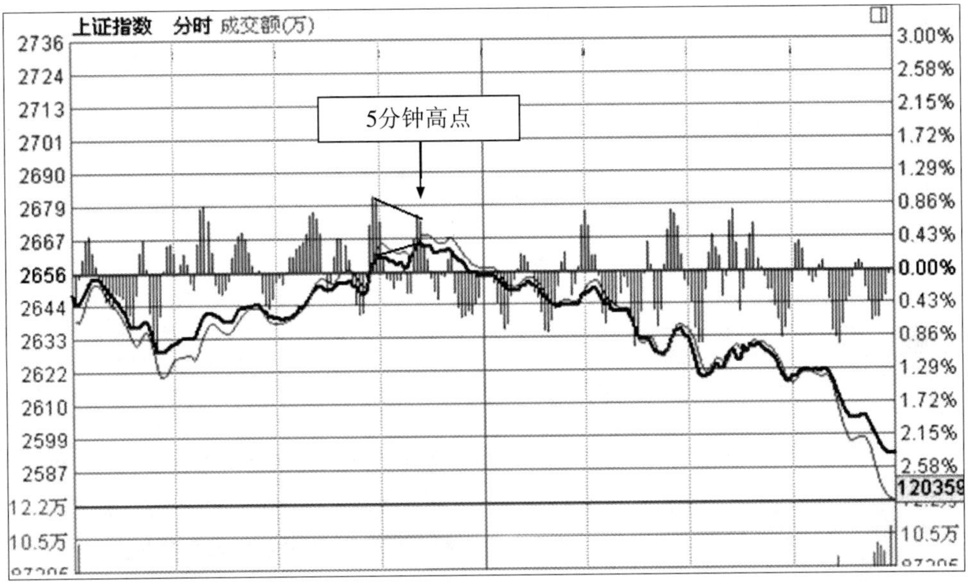

图 1—4—3 5 分钟高点实例

同理，5 分钟低点具体的判断方法是，在第一个大盘分时盘口出现下跌和价格出现峰值的时候，绿角线也会形成一个最低峰值。当价格出现回升的时候，绿角线转为红角线。然后，当价格再次出现下降的时候，价格出现另一次峰值，绿角线也将再次出现峰值。而 5 分钟低点的特征就在于价格的峰值比前一次更低，而绿角线的峰值将高于前一次的峰值，从而形成两个峰值之间的明显背离，价格峰值向下，绿角线峰值向上，为 5 分钟低点，如图 1—4—4 和图 1—4—5 所示。

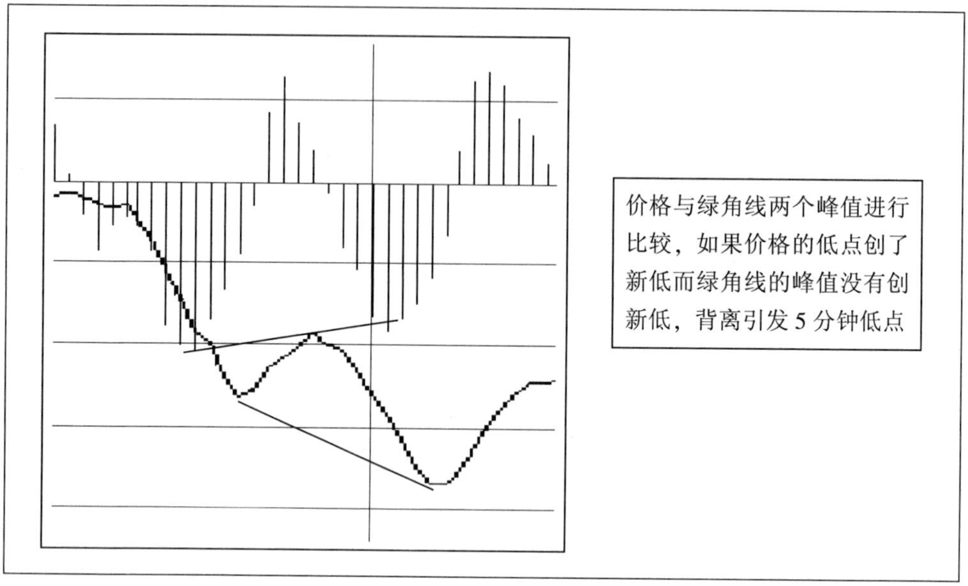

图1—4—4　5分钟低点

在图1—4—4中，价格和绿角线的两个峰值之间进行比较，价格低点创了新低，而绿角线的峰值没有创新低，这样就和价格形成了背离的走势，背离是一种量能衰竭的表现，引发5分钟低点形成。

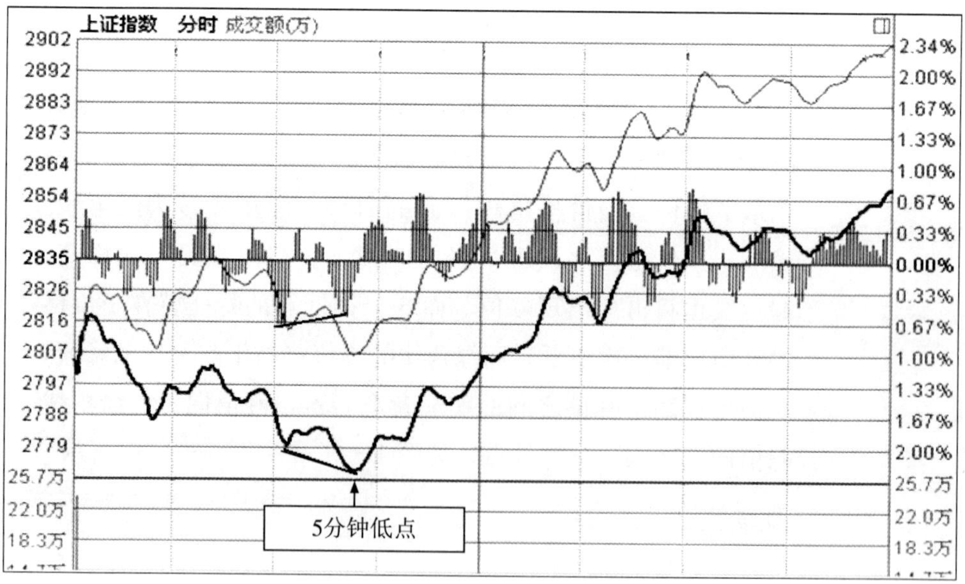

图1—4—5　5分钟低点实例

上面的方法是我们在大盘盘口上最常遇到的重要高点和低点，即5分钟高低点的判定方法，有时候5分钟高点和5分钟低点也并非一定是最近的两个价格峰值和红绿角线的峰值比较，中间也可以隔一个，但最多只准许隔一个峰值，如图1—4—6和图1—4—7所示。

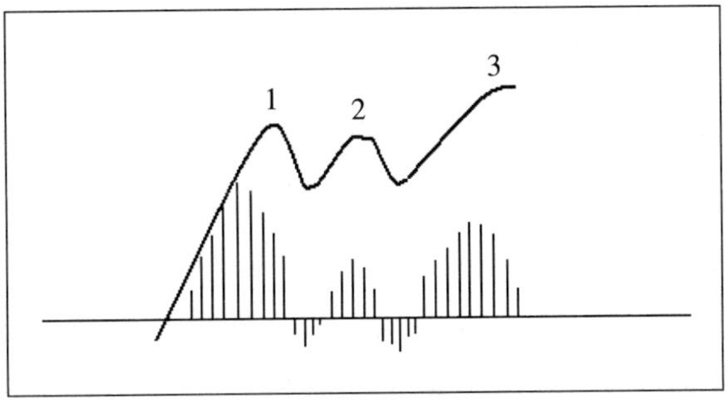

图1—4—6　5分钟高点间隔

在图1—4—6中，2的位置在价格上并没有高过1，所以即便2的位置对比1的位置有明显的红角线缩短，2和1之间并不存在5分钟高点背离的特征。而3的位置价格虽然高于2的位置，但红角线也同样超过了2的位置，同样3和2之间也并不形成5分钟高点背离。但通过观察，3的位置价格高于1的位置，并且红角线的峰值低于1的位置，所以3和1之间构成了5分钟高点，这种情况只可以间隔一个峰值2。

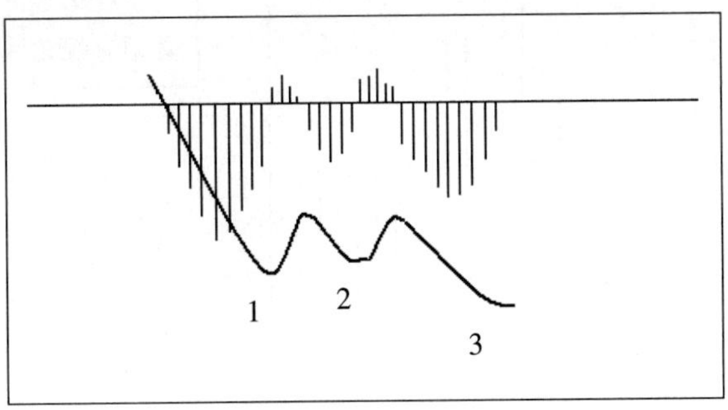

图1—4—7　5分钟低点间隔

在图 1—4—7 中，2 的位置在价格上并没有低过 1，所以即便 2 的位置对比 1 的位置有明显的绿角线缩短，2 和 1 之间并不存在 5 分钟低点背离的特征。而 3 的位置价格虽然低于 2 的位置，但绿角线也同样超过了 2 的位置，同样 3 和 2 之间也并不形成 5 分钟低点背离。但通过观察，3 的位置价格低于 1 的位置，并且绿角线的峰值高于 1 的位置，所以 3 和 1 之间构成了 5 分钟低点背离，这种情况只可以间隔一个峰值 2。

5 分钟高低点有三个细节方面值得注意：

(1) 5 分钟高（低）点是价格和两个红（绿）角线之间的背离关系，这两个红（绿）角线形成的波峰必须是独立的，也就是说两个红角线的波峰之间必须有绿角线，两个绿角线的波峰之间必须有红角线。对于处于两个波峰之间的红绿角线的根数没有要求，最小为 1 根红角线或绿角线。其实这也是主要区分两个上升或下跌连在一起的主要原因，否则就不是 5 分钟高点或低点了，而是两个上升连在一起，或两个下跌连在一起，如图 1—4—8 和图 1—4—9 所示。

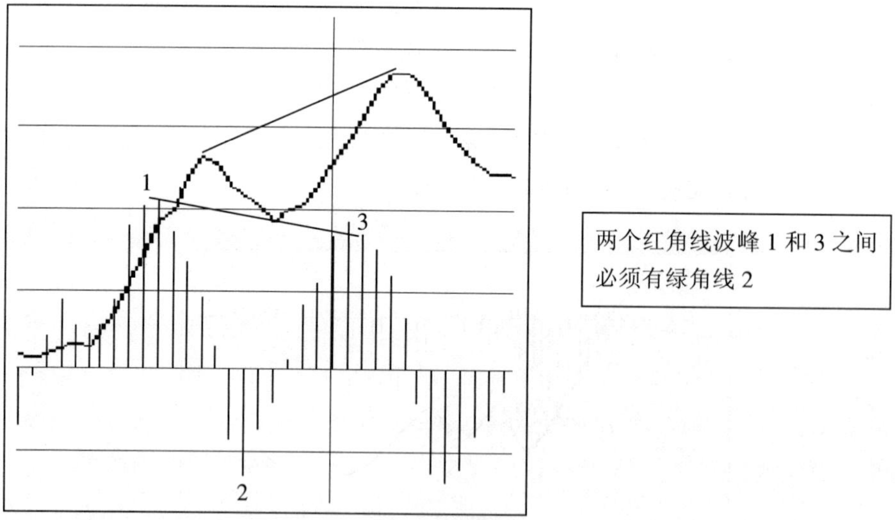

图 1—4—8 红中有绿

在图 1—4—8 中，形成 5 分钟高点的两个红角线波峰 1 和 3 之间必须有绿角线 2，否则就是两个上升连在一起了，而不是 5 分钟高点。

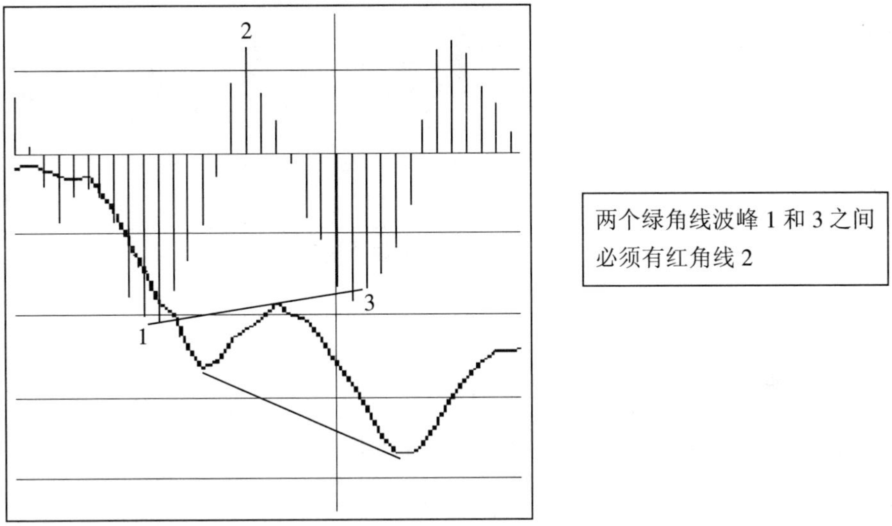

图 1—4—9　绿中有红

在图 1—4—9 中，形成 5 分钟低点的两个绿角线波峰 1 和 3 之间必须有红角线 2，否则就是两个下跌连在一起了，而不是 5 分钟低点。

（2）我们需要了解的是，并非所有重要的 5 分钟 K 线上的高低点都伴随这样的结构，它并不像 1 分钟高低点那样容易和普遍。有的 5 分钟 K 线上的重要高低点，没有任何迹象也有可能形成了，但就是因为盘口没有迹象，所以我们不易把握。我们介绍这种找 5 分钟高低点的方法，就是为了让我们把握容易把握的。当出现类似的结构，分时线通常要出现转势。

（3）在单边市里，比如大盘大涨的单边上升或大跌的单边下跌里，由于速度极快，类似的结构趋于弱化，所以通常在特别快的上升或特别快的下降里，我是不建议大家找 5 分钟高低点的，如图 1—4—10 和图 1—4—11 所示。

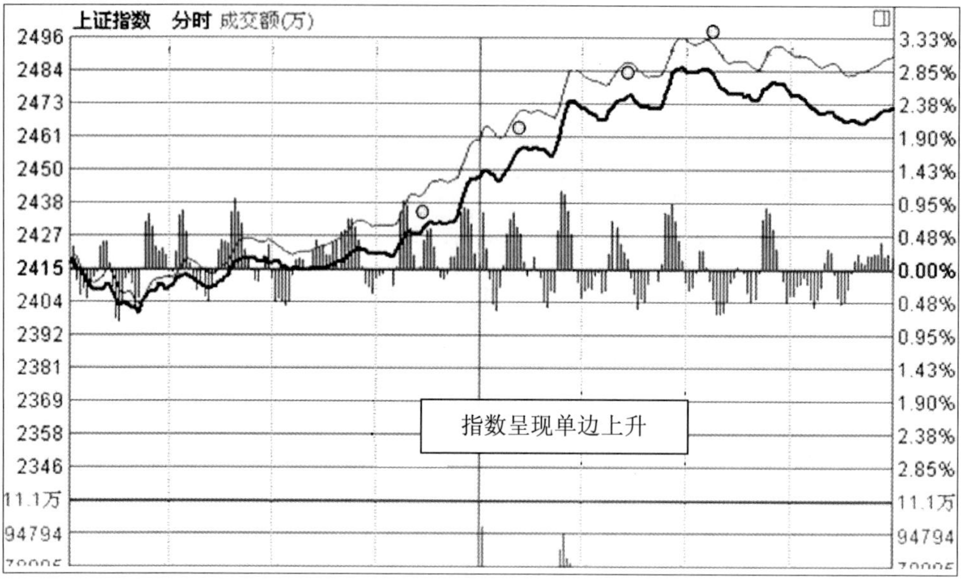

图 1—4—10 单边上升

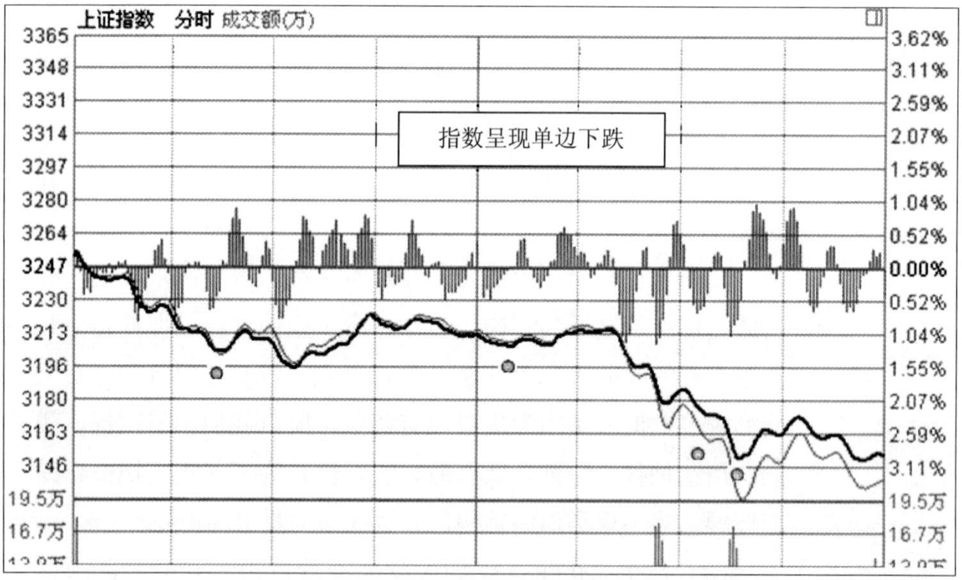

图 1—4—11 单边下跌

在图 1—4—10 中，指数在 10:30 之后就展开了大幅的上涨，呈现单边上升形态，由于速度过快，期间形成了部分的 5 分钟高点，效果不明显。

在图 1—4—11 中，指数在 10:30 之后就展开了大幅的下跌，呈现单边下跌形态，由于速度过快，期间形成了部分的 5 分钟低点，同样效果不明显。

在临近收盘的时候，比方说下午的 14:50 附近形成的 5 分钟高低点，通常效果也会差一些，因为当市场隔了一夜之后，市场情绪很难跟昨日的情绪衔接得上。如图 1—4—12 所示。

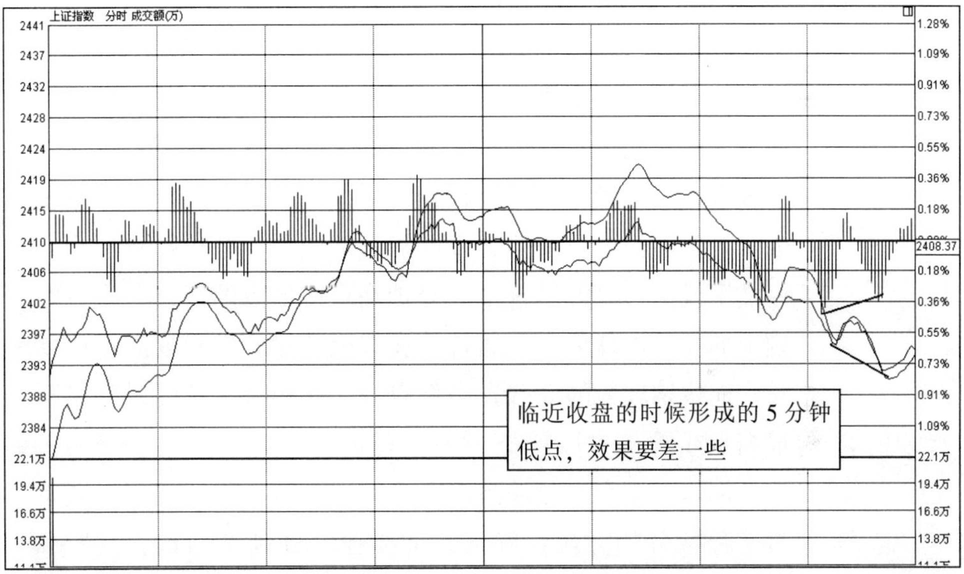

图 1—4—12 临近收盘

在图 1—4—12 中，市场在临近收盘的时候出现了 5 分钟低点，5 分钟低点后盘口应该引发一个持续的上升，可没多久就收盘了，市场在隔了一个晚上之后，次日开盘很难衔接昨日的市场情绪，效果要差一些。同理，临近收盘的 5 分钟高点也是会效果差一些。

上面所介绍的就是在大盘盘口找到更大一些级别高低点，即 5 分钟高低点的方法了。

第 5 节

5 分钟高低点的级别

5 分钟高低点对比 1 分钟高低点在级别上要更大，那么 5 分钟高低点之间进行对比，有没有级别之分呢？答案是有的。有时候我经常在盘中同步分析提示里写 5 分钟高低点，但后面会跟随一句话："级别小"，就代表在 5 分钟高低点里，这个级别相对比较小。如果级别相对大的，我会用黑色加重来表示，有时候也会在博客里的每日盘中同步分析提示配合一些文字说明，以突出这个 5 分钟高点或低点的级别较大。级别小的 5 分钟高低点，通常会在较短的时间里形成高点或低点；而级别较大的 5 分钟高低点，会在相对较长的时间里形成高点或低点。

那么怎样在 5 分钟高低点之间进行级别的区分呢？通常有三种区分的方法，依照其重要程度分别是结构、位置和速度。

1. 最重要的是结构

这里指的结构是分时线的顶部背离结构或底部背离结构，分时线是 K 线，不是盘口。常用的有 5 分钟 K 线和 15 分钟

K 线，30 分钟 K 线和 60 分钟 K 线有时候也会用到但不常用（这里不包括 1 分钟，1 分钟 K 线的级别跟盘口雷同）。也就是说，分时线如果伴随顶部或底部结构的时候，在盘口上又出现了 5 分钟高点，级别相对比较大。

这里要先解释一下 K 线的顶部背离结构和底部背离结构。K 线的顶部背离结构和底部背离结构，通常是价格的两个峰值和趋势类指标 MACD 的 DIF 值两个峰值之间的背离情况。顶背离是价格的峰值创新高，而 MACD 的 DIF 值的峰值不创新高，形成了价格峰值向上而指标的峰值向下的背离情况为顶背离，如图 1—5—1 所示。底背离反之，价格的峰值创了新低，而 MACD 的 DIF 值不创新低，形成了价格峰值向下，而指标的峰值向上的背离情况为底背离，如图 1—5—2 所示。

图 1—5—1 分时顶背离

在图 1—5—1 中，价格 2 的位置要比价格 1 的位置更高，即价格的高点创了新高；而与价格高点相对应的指标高点（通常我们指趋势类指标 MACD 的 DIF 值），指标 2 的位置要比指标 1 的位置反而低。这代表明显的上升乏力，分时线的上升出现了从鼎盛到衰退的过程，这种情况就是分时线的顶部结构。

图 1—5—2 分时底背离

在图 1—5—2 中，价格 2 的位置要比价格 1 的位置更低，即价格的低点创了新低；而与价格低点相对应的指标低点（通常我们指趋势类指标 MACD 的 DIF 值），指标 2 的位置要比指标 1 的位置反而高。这代表明显的下跌乏力，分时线的下跌出现了从鼎盛到衰退的过程，这种情况就是分时线的底部结构。

在我们了解了什么是分时线的背离结构之后，当分时盘口上出现 5 分钟高点时，同时在 K 线的分时线形成顶背离结构，那么这个 5 分钟高点的级别相对就比较大。这是因为背后的分时线周期本身就已经有顶部的迹象，盘口的重要高点多半会引发背后分时线的高点，两个高点重叠在一起，持续的时间会更长、力度会更大，有可能成为阶段性高点。

同理，在分时盘口上出现5分钟低点，同时在K线的分时线形成底背离结构，那么这个5分钟低点的级别也会相对比较大。背后的分时线周期本身就已经有底部的迹象，盘口的重要低点多半会引发背后分时线的低点，两个低点重叠在一起，持续的时间会更长、力度会更大，有可能成为阶段性低点。

总体来说，当盘口出现5分钟高点或低点的时候，其分时线也配合出现了顶部结构或底部结构，这样的5分钟高低点的级别是最大的。

2. 次重要的是位置

这里所说的位置是相对的，如果在盘口的5分钟高点形成之前，市场在盘口出现了一个阶段性的连续上升，那么这个5分钟高点的位置就相对比较高，级别就要大一些。因为连续性的上升在盘口上已经消耗了很大的做多能量，5分钟高点通常引发的是盘口的转势，当多方的能量消耗很大的情况下，5分钟高点所引发和带领的空方力量会明显占优，而引发其后的盘口下跌会快且持续，级别比较大，如图1—5—3和图1—5—4所示。

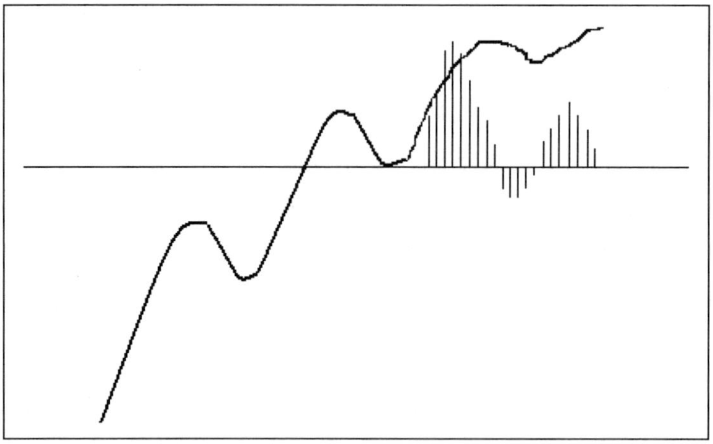

图 1—5—3　连续上升的位置

在图 1—5—3 中，当盘口出现了 5 分钟高点时，之前的分时盘口呈现出一个阶段性的连续上升，那么这个上升就会自身消耗掉一定的做多能量，当 5 分钟高点在这个阶段性的连续上升之后出现时，它的级别就会相对比较大一些。

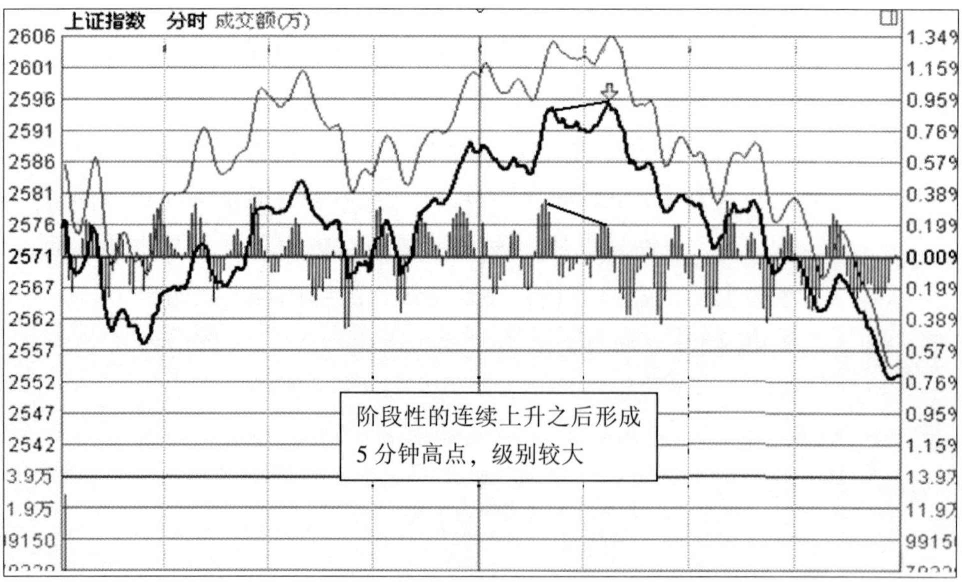

图 1—5—4　连续上升的实例

在图 1—5—4 中，盘口在开盘不久探底之后一直处于连续性的上升状态，这种上升就会自身消耗掉一定的做多能量，当 5 分钟高点在这个阶段性的连续上升之后出现时，它的级别就会相对比较大一些。

如果在盘口的 5 分钟高点形成之前，市场在盘口没有出现一个阶段性的连续上升，而是在下降途中反弹形成的，那么这个 5 分钟高点的级别就要小一些。因为这种情况下在盘口上没有消耗很大的做多能量，5 分钟高点通常引发的是盘口的转势，当多方的能量没有被大量消耗的情况下，5 分钟高点所带领的空方力量会相对较弱，而其后的盘口下跌也会比较弱、比较慢，这样 5 分钟高点的级别就比较小，如图 1—5—5 和图 1—5—6 所示。

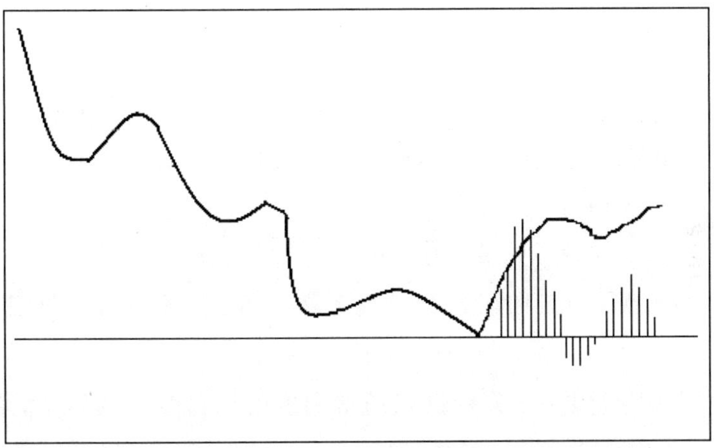

图 1—5—5　反弹的位置

在图 1—5—5 中，当盘口出现了 5 分钟高点时，之前的分时盘口没有呈现出一个阶段性的连续上升，而是一个下跌途中反弹阶段形成的 5 分钟高点，那么这个高点之前的小上升没有消耗掉太多的做多能量，这时出现的 5 分钟高点，它的级别就会相对比较小一些。

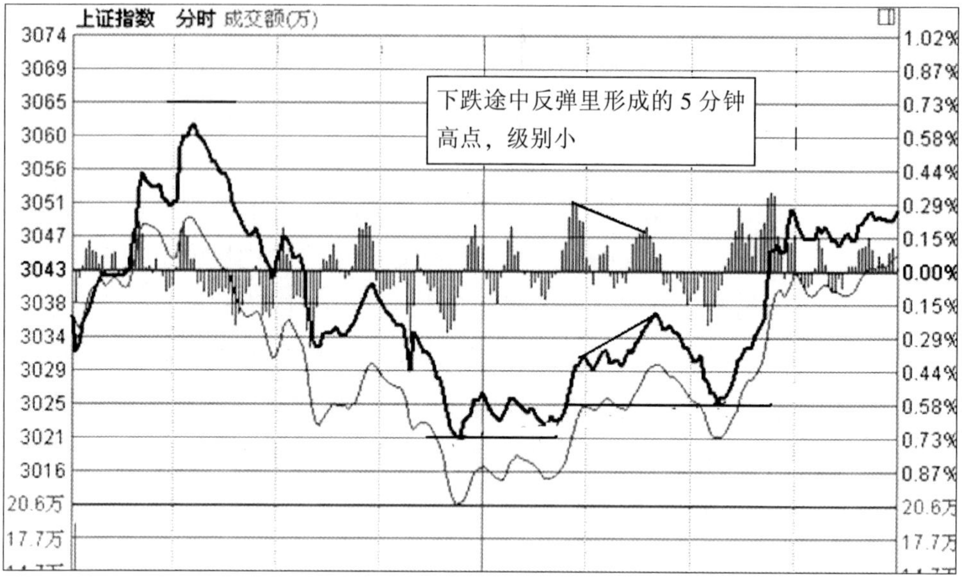

图1—5—6 反弹的实例

在图1—5—6中，大盘在途中形成5分钟高点前，分时盘口没有呈现出一个阶段性的连续上升，而是出现了一个从10:30开始的持续下跌，并在下跌后的反弹阶段形成5分钟高点，它的级别就会相对比较小一些。

同理，如果在盘口的5分钟低点形成之前，市场在盘口出现了一个阶段性的连续下跌，那么这个5分钟低点的级别就要大一些。因为连续性的下跌在盘口上已经消耗了很大的做空能量，5分钟低点通常引发的也是盘口的转势，当空方的能量消耗很大的情况下，5分钟低点所引发和带领的多方力量会明显占优，而引发其后的盘口上升会快且持续，级别比较大，如图1—5—7和图1—5—8所示。

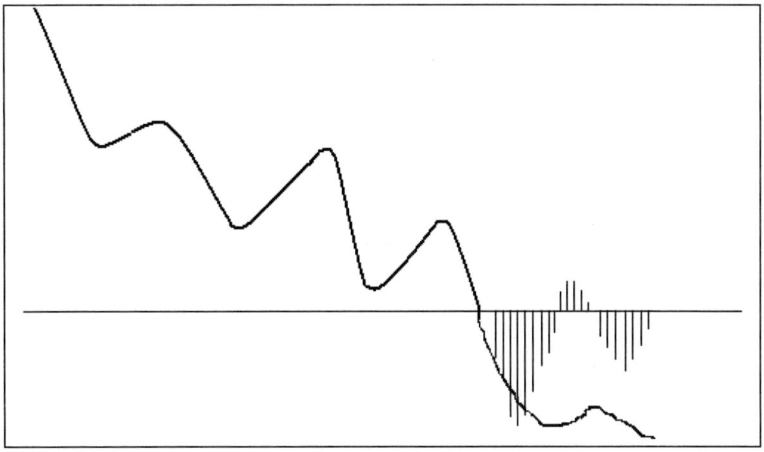

图 1—5—7　连续下跌的位置

在图 1—5—7 中，当盘口出现了 5 分钟低点时，之前的分时盘口呈现出一个阶段性的连续下跌，那么这个下跌就会自身消耗掉一定的做空能量，当 5 分钟低点在这个阶段性的连续下跌之后出现，它的级别就会相对比较大一些。

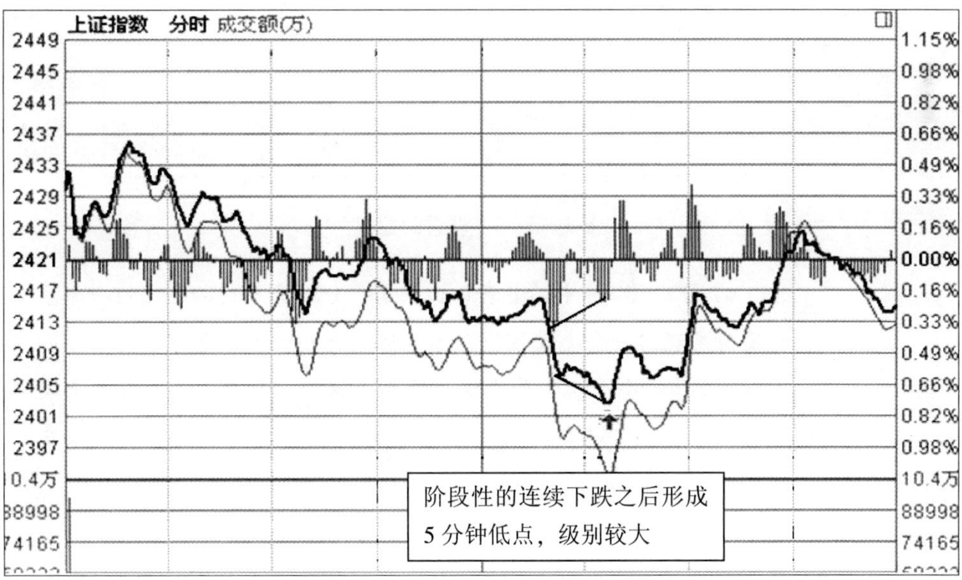

图 1—5—8　连续下跌的实例

在图1—5—8中，盘口上开盘之后一直处于连续性的下跌状态，这个下跌就会自身消耗掉一定的做空能量，当5分钟低点在这个阶段性的连续下跌之后出现，它的级别就会相对比较大。

如果在盘口的5分钟低点形成之前，市场在盘口上没有出现一个阶段性的连续下跌，而是在上升途中的调整形成的，那么这个5分钟低点的级别就要小一些。因为这种情况下在盘口上没有消耗很大的做空能量，5分钟低点通常引发的是盘口的转势，当空方的能量没有被大量消耗的情况下，5分钟低点所带领的多方力量会相对较弱，而其后的盘口下跌也会比较弱、比较慢，这样5分钟高点的级别就比较小。如图1—5—9和图1—5—10所示。

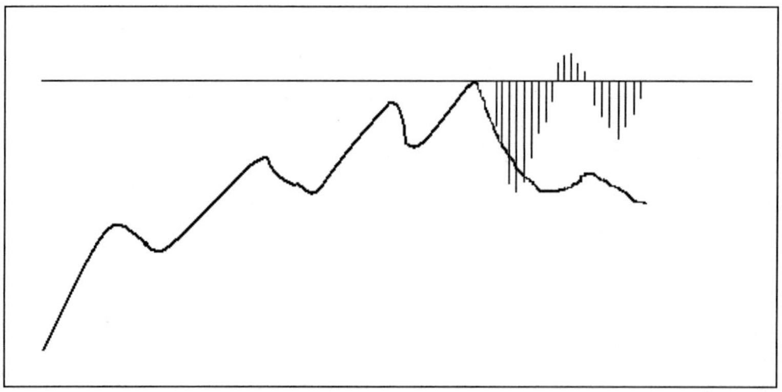

图1—5—9 调整的位置

在图1—5—9中，当盘口出现了5分钟低点时，之前的分时盘口没有呈现出一个阶段性的连续下跌，而是一个上升途中的回调阶段形成的5分钟低点，那么这个低点之前的小调整没有消耗掉一定的做空能量，这时出现的5分钟低点，它的级别就会相对比较小一些。

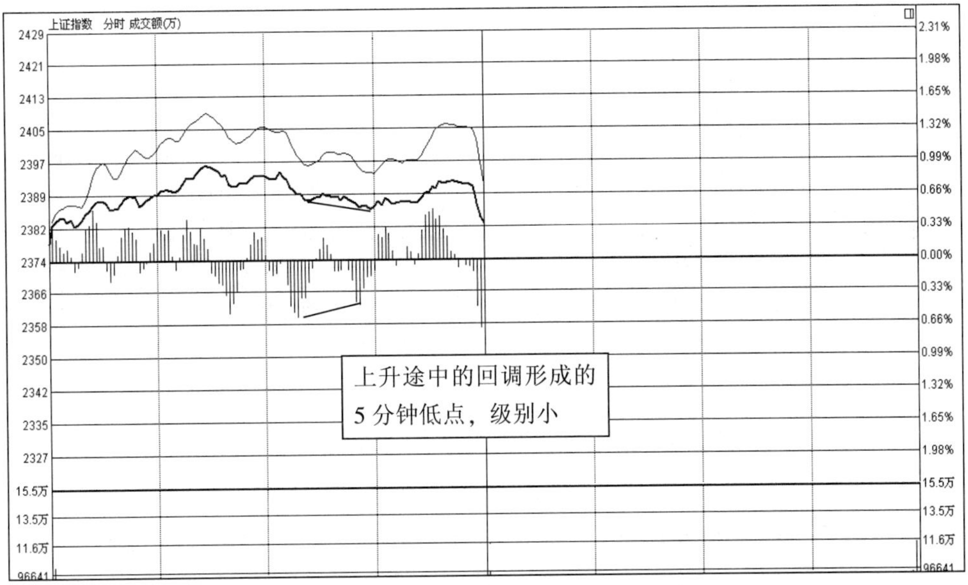

图 1—5—10 调整的实例

在图 1—5—10 中，大盘在途中形成 5 分钟低点前，分时盘口没有呈现出一个阶段性的连续下跌，而是一个上升途中出现的回调过程产生的 5 分钟低点，它的级别就会相对比较小一些。

3. 最后是速度

速度是和级别成反比的，不论是盘口的上升还是下跌，速度越快的，反而级别越小。除了井喷和跳水不建议大家找 5 分钟高低点以外，两个连续的主升或两个连续的主跌所形成的 5 分钟高低点，级别都不很大。就算是标准的 5 分钟高点或低点的结构，那么速度快的级别要明显的小于速度慢的（这是源于对于速度的理解，我在《数字化定量分析》一书里写过）。如图 1—5—11 和图 1—5—12 所示。

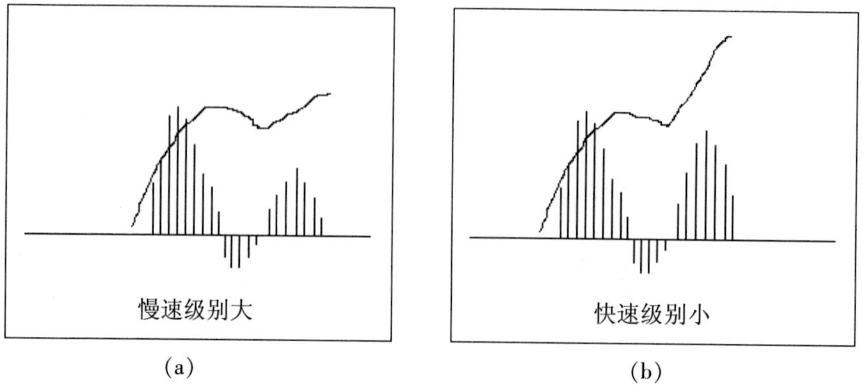

图 1—5—11 高点速度对比

在图 1—5—11 中，(a)(b) 都形成了盘口的 5 分钟高点特征，(a) 的速度比较慢、角度比较缓，因缓涨之后多有急跌，这样形成的 5 分钟高点反而级别相对大一些，速度越慢的级别越大；而同样是形成 5 分钟高点，(b) 的速度比较快、角度比较大，但通常急涨之后很难有大的调整，速度越快的反而级别越小。

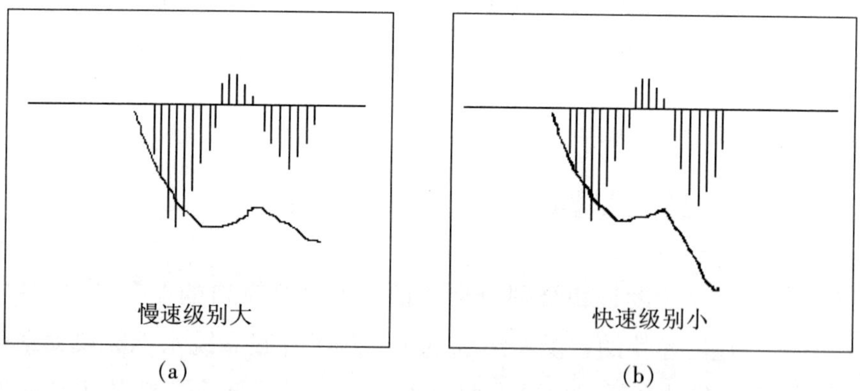

图 1—5—12 低点速度对比

同理，在图 1—5—12 中，(a)(b) 都形成了盘口的 5 分钟低点特征，(a) 的速度比较慢、角度比较缓，因缓跌之后多有急涨，这样形成的 5 分钟低点反而级别相对大一些，速度越慢的级别越大；而同样是形成 5 分钟低点，(b) 的速度比较快、角度比较大，但通常急跌之后很难有大的上涨，速度越快的反而级别越小。

到这里，关于 5 分钟高低点的级别判断就基本讲完了。下面我来讲一下大盘分时盘口的强弱。

第 6 节 如何判定大盘盘口的强弱

我们找到了大盘的高低点之后，有时要判断其后出现行情的强弱，大盘分时线盘口有时是明显能够看出其强弱的，我在盘中同步分析提示里经常写主升、主跌、强反、弱反、强调、弱调、井喷、跳水等等，这些都是形容大盘分时盘口的强弱的。

单就强弱的性质而言，井喷和跳水是最强的一种表现形式。极快速而且大幅的上升或下跌，很少见却又印象深刻（通常几天都很难出现一次）。

1. 井喷

井喷时，红角线反应要快于指数，表现出极强的气势和横扫千军的霸气，红角线先于指数而快速放大，且峰值很高，几乎在当天已经出现的红角线里是最高的。指数几乎成 90°角直线上升，极其猛烈迅速，短期升幅巨大，如图 1－6－1 所示。

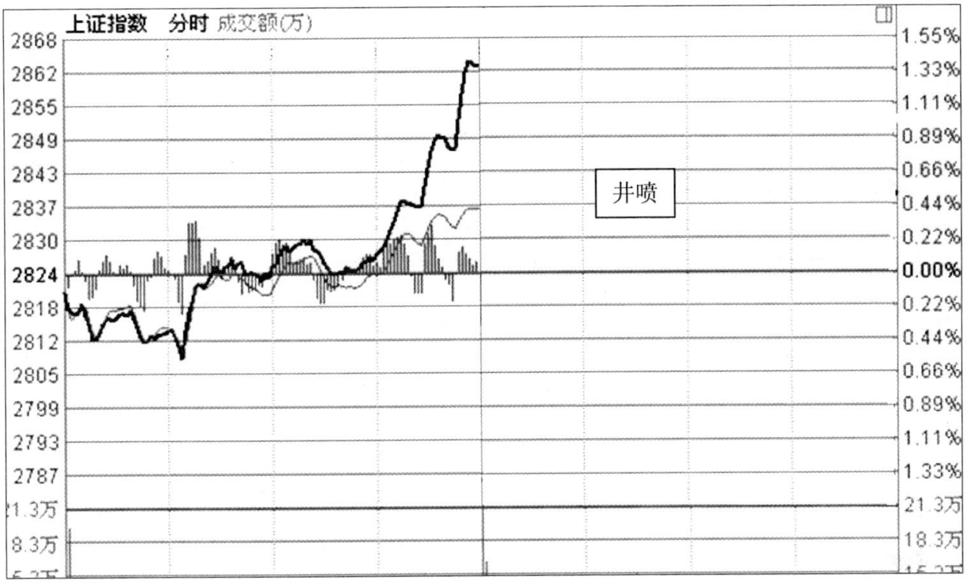

图 1—6—1 井喷

在图 1—6—1 中，指数在临近中午时出现了大幅上涨，半个小时内大涨了 40 个点，涨幅超过 1%，且盘口表现出极强的气氛，角度也很大，几乎成 90°角直线上升，标准的井喷。

2. 跳水

跳水时，绿角线反应也要快于指数，表现出极强的破坏力和异常恐慌的气氛，绿角线先于指数而快速放大，且峰值也很高，几乎在当天已经出现的绿角线里是最高的。指数几乎成 90°角直线下跌，盘中感觉同样是极其猛烈而迅速，短期跌幅巨大，杀伤力强，如图 1—6—2 所示。

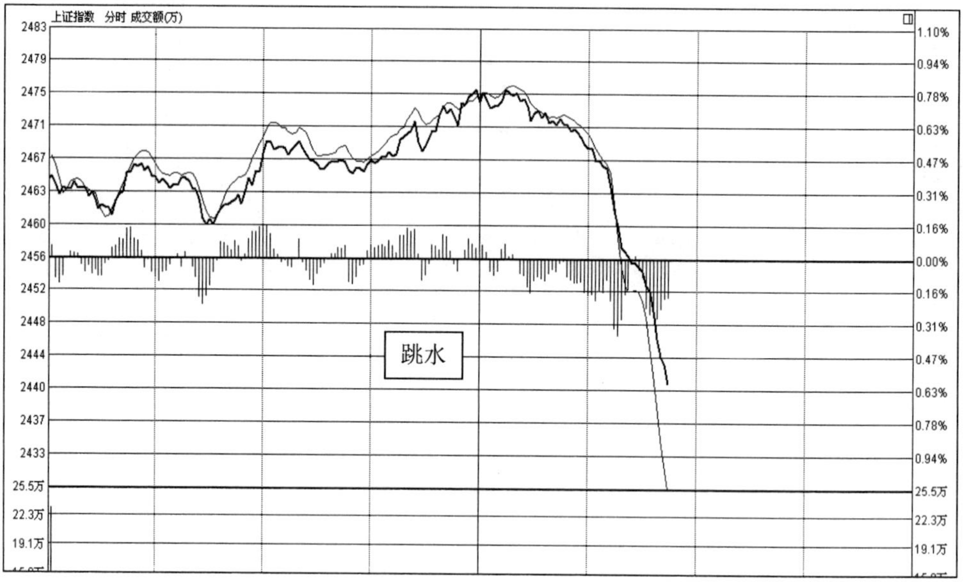

图 1—6—2 跳水

在图 1—6—2 中，指数在下午开盘后出现了大幅下跌，半个小时内下跌了 35 个点，跌幅超过 1%，且盘口表现出极恐慌的气氛，角度也很大，几乎成 90°角直线下跌，标准的跳水。

大盘盘口在级别上仍比较强，但稍微略逊于井喷或跳水的，我管它叫做主升或主跌。

3. 主升

主升和主跌出现的次数相对井喷和跳水而言要多一些，通常在一天会看到多次这样的盘口表现形式。主升通常出现在上升周期里的分时线某一个阶段的快速上升，红角线同样快速放大，峰值很高，盘口持续的上升时间也比较长，如图 1—6—3 所示。

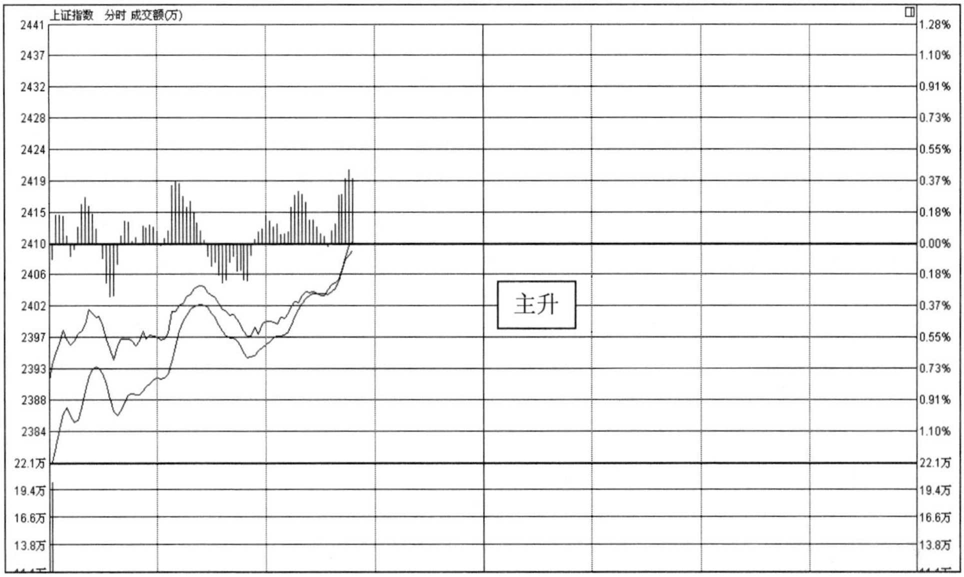

图 1—6—3　主升

在图 1—6—3 中，盘口中上升周期里出现的快速上升，红角线也同样地快速放大，峰值对比来看也很高，有一定的上升持续性，在半小时内上涨了 10 个点左右，标准的主升。

4. 主跌

主跌反之，是下跌周期里的分时线某一个阶段的快速下跌，绿角线同样也是快速放大，峰值很高，盘口持续的下跌时间也比较长，如图 1—6—4 所示。

级别再弱些的就是强调和强反了。

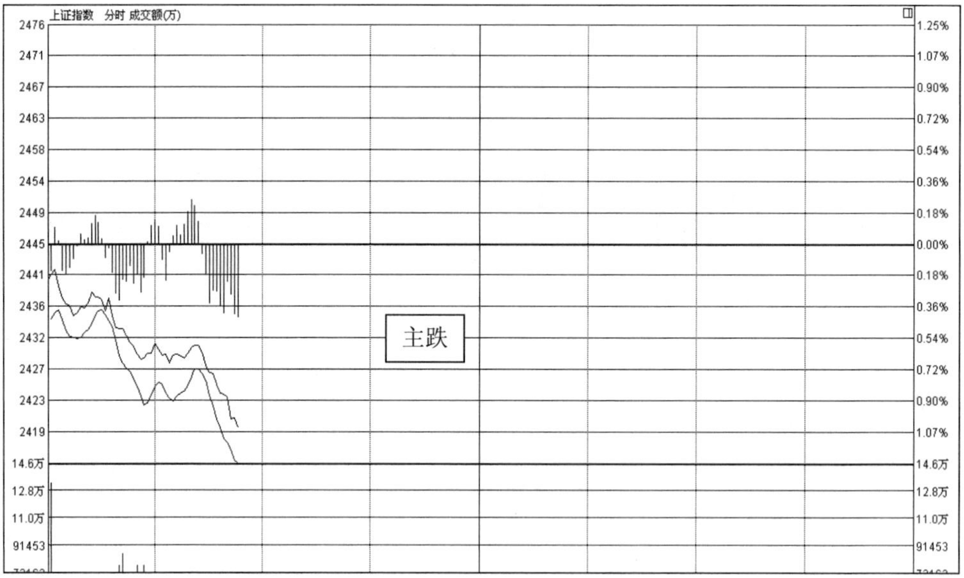

图 1—6—4 主跌

在图 1—6—4 中，盘口中下跌周期里出现的快速下跌，绿角线也同样地快速下跌，峰值对比来看也很高，有一定的下跌持续性，15 分钟内下跌了近 10 个点，标准的主跌。

5. 强调与强反

虽然相对主升或主跌级别略小，但也比较明显，通常在一天会看到很多这样的盘口表现形式。主要的区别是，它并不叫上升或下跌，而是相对比较强的反弹或调整。上涨通常是指上升周期里的上涨，如果是在下降周期里的上涨，就叫做反弹了，而反弹具备一定的力度和幅度就是强反，和主升有本质的区别，如图 1—6—5 所示。

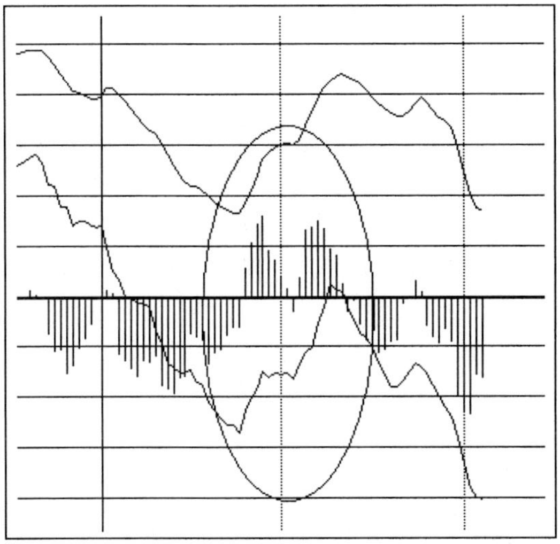

下降途中的明显上升，叫做强反

图 1—6—5　强反

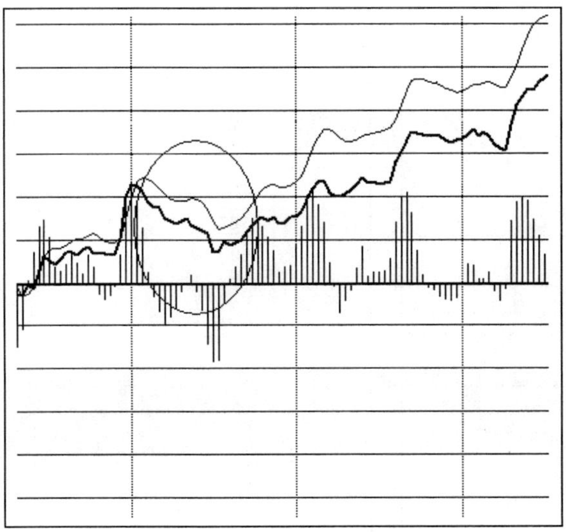

上升途中的明显下跌，叫做强调

图 1—6—6　强调

在图 1—6—5 中，盘口中下跌周期里出现的明显上升，具备一定的角度，红角线也比较明显，有一定的峰值，判定为强反。

在图 1—6—6 中，盘口中上升周期里出现的明显下跌，具备一定的角度，绿角线也比较明显，有一定的峰值，判定为强调。

同理，下跌通常是指下降周期里的下跌，如果是在上升周期里的下跌，就叫做调整了，而调整具备一定的力度和幅度就是强调，和主跌同样有本质的区别，如图 1—6—6 所示。

6. 弱调与弱反

更弱一些的是弱调和弱反了，级别小、空间小、时间短，表现也不明显，同样通常在一天会看到很多这样的盘口表现形式。比方说一个快速的上涨见到高点之后，大盘分时线出现了调整周期，但并不下跌而是横盘，或微微下跌，由于级别非常小，所以叫做弱调整，简称弱调，如图 1—6—7 所示。

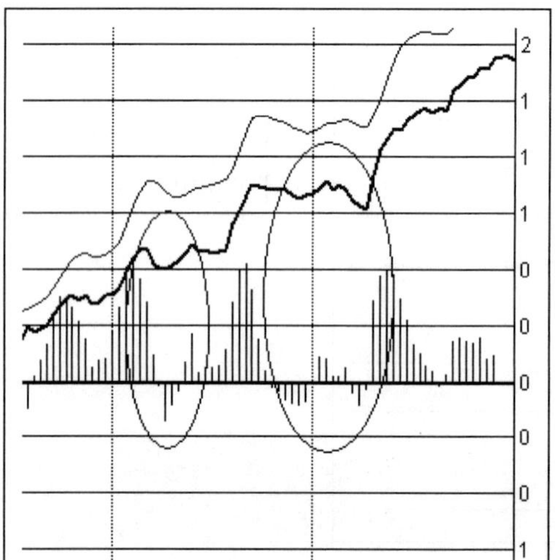

图 1—6—7　弱调

在图 1—6—7 中，盘口中上升周期里出现的不明显下跌，速度慢、角度小、时间短，绿角线也相对比较短，判定为弱调。

一个快速的下跌见到低点之后，大盘分时线出现了反弹周期，但并不上涨而是横盘，或微微上涨，由于级别非常小，所以叫做弱反弹，简称弱反，如图1—6—8所示。

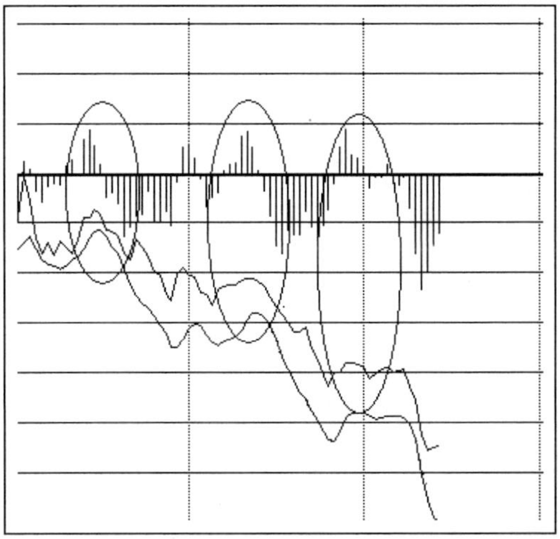

下降途中的不明显上涨，速度慢角度小的反弹，为弱反

图1—6—8　弱反

在图1—6—8中，盘口中下降周期里出现的不明显上升，速度慢、角度小、时间短，红角线也相对比较短，判定为弱反。

7. 两个上升连在一起与两个下跌连在一起

在弱调和弱反里还有一种情况，比方说一个分时线见到高点之后，红角线出现了见顶之后回落，你也可以叫它为缩短。可是在并没有出现绿角线之前又开始重新放大，好像骆驼的驼峰一样。这是一种最弱的市场表现，反向的市场运动消失在两个上升之间，我把它叫做两个上升连在一起，如图1—6—9所示。

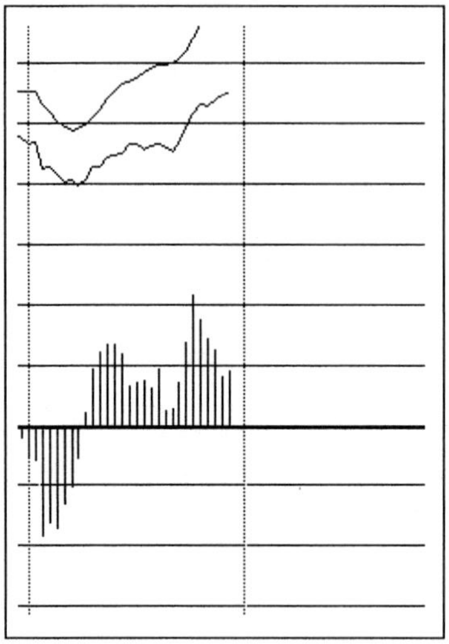

红角线在缩短后，没有出现绿角线，又再次放大，为两个上升连在一起

图 1—6—9 两个上升相连

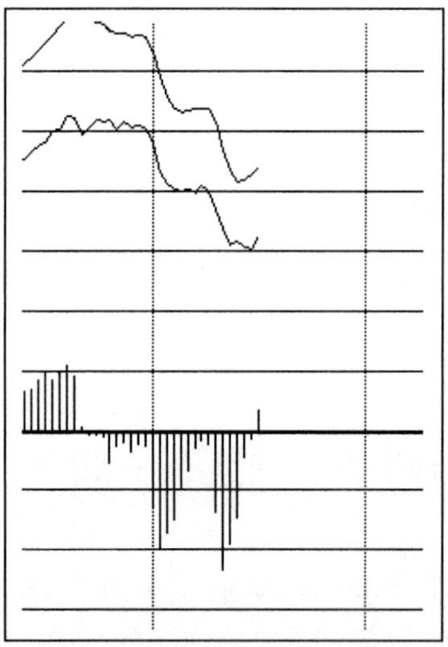

绿角线在缩短后，没有出现红角线，又再次放大，为两个下跌连在一起

图 1—6—10 两个下跌相连

在图 1—6—9 中，盘口中红角线在缩短之后并没有出现绿角线，红角线再次放大，其实两个上升之间是有一个很小的调整的，是上升的反向运动，但由于市场比较强，这个反向运动或平着走或起到连接两个上升的衔接作用，表面上看不出有调整，称为两个上

升连在一起。

在图1—6—10中，盘口中绿角线在缩短之后并没有出现红角线，绿角线再次放大，其实两个下跌之间是有一个很小的反弹的，是下跌的反向运动，但由于市场比较弱，这个反向运动或平着走或起到连接两个下跌的衔接作用，表面上看不出有反弹，称为两个下跌连在一起。

反之，一个分时线见到低点之后，绿角线出现了见底之后回升，你也可以叫它为缩短。可是在并没有出现红角线之前又开始重新放大，好像倒着的驼峰一样。这是一种最弱的市场表现，反向的市场运动，消失在两个下跌之间，我把它叫做两个下跌连在一起。如图1—6—10所示。

8. 盘口强弱判定

强弱其实是一种相对的形容词，所以我们也可以通过对比法进行盘口强弱的判定。

(1) 缓陡对比法。

什么是缓和陡，我们拿一个完整的红角线的峰进行描述，在一波上升的过程中，红角线开始逐步放大，到达一个顶峰，红角线开始回落。这个顶峰好比一个山的山峰，左右之间可以进行对比。有的是左边比较缓右边比较陡，即红角线或绿角线缓慢地放大，迅速地缩小，这种情况通常其后的反向运动的力度是比较大、比较强的。有的是左边比较陡右边比较缓，即红角线或绿角线迅速地放大，缓慢地缩小，这种情况通常其后的反向运动的力度是比较小、比较弱，如图1—6—11所示。

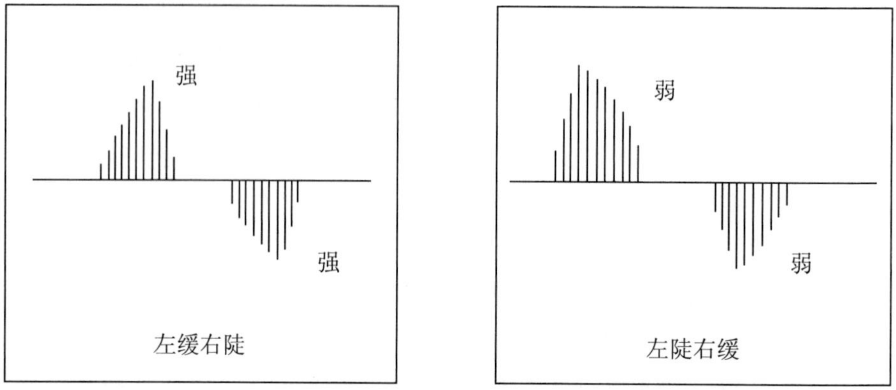

图 1—6—11　缓陡强弱对比

在图 1—6—11 中，无论是红角线还是绿角线，在缓慢地放大到达峰值之后快速缩小，为左缓右陡，其后的反向运动的力度会相对较强；反之，如果在快速的放大到达峰值之后，缓慢地缩小，其后即便有反向运动，力度也相对较弱。

这就是单纯依靠红绿角线峰值构成缓和陡的特性来进行对比，如果对比之后没有明显且显而易见的那种缓和陡，则不适用于本方法。

(2) 反向运动之初的红绿角线的长度。

红绿角线很多时候都会快于指数，在反向运动之初，红绿角线就会先于指数表现的异常活跃。有的是突然放出很大的红绿角线，有的是很小的红绿角线，我们可以根据这个状态来判定其后的行情运行的强弱，如图 1—6—12 和图 1—6—13 所示。

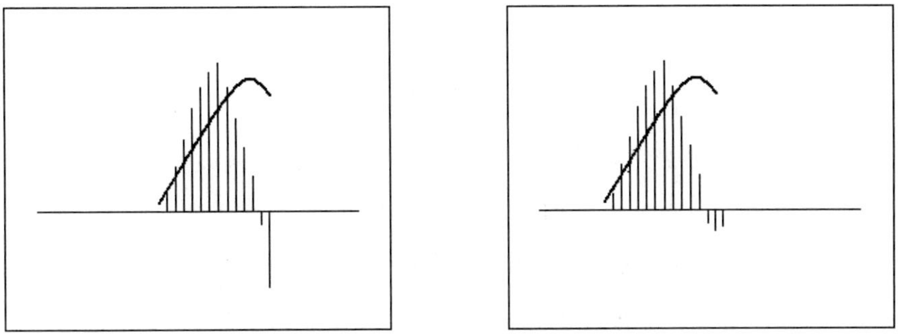

如果红角线之后放出很长的绿角线，
这个时候其后的反向运动会比较强；
如果红角线之后放出很短的绿角线，
这个时候其后的反向运动会比较弱

图 1—6—12　绿角线的长度

在图 1—6—12 中，观察红角线之后的绿角线，绿角线要比价格反映的更快，如果绿角线突然放得很长，则代表紧随其后的反向运动会比较强，快速而猛烈，通常是主跌或强调；如果绿角线比较短、比较温和，那么紧随其后的反向运动也会比较弱，通常为弱调或走平。

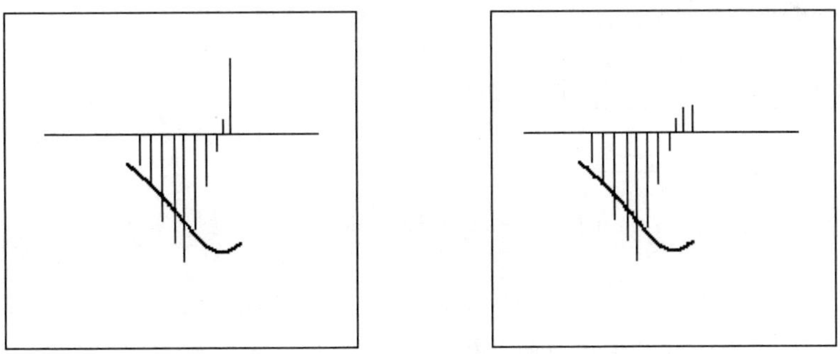

如果绿角线之后放出很长的红角线，
这个时候其后的反向运动会比较强；
如果绿角线之后放出很短的红角线，
这个时候其后的反向运动会比较弱

图 1—6—13　红角线的长度

在图 1—6—13 中，观察绿角线之后的红角线，红角线要比价格反映的更快，如果红角线突然放得很长，则代表紧随其后的反向运动会比较强，快速而猛烈，通常是主升或强反；如果红角线比较短、比较温和，那么紧随其后的反向运动也会比较弱，通常为弱反或走平。

比方说，一个上升结束之后，红角线开始回落，绿角线放出。价格刚开始转向还没有表现得特别明显，绿角线却比价格更快，放得很大。这个时候通常随后价格是一种比较快速、级别也比较大的强下跌，如图 1—6—14 所示。

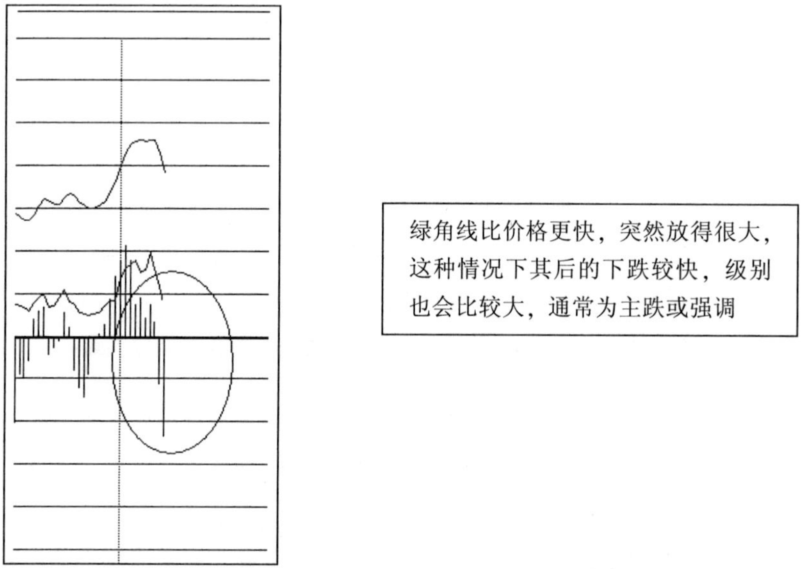

图 1—6—14　绿角线突然放大

在图 1—6—14 中，绿角线比价格更快，放得很大，这种情况下其后的下跌比较快，级别也比较大，通常为主跌，至少也是个强调。

同理，一个下跌结束之后，绿角线开始回落，红角线放出。价格刚开始转向还没有表现得特别明显，红角线却比价格更快，放得很大。这个时候通常随后价格是一种比较快速，级别也比较大的强上升，如图 1—6—15 所示。

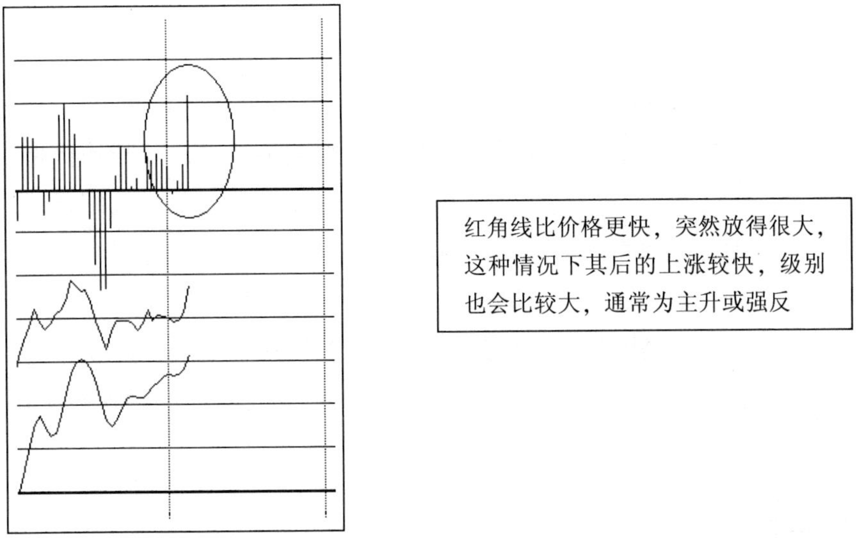

图 1—6—15　红角线突然放大

在图 1—6—15 中，红角线比价格更快，放得很大，这种情况下其后的上涨比较快，级别也比较大，通常为主升，至少也是个强反。

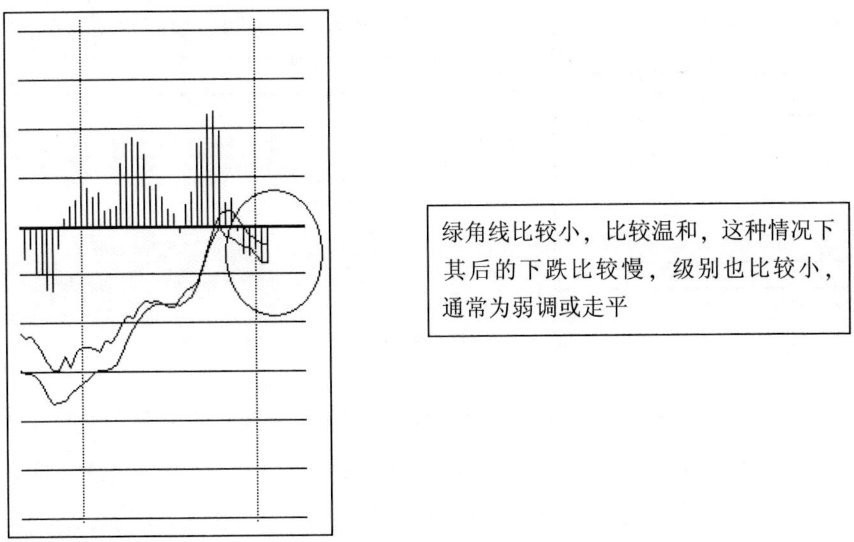

图 1—6—16　绿角线较小

在图 1—6—16 中，绿角线比较小、比较温和，这种情况下其后的下跌比较慢，级别也比较小，通常为弱调，有时候甚至走平。

如果一个上升结束之后，红角线开始回落，绿角线放出。价格刚开始转向还没有表现得特别明显，绿角线却比价格更慢，放得很小。这个时候通常随后价格是一种比较缓慢，级别也比较小的弱下跌，如图 1—6—16 所示。

同理，一个下跌结束之后，绿角线开始回落，红角线放出。价格刚开始转向还没有表现得特别明显，红角线却比价格更慢，放得很小。这个时候通常随后价格是一种比较慢速，级别也比较小的弱上升，如图 1—6—17 所示。

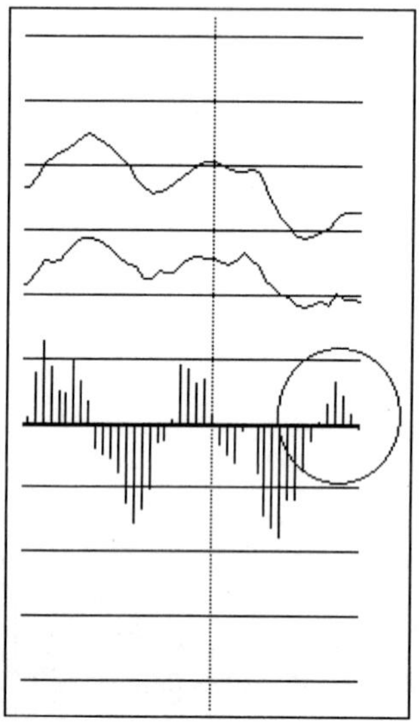

红角线比较小，比较温和，这种情况下其后的反弹比较慢，级别也比较小，通常为弱反或走平

图 1—6—17 红角线较小

在图 1—6—17 中，红角线比较小、比较温和，这种情况下其后的反弹比较慢，级别也比较小，通常为弱调，有时候甚至走平。

以上就是单纯依靠反向运动之初的红绿角线的长度进行对比，如果对比之后没有明显且显而易见的那种放大或缩小，则不适用于本方法。

相比较而言，第二种方法判断市场效果更好，但第一种方法在市场盘口的表现形式上，要更快一些，因为缓或陡只是在红角线或绿角线的自身就可以进行比较。而第二种方法，需要红角线（绿角线）完成之后，出现的第 1 根或第 2 根绿角线（红角线），通过其长度判断强弱，在时间上肯定要晚于第一种判断方法。

第 7 节 如何判定大盘盘口的结构

我们这里所指的结构，通常是指分时线的浪形结构。即分时盘口是一种什么样的浪形以及处于什么样的阶段。

1. 从红绿角线的长度对比判断其结构

通常一个快速的主跌或主升之后，行情会有一个惯性的后续作用，比方说一个主跌之后，即便见到了低点，经历一个小幅的反弹后还会再下，那么这里就通常是个 3 浪的下跌结构，我们在买入的时候，可以等到第二个下跌结束之后再考虑是否买入，如图 1—7—1 所示。

当市场出现浪 3 下跌，我们再观察市场的浪 3 下跌的速度和角度是否比浪 1 下跌更快，如果没有浪 1 快，就是呈现下跌衰竭形式，盘口这波下跌多为 3 浪结构就结束了；如果浪 3 下跌比浪 1 下跌更快，就是呈现了下跌加速形式，盘口的这波下跌，多为 5 浪结构。如图 1—7—2 所示。

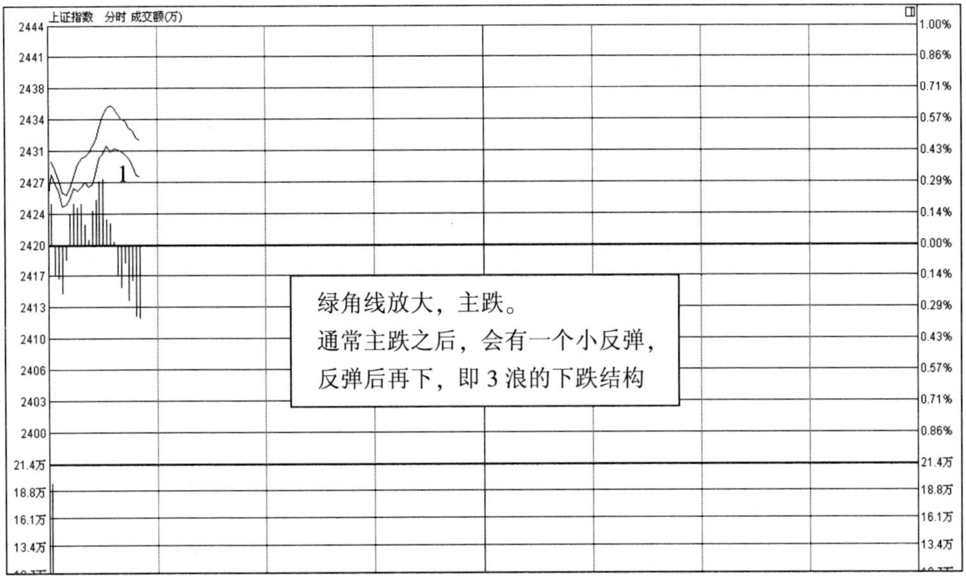

图1—7—1 浪1下跌

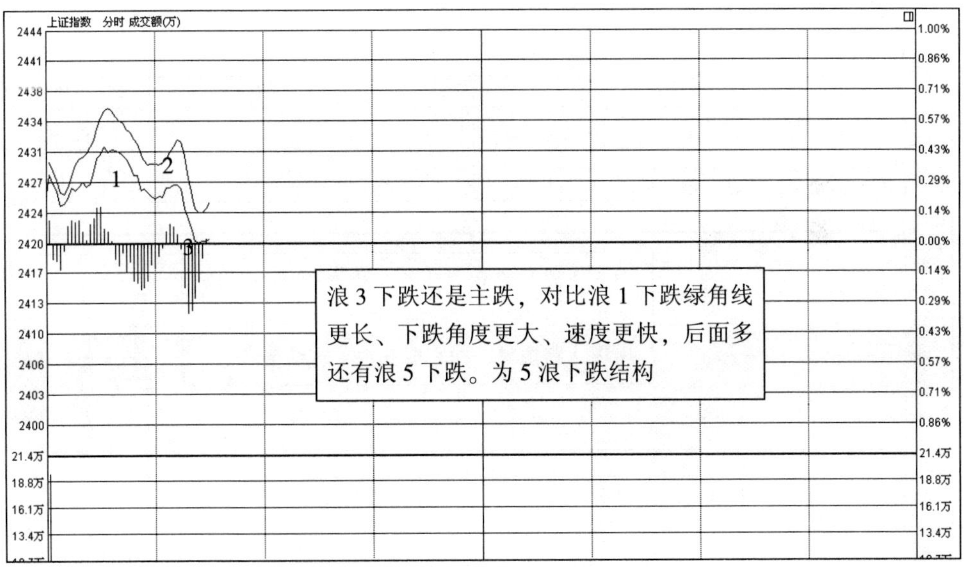

图1—7—2 浪3下跌

在图 1—7—1 中，市场出现了明显的主跌，绿角线放大，空头气氛浓郁，通常主跌之后，会有一定的下跌延续，即经历一个小的反弹，然后再下，即 3 浪的下跌结构。

在图 1—7—2 中，浪 3 下跌还是主跌，对比浪 1 下跌，速度更快，绿角线更长、角度更大，下跌呈现加速情况，浪 3 下跌结束并不能判定市场已经完成下跌，后多还有浪 5 下跌，至少为 5 浪下跌结构。

当市场出现浪 5 下跌，我们再观察市场的浪 5 下跌的速度和角度是否比浪 3 下跌更快，如果没有浪 3 快，就是呈现下跌衰竭形式，盘口这波下跌多为 5 浪结构就结束了；如果浪 5 下跌比浪 3 下跌更快，就是呈现了下跌加速形式，盘口的这波下跌可能为延伸浪，7 浪或 9 浪甚至是单边下跌。如图 1—7—3 所示。

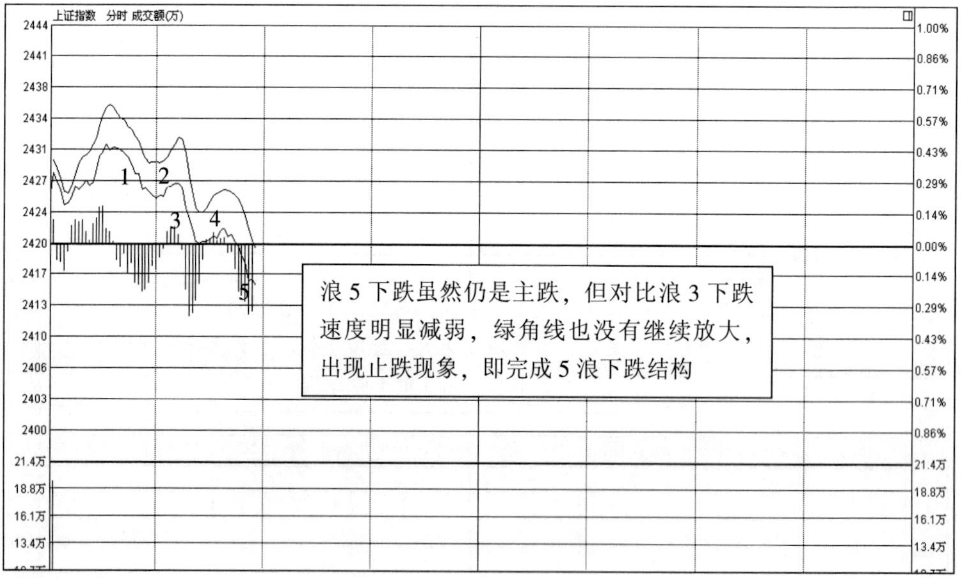

图 1—7—3 浪 5 下跌

在图 1—7—3 中，浪 5 下跌还是主跌，对比浪 3 下跌，速度却明显减弱，绿角线也没有继续放大，出现衰竭形式和止跌现象，通常分时线的下跌将在这里结束，即完成5浪下跌结构。

同理，上升也是如此。如果是主升，那么通常主升之后会有一定的上升延续，即3浪的上升结构。若浪3上升比浪1上升更快，角度更大，红角线更长，呈现上升加速的形式，则后面还有浪5上升。若浪3上升没有浪1上升快，则就是呈现上升衰竭形式，通常也就只是3浪上升结构了。如图1—7—4所示。

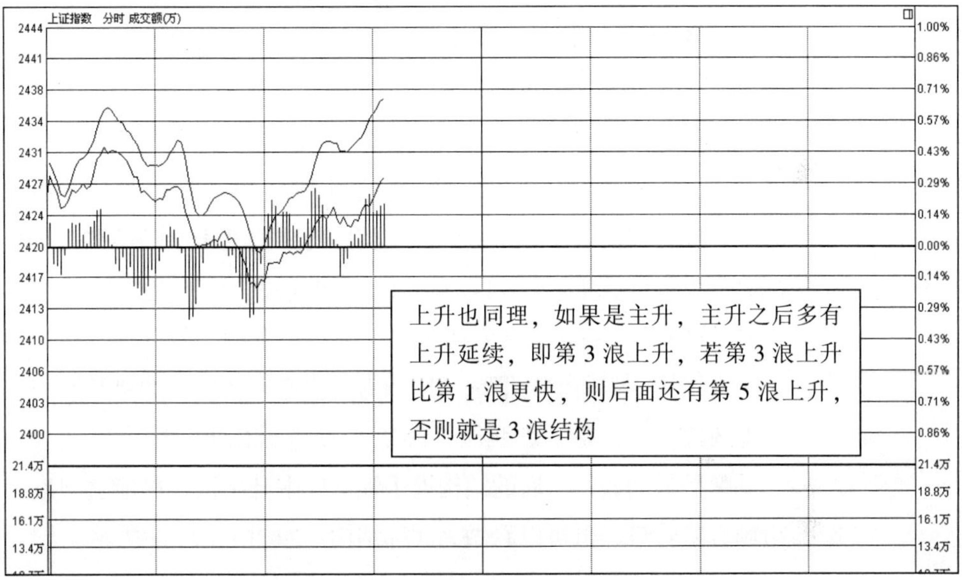

图1—7—4　上升浪型结构

在图1—7—4中（这张图是前面图1—7—3的延续图形），反过来上升也是同理，如果是主升，主升之后多有上升延续，即第3浪上升，若浪3上升比浪1上升更快，呈现上升加速形式，那么后面多还有浪5上升；若浪3上升没有浪1上升快，呈现上升衰竭形式，通常就只是3浪结构了。

2. 从分时线线段的长度对比判断其结构

线段的概念，其实是大盘盘口分时线上的时间和空间的一种综合，从高点到低点或从低点到高点的距离。有的时间短，但幅度大，比方说井喷或跳水，主升或主跌，它的线段并不短。有的幅度不大，但时间运行的长，我在博客里经常说，一个漫长的上升或下跌，它的线段也是很长的。

就线段而言，假如市场从A下跌到B，那么其线段长度就是AB之间的距离（AB），如果其后的反弹也按照线段的长度来进行对比计算的话，反弹线段（B1）是下跌线段（AB）的1/3或以下，那么就代表反弹是极弱的，其后的结构处于主跌结构，可能会有更猛烈的下跌。如果其后的反弹线段（B2）是下跌线段（AB）的1/2左右，那么就代表了反弹是正常的，其后的结构处于正常结构，跟前面的下跌速度和力度会比较相仿。如果其后的反弹线段（B3）是下跌线段（AB）的2/3或以上，那么就代表了反弹是强劲的，其后的结构处于强反或主升结构，可能会引发市场直接转势，也可以看做为底部结构，如图1—7—5所示。

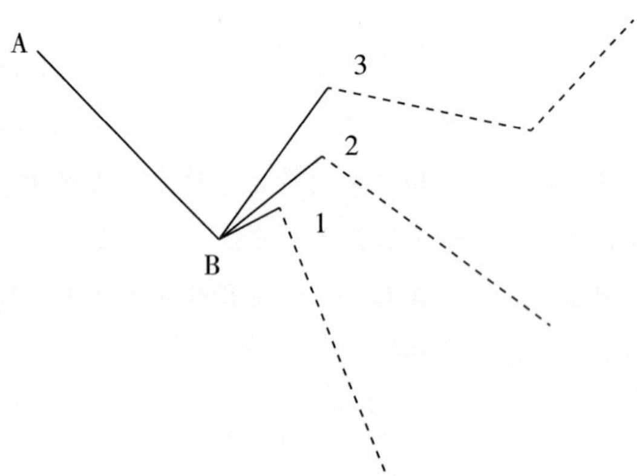

图1—7—5 下跌线段

在图 1—7—5 中，以 A 到 B 的下跌线段作为对比，反弹线段是下跌线段的1/3、1/2、2/3 所对应的市场大多数的表现情况和对应速度。

反之，假如市场从 A 上涨到 B，那么其线段长度就也是AB之间的距离（AB），如果其后的回调也按照线段的长度来进行对比计算的话，回调线段（B1）是上涨线段（AB）的1/3或以下，那么就代表下跌是极弱的，其后的结构处于主升结构，可能会有更猛烈的上升。如果其后的回调线段（B2）是上升线段（AB）的 1/2 左右，那么就代表了回调是正常的，其后的结构处于正常结构，跟前面的上升速度和力度会比较相仿。如果其后的回调线段（B3）是上升线段（AB）的2/3 或以上，那么就代表了回调是强劲的，其后的结构处于强调或主跌结构，可能会引发市场直接转势，也可以看做为顶部结构，如图 1—7—6 所示。

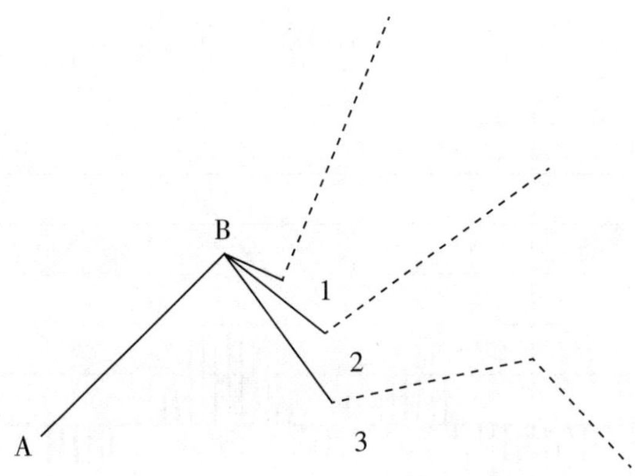

图 1—7—6　上涨线段

在图 1—7—6 中，以 A 到 B 的下跌线段作为对比，反弹线段是下跌线段的 1/3、1/2、2/3 所对应的市场大多数的表现情况和对应速度。

根据我们上面提到的线段的应用，取一段行情，把其中的高点和低点用英文字母标注，如图 1—7—7 所示。然后我们再用线段把这些高低点连起来，以方便进行对比，如图1—7—8所示。

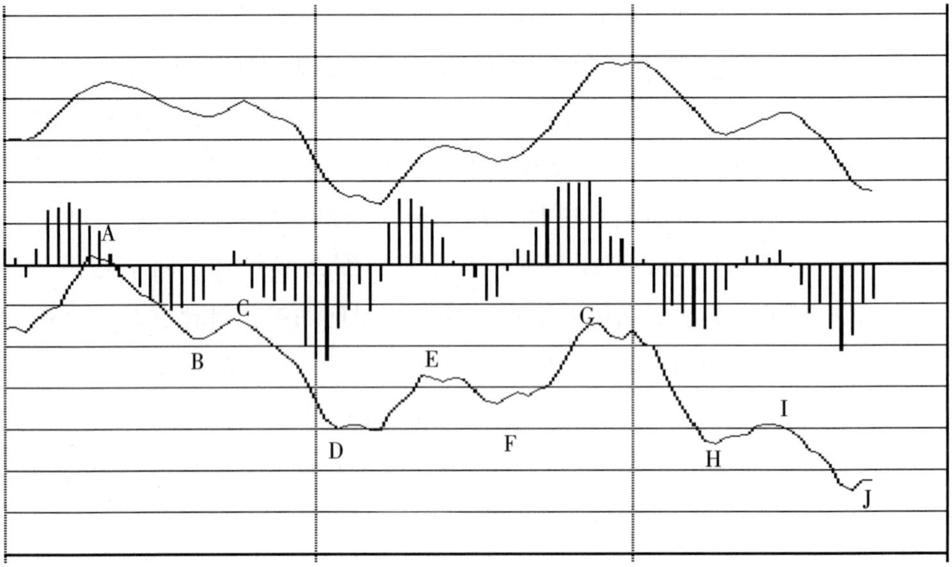

图1—7—7　高低点标注

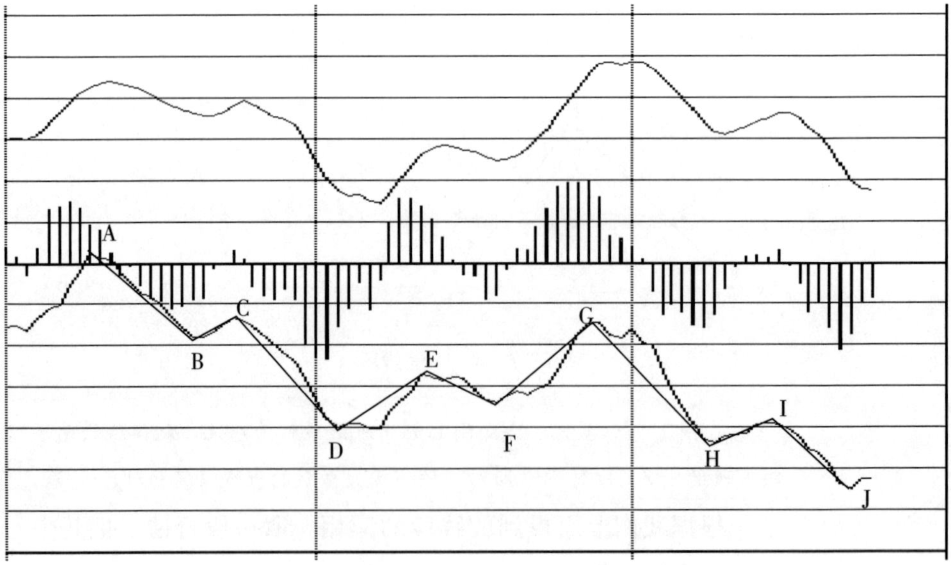

图1—7—8　构成线段

在图 1—7—7 中，反弹线段是下跌线段的 1/3、1/2、2/3，所对应的市场大多数的表现情况和对应速度。

在图 1—7—8 中，我们把高点和低点之间用线段连起来可以看到：

（1）相比 AB 段下跌的线段，BC 段的反弹不及 AB 段的 1/3，那么这个反弹是极弱的，随后的下跌比 AB 段更猛烈，速度更快。

（2）相比 CD 段下跌的线段，DE 段的反弹已经超过了 CD 段的 2/3，所以那里将形成小范围的转势。

（3）相比 DE 段上升的线段，EF 段的回调，基本在 DE 段的 1/2，这属于正常回调，其后的上升 FG 段和 DE 段基本相同。

（4）相比 FG 段上升的线段，而 GH 段的下跌远超过了 FG 段上升的线段的 2/3，又是小范围的转势。

（5）相比 GH 段下跌的线段，在其后的 HI 段的反弹，仅为 GH 线段的 1/3 左右，IJ 线段下跌的速度跟 GH 又相仿。

这样，我们可以通过线段的对比找到什么情况是下跌过程中的结构，什么情况是底部或顶部的转势结构。

第 8 节

认错与纠错

所有的技术分析，其实都是基于统计学的概率优势基础之上的。就算跳出技术分析，比方说基本面分析，政策或消息等金融市场的分析方法，也都源于历史重复发生。而历史重复发生的研究，其本身就是基于统计学的概率优势。如果在统计学的概率上没有优势，那么历史就未必会重复发生。

技术分析的三个前提之一就是历史会重复发生，但市场不会是简单的机械式的重复，你会发现市场是一种常态和非常态，一种大概率和小概率并存的市场，这才是真实的市场。所以在我们交易的过程中（并不单纯的指盘口），既要严格地按照大概率方向走，还要做好充分地应对小概率事件的发生。

说的简单一些，即认错与纠错。

本章的前 6 节，都是在介绍一种常态的情况，即大概率的盘口方法。但市场就是市场，它肯定会走出与你判断不一致的走势，让你措手不及。你不必懊恼，也不必惊慌失措，因为这是正常的。本节介绍的就是如何在盘口上出现与你的判断或我们的方法不一致的时候，如何进行认错和纠错。

目前中国的股票市场还是 T＋1 的交易规则，这和世界上大部分股票市场的交易规则（T+0）不同。所以你在交易的过程中，当天买入的，当天不允许卖出。但当天卖出的，可以当天买入。这在交易的领域之内，认错和纠错，买和卖也是不同的。而在分析领域，认错与纠错和交易领域也是不一样的。

我们单纯地从大盘盘口的分析领域来介绍一下盘口的认错与纠错的方法。这样我们对于盘口的了解就足够深，就可以应用到交易领域了。而T+1的交易方式，也将随着市场的逐步成熟而向国际（T+0）方式靠拢。

1. 纠错方法一：1分钟高（低）点转向修正

我们在用前文所阐述的方法，寻找1分钟高点或低点的时候，有时市场并非精确在峰值起的第3根或第2根线转向。比方说找1分钟高点，我们希望能通过价格和红角线之间的背驰情况找到最高点，但也有时候价格并没有到达红角线的峰值的第3根线或第2根线就提前回落，如果市场出现转向，即价格已经见高点回落，那么我们应该在回落后的第一个周期进行1分钟高点的修正，如图1—8—1所示。

同理，我们在找1分钟低点的时候，我们希望能通过价格和绿角线之间的背驰情况找到最低点，但也有时候价格并没有到达绿角线的峰值的第3根线或第2根线就提前回升，如果市场出现转向，即价格已经见低点回升，那么我们应该在回升后的第一个周期进行1分钟低点的修正，如图1—8—2所示。

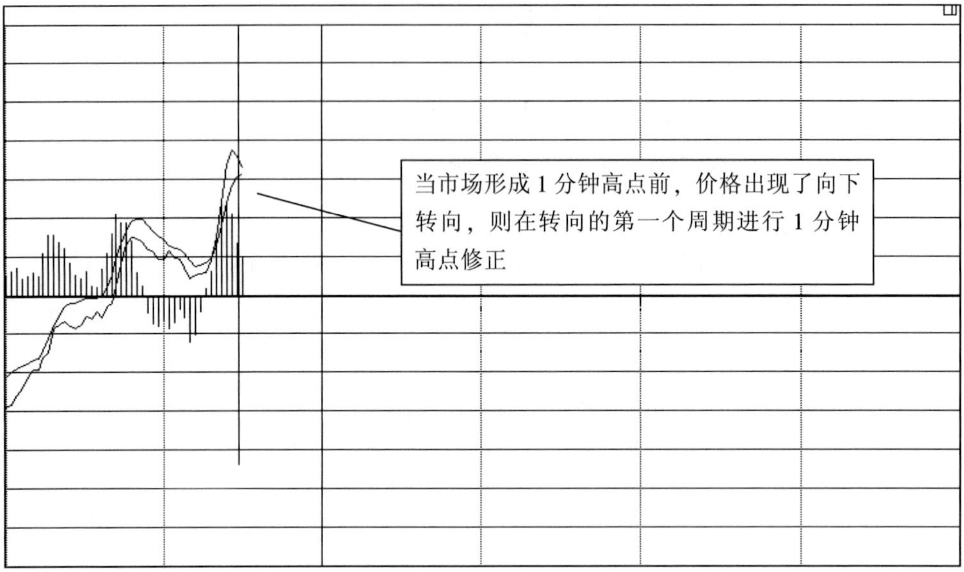

图 1—8—1　1 分钟高点修正

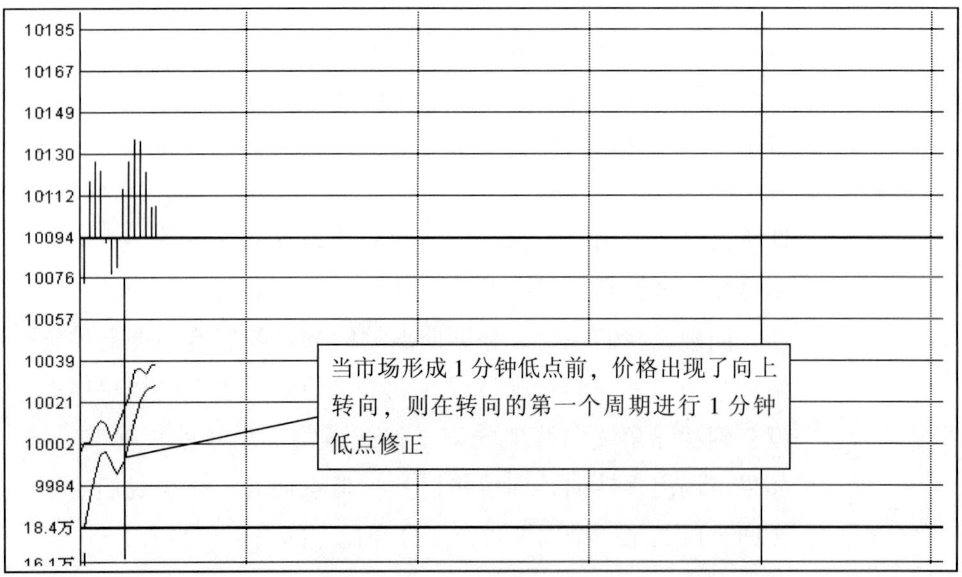

图 1—8—2　1 分钟低点修正

在图 1—8—1 中，价格上升得很强，还没有形成 1 分钟高点之前，价格突然出现了向下的转向，这个时候应该在转向的第一个周期进行 1 分钟高点修正，如图中的竖直线所画位置。

在图 1—8—2 中，价格回调的过程中还没有形成 1 分钟低点之前，价格突然出现了向上的转向，这个时候应该在转向的第一个周期进行 1 分钟低点修正，如图中竖直线所画位置。

2. 纠错方法二：5 分钟高（低）点创新高（低）修正

同样，我们在用前文所阐述的方法寻找 5 分钟高点或低点的时候，虽然多数情况都是即时盘口上比较重要的高点或低点，但有时候市场会创新的高点或低点，当创新高或新低的时候，进行 5 分钟高（低）点的修正。比方说找 5 分钟高点，我们希望能通过两个价格和两组红角线之间的背离情况找到最高的临界点，高点形成后如果被刷新，后市创了新高，就要进行修正，如图 1—8—3 所示。

同理，找 5 分钟低点，我们希望能通过两个价格和两组红角线之间的背离情况找到最低的临界点，低点形成后如果被刷新，后市再创新低，就要进行修正，如图 1—8—4 所示。

盘口修正的意义跟日线或分时线进行修正拥有同样的意义，好比说我们判定了高点，高点也引发了小幅回落，但随后再创新的高点，创新高就要进行修正；找到低点后，创新低也是如此。我们的方法多是统计学的概率优势计算出来的，但要提防小概率事件的发生，因为市场永远都是对的，错的只能是我们自己。要敢于认错和纠错，认错和纠错是常态，是成功的必经之路。

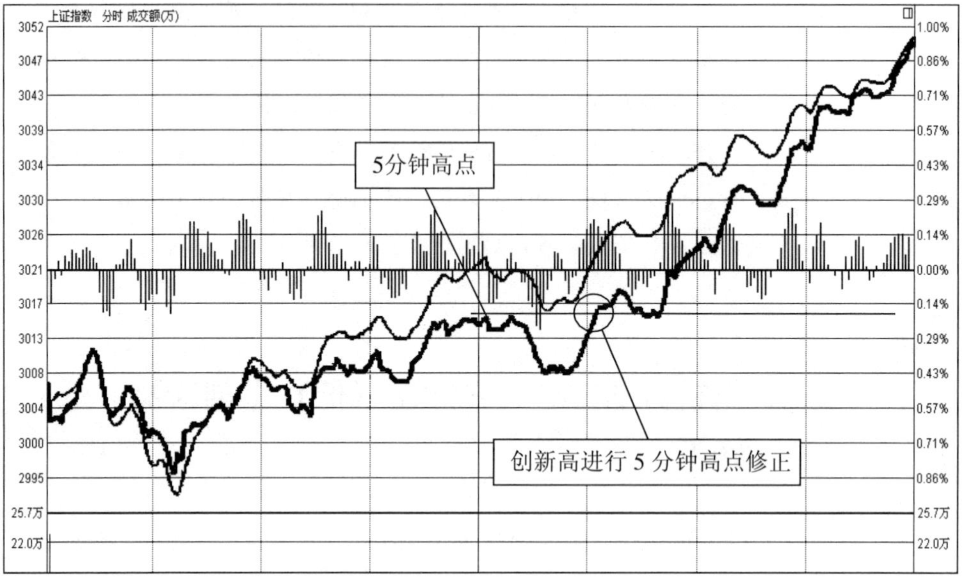

图 1－8－3 5 分钟高点修正

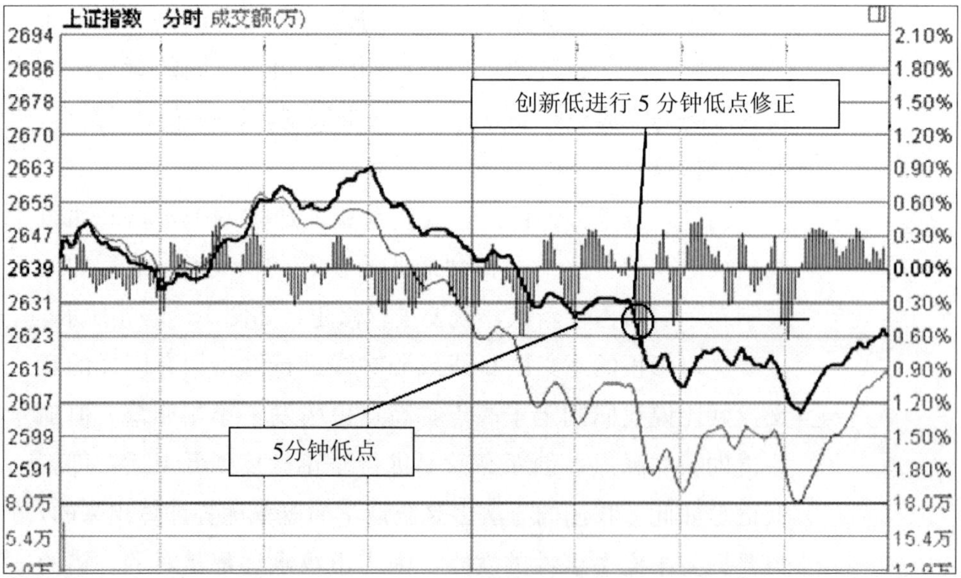

图 1－8－4 5 分钟低点修正

在图1—8—3中，价格上升的过程中形成了5分钟高点，随后市场出现了小幅回调之后创了新高，在创新高的时候进行5分钟高点修正，如图中画圆圈的位置。

在图1—8—4中，价格下跌的过程中形成了5分钟低点，随后市场出现了小幅回调之后创了新低，在创新低的时候进行5分钟低点修正，如图中画圆圈的位置。

第 9 节 综合应用

上面我们逐步地学习了系列大盘盘口的判定方法，但我们还是缺少一些实际的判断经验，我分别截取了一些盘中的盘口走势图，并通过它们的即时状态和我所讲述的方法来综合应用，看看我们能在图中得到什么样的信息。

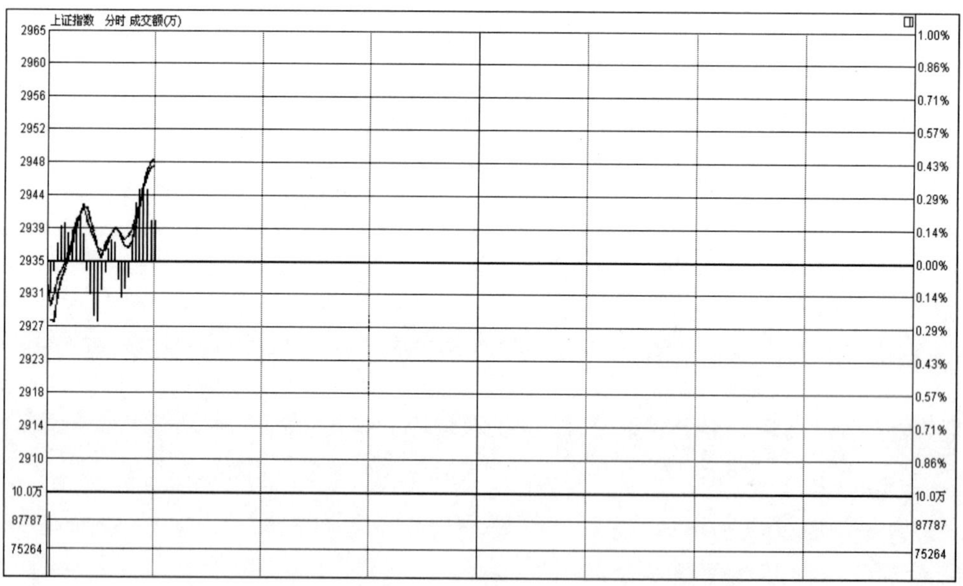

图 1—9—1 综合应用—1

从图 1—9—1 中能够得到的结论：

(1) 价格在此时出现了与红角线背驰的走势，价格向上红角线回落，并且距离红角线最高值后有 3 个周期，基本可以判定位置为 1 分钟高点。

(2) 由于红角线是开盘后最高峰值，所以上升属于鼎盛时期，会有一定的上升延续，因此应为上升过程中的 1 分钟高点，后面还有上升。

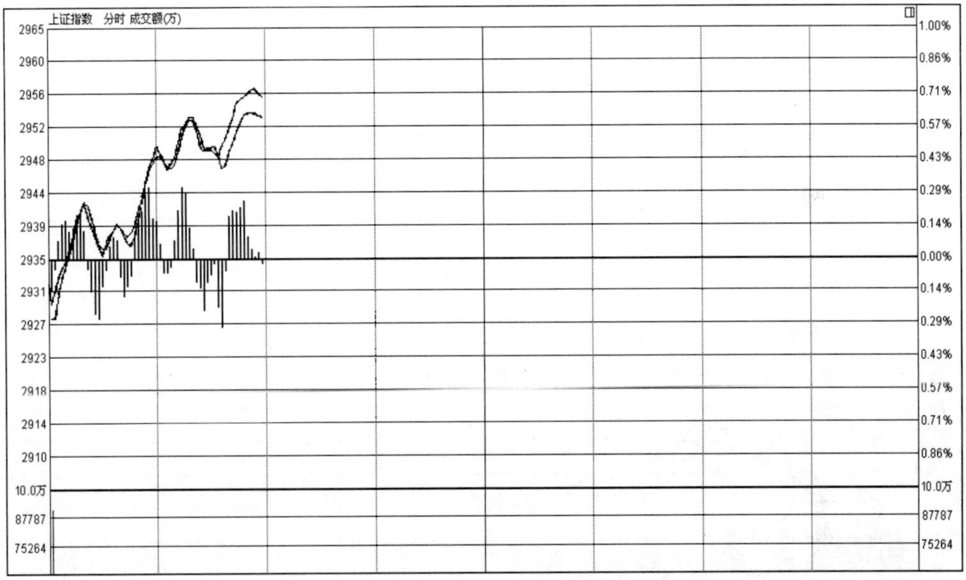

图 1—9—2 综合应用—2

从图 1—9—2 中能够得到的结论：

(1) 从两个峰值来看，价格已经创了新高，而红角线的峰值没有创新高，形成两个峰值之间的背离，这个高点的级别应该是 5 分钟高点。

(2) 开盘一直呈现单边上升，5 分钟高点之前积攒了很多做空能量，如果不考虑背后的分时线等大周期，单就盘口来看，这个 5 分钟高点的级别相对较大。

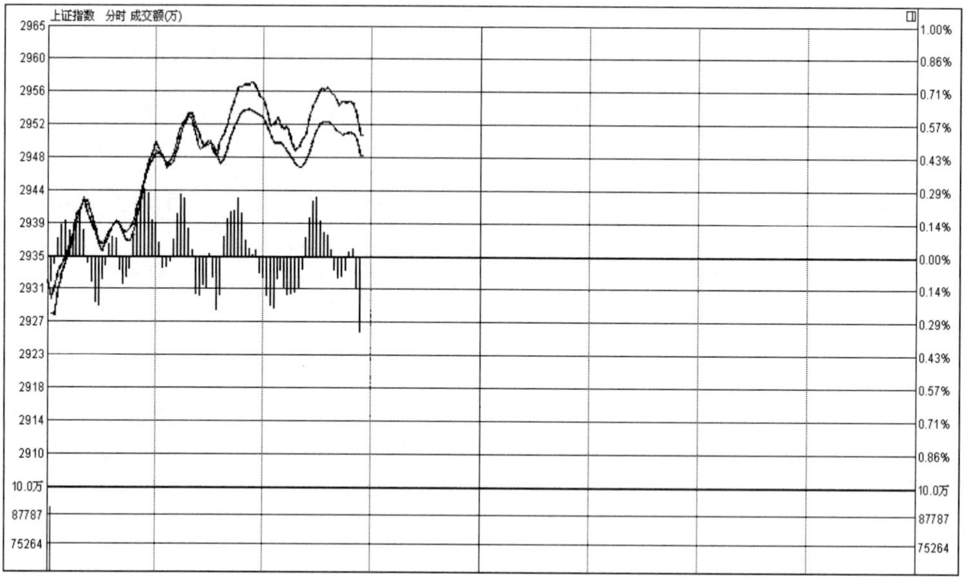

图 1—9—3 综合应用—3

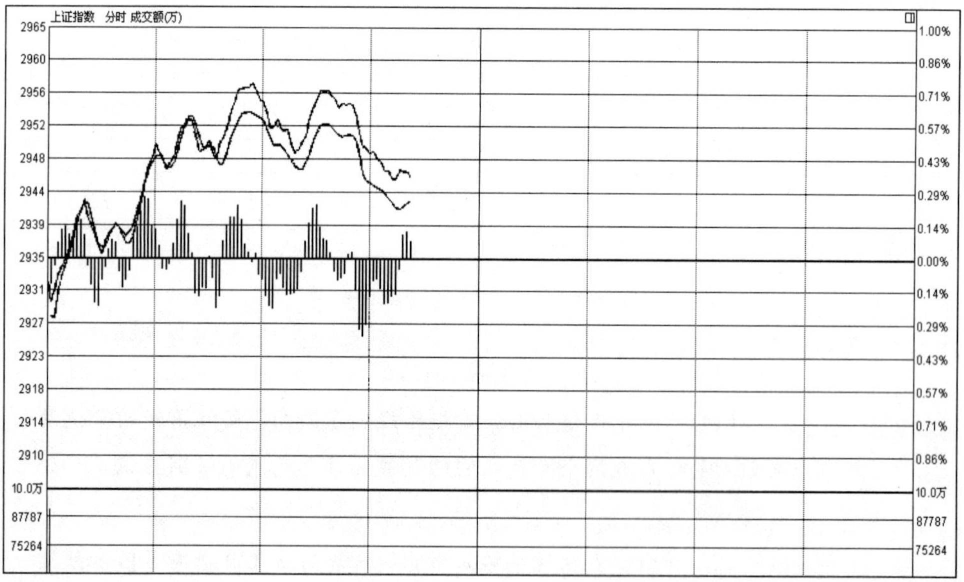

图 1—9—4 综合应用—4

从图 1—9—3 中能够得到的结论：

（1）绿角线迅速放大，而且创了当日盘口绿角线的最高值，其后的下跌必然十分快速猛烈，属于主跌。

（2）主跌之后通常会有一定的下跌延续，所以至少会有一个 3 浪的下跌结构，短期内无法止跌。

从图 1—9—4 中能够得到的结论：

（1）红角线非常短，代表反弹很弱，线段不及之前下跌线段的 1/3，其后可能还有下跌，而且可能还是主跌。

（2）注意观察其后下跌波段的绿角线峰值，价格已经接近新低，创新低的问题不大，如果绿角线的峰值没有创新低，那么 5 分钟低点的结构将形成。

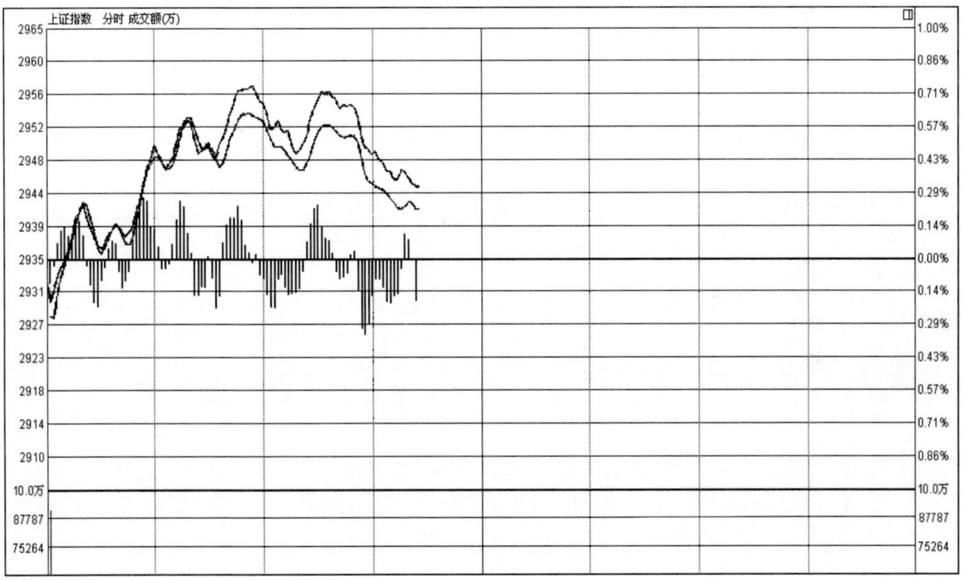

图 1—9—5 综合应用—5

从图 1—9—5 中能够得到的结论：

（1）绿角线的第一根就很长，这波下跌依旧十分快速猛烈，还是属于主跌。

（2）要对比相邻的这波下跌的速度，是增速还是降速。

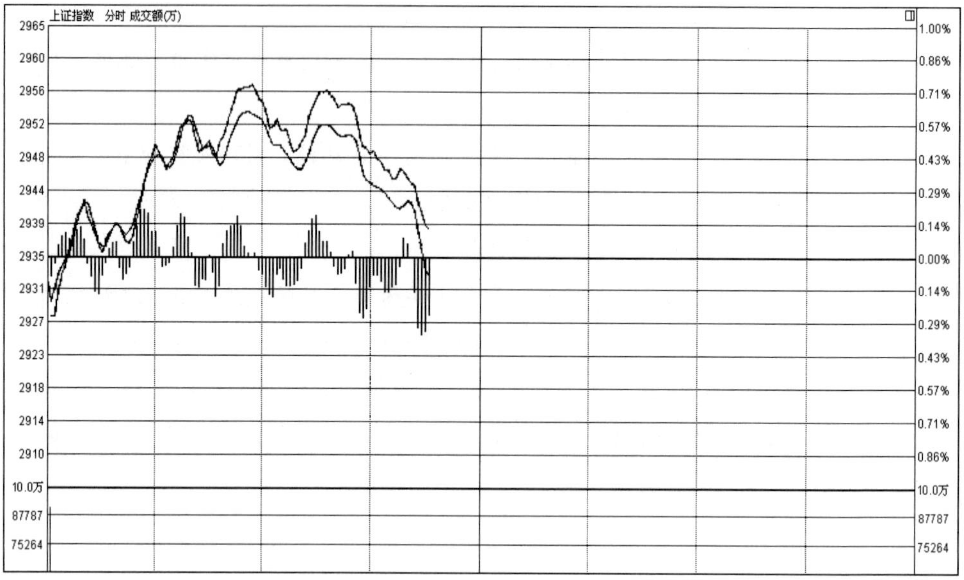

图 1—9—6 综合应用—6

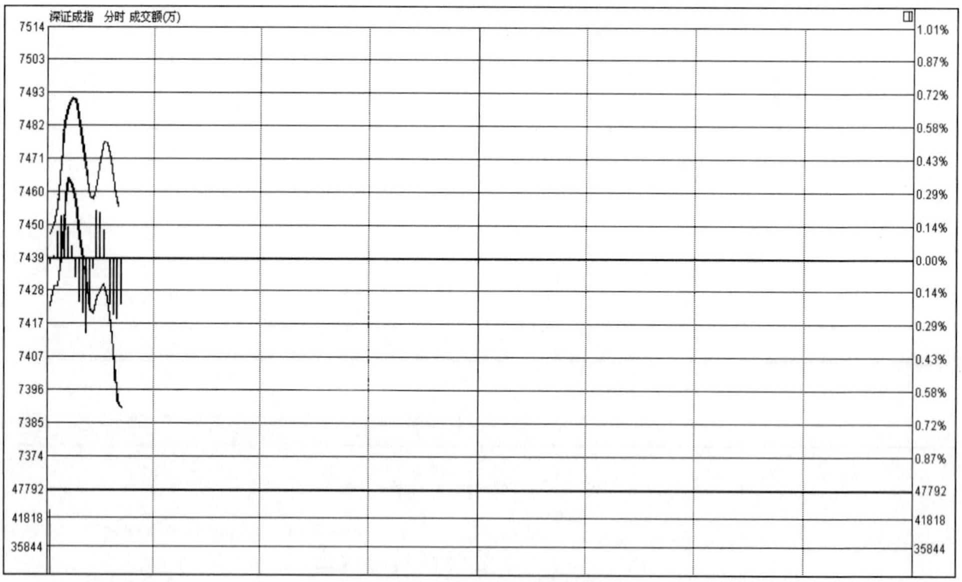

图 1—9—7 综合应用—7

从图 1—9—6 中能够得到的结论：

(1) 下跌速度极其快速而猛烈，盘口出现了小跳水，具备一定的恐慌气氛，短期难以止跌。

(2) 绿角线的峰值创了盘口新高，刚做出的 5 分钟低点准备已经失效，至少一个反弹再下之后，价格创新低绿角线收短，才能形成 5 分钟低点。

从图 1—9—7 中能够得到的结论：

(1) 价格创新低，绿角线峰值没有创新低，5 分钟低点。

(2) 刚开盘，5 分钟低点之前没有经历一个持续的下跌，5 分钟低点级别小。

(3) 分时线下跌速度过快，5 分钟低点级别小。

(4) 两条线分化，黄色线在昨日收盘之上，白色线在昨日收盘之下，代表蓝筹股领跌，小盘股抗跌，小盘股比大盘股表现活跃。

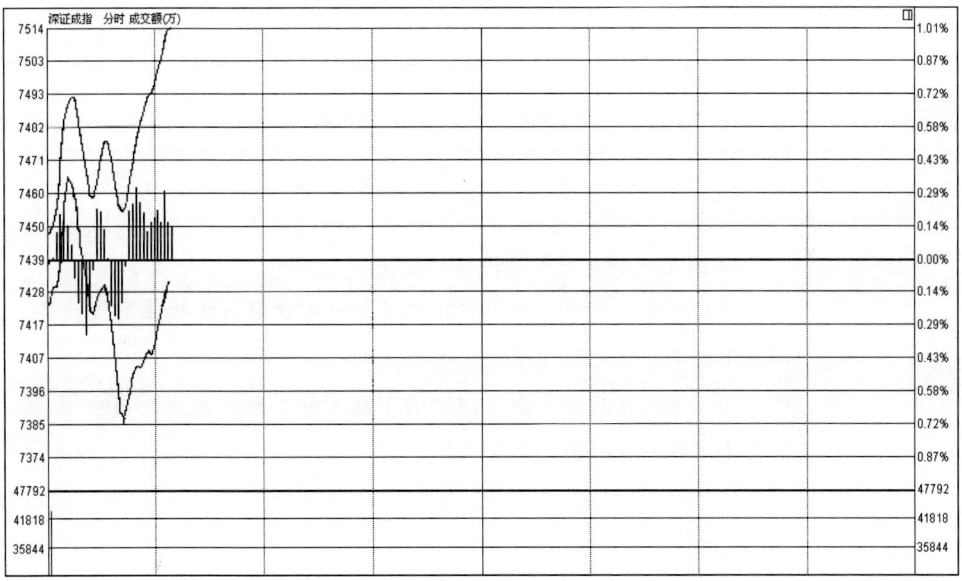

图 1—9—8 综合应用—8

从图 1—9—8 中能够得到的结论：

(1) 红角线收短之后再放大，两个上升连在一起，由于两个上升连在一起之后消耗了比较多的做多能量，通常会有回调，因很少有3个上升连在一起，回调级别不详。

（2）价格向上，红角线回落，形成单峰值之间的背驰走势，1分钟高点。

图1—9—9 综合应用—9

从图1—9—9中能够得到的结论：

（1）绿角线迅速放大，而且创了当日盘口绿角线的最高值，其后的下跌必然十分快速猛烈，属于主跌。

（2）主跌之后通常会有一定的下跌延续，所以至少会有一个3浪的下跌结构，短期内无法止跌。

（3）两条线的敞口加大，分化比早盘更加严重，小盘股明显强于大盘股。

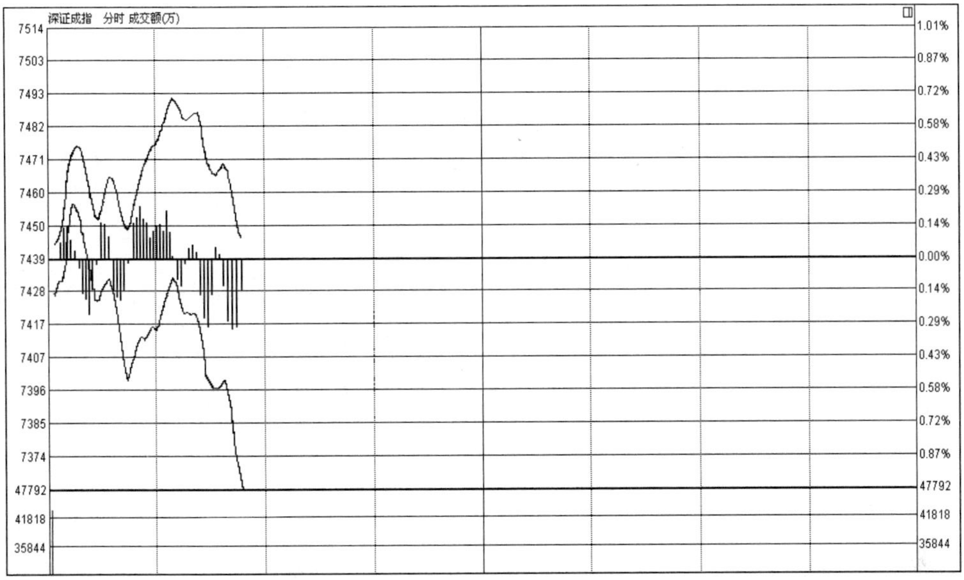

图 1—9—10 综合应用—10

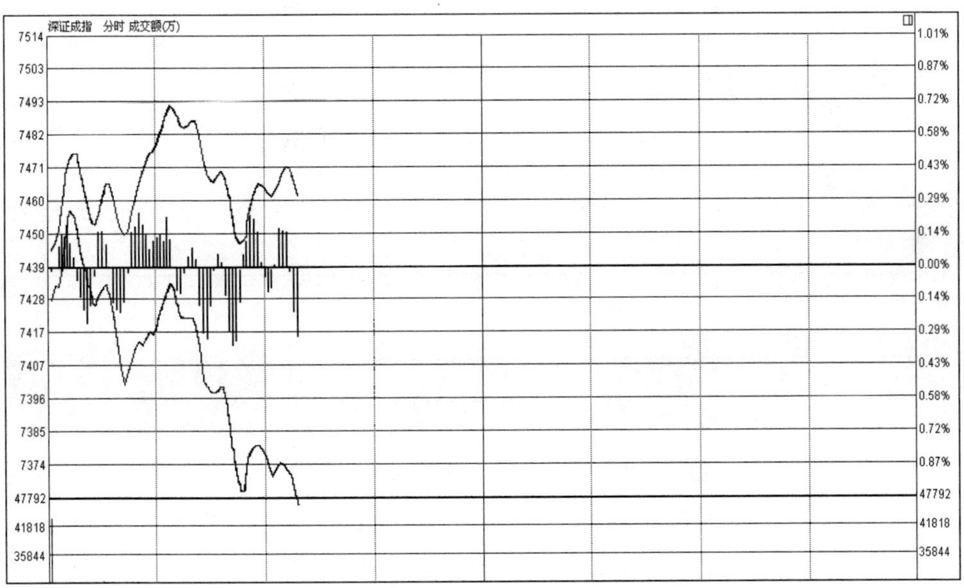

图 1—9—11 综合应用—11

从图 1—9—10 中能够得到的结论：

(1) 价格在此时出现了与绿角线背驰的走势，价格向下绿角线回升，位置为 1 分钟低点。

(2) 下跌速度极其快速而猛烈，盘口出现了小跳水，具备一定的恐慌气氛，短期难以止跌，下跌途中的 1 分钟低点。

从图 1—9—11 中能够得到的结论：

(1) 绿角线迅速放大，还是主跌，价格已经创了新低，如果绿角线不再继续放大，就有形成 5 分钟低点的可能。

(2) 分化继续扩大，蓝筹股加速跳水。

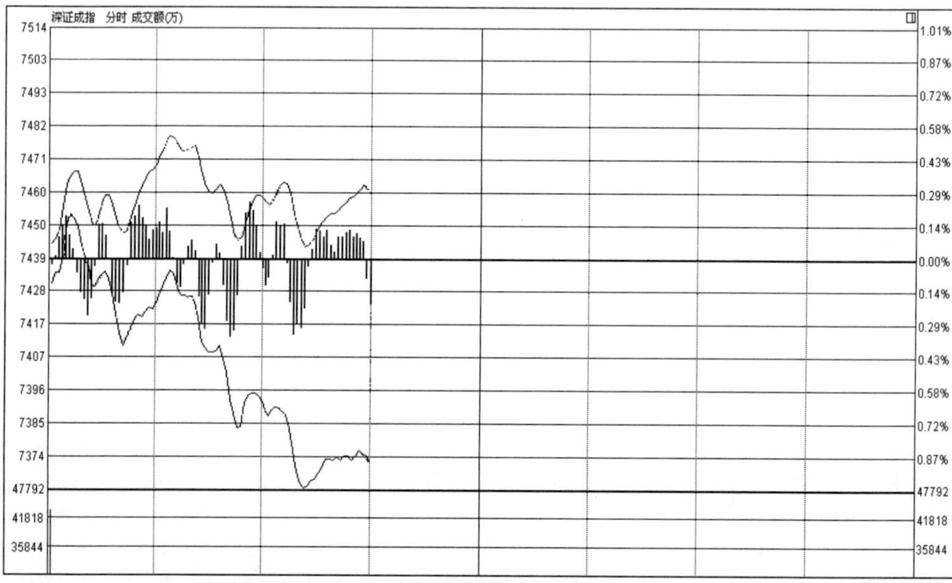

图 1—9—12 综合应用—12

从图 1—9—12 中能够得到的结论：

(1) 绿角线基本持平，没有明显的缩短，而且价格下跌的速度依旧很快，刚才不是 5 分钟低点，而且在快速的下跌背景下，即便形成 5 分钟低点，级别也小。

(2) 反弹之后再下，这次同样有可能形成 5 分钟低点，至少存在可能。

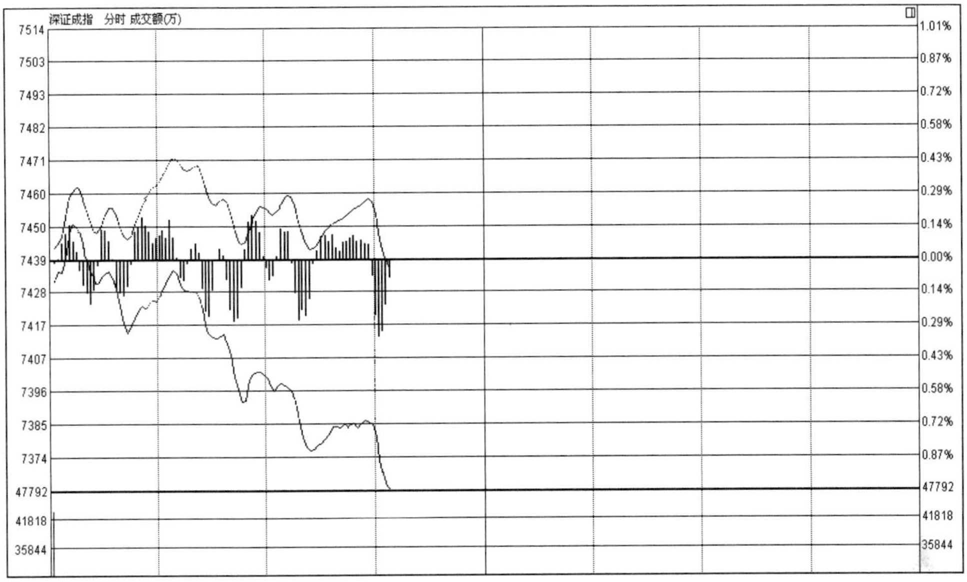

图 1—9—13 综合应用—13

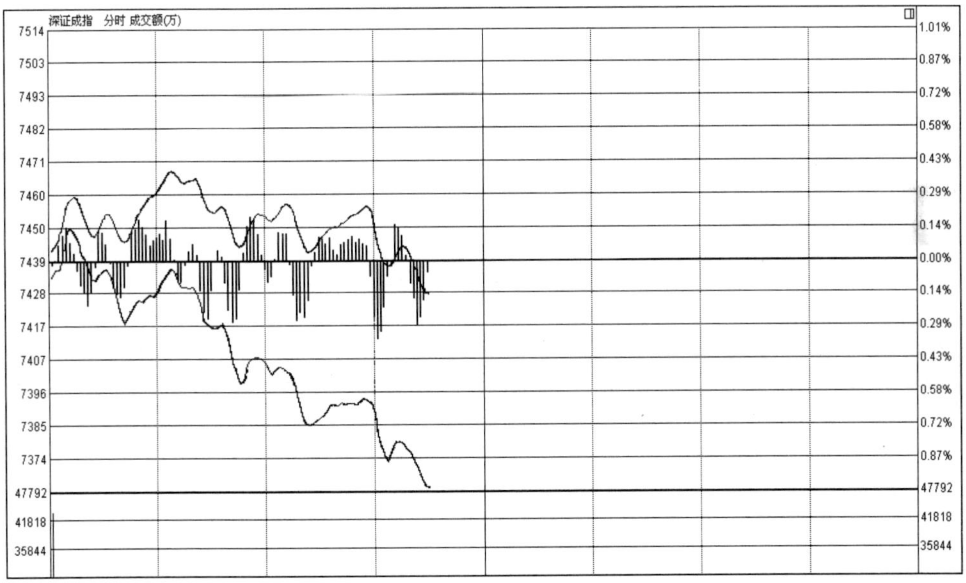

图 1—9—14 综合应用—14

从图 1—9—13 中能够得到的结论：

（1）绿角线继续创了当天的新高，市场继续单边下跌，并且再次排除了 5 分钟低点的可能。

（2）价格在此时出现了与绿角线背驰的走势，价格向下绿角线回升，位置为 1 分钟低点。

（3）下跌速度极其快速而猛烈，具备一定的恐慌气氛，短期难以止跌，下跌途中的 1 分钟低点。

（4）绿角线已经放大到足够长了，这种状态下，除非跳水，否则很难超越绿角线的长度，通常再下，多会形成 5 分钟低点。

从图 1—9—14 中能够得到的结论：

（1）价格创新低，绿角线峰值没有创新低，5 分钟低点。

（2）自开盘后分时线一直呈现单边下跌，盘口积攒了很多做多能量，并消耗掉很多做空能量，通常这种情况下 5 分钟低点级别较大。

（3）从速度上来看，分时线下跌速度又过快，5 分钟低点级别小。

（4）级别一大一小，也就是不大不小，形成 5 分钟低点，正常级别的 5 分钟低点。

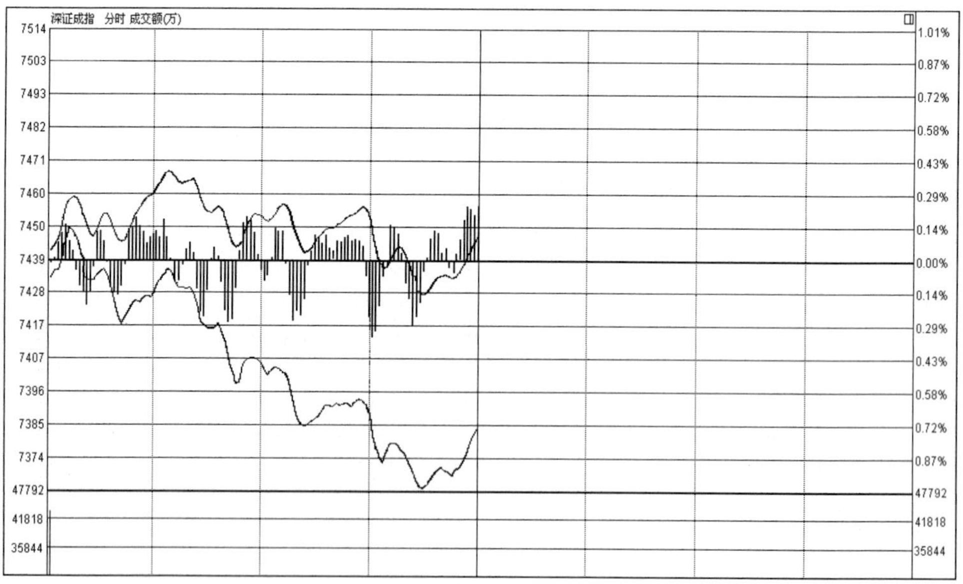

图 1—9—15 综合应用—15

从图 1—9—15 中能够得到的结论：

(1) 刚才的 5 分钟低点引发了一波分时线的强劲反弹。

(2) 临近中午收盘，连续性会相对较差。

(3) 反弹呈加速状，暂没有反弹结束迹象。

这些图片的分析过程，有助于我们在学习本章之后进行融会贯通。到此，对于大盘盘口的方法已经全部结束了。第二章，将重点介绍个股盘口。

第二章

个股盘口

个股盘口是指具体某只个股的分时图走势和表现形式，它和大盘盘口有一定的内在联系，因大部分个股走势是跟随大盘的。而本章主要的内容是介绍个股盘口的独立性，即少部分走出和大盘并不相同的走势特征。你可以把个股盘口和大盘盘口看做是两个既独立又关联的系统，从大盘与个股之间的盘口差异中找到目标个股的潜在机会。

第 1 节 学习个股盘口的意义

如果说大盘盘口是为了跟随整个市场的整体趋势，那么个股盘口则是具体操作在个股上时应用的方法。但我必须指出的是，大盘盘口和个股盘口实际上是两个独立的方法。这很重要，很多人会认为我们应该用大盘的方法判断整体趋势，然后再用个股的盘口方法具体操作。你一定要把它们分开，它们之间没有一定的必然性，我们应该把它们看做是两个独立的方法。

大盘在盘口上，一天会出现很多个低点或高点，而个股的起涨点或最高点等盘口信息，只在某一个特定的情况下出现。它们有一定的相关性，但独立应用会更好一些。个股盘口的方法是特定的，更专向的。而大盘的方法是基础的，更广泛的。研究个股的盘口，由于股票众多，绝大多数个股是不出现盘口的特定机会或风险的，只有少数的股票在出现了某种特征之后，才能应用于个股盘口，单纯应用于出现特征的个股盘口的时候，可以少考虑甚至不考虑大盘盘口。而绝大多数情况下，个股盘口都是表现平平的。所以从广义来讲，大盘盘口的应用更广泛，寻找高低点，可以解决大多数时间里的大多数个股交易的细节。

我举个例子，比方说一只个股出现了快速而大幅的拉升，这个时候虽然大盘的高低点会起到一定的作用，但个股其自身的作用力将更大。如果你同时应用两个方法，那么这两个方法可能会在同一时间段出现两种不同的方向，比方说个股盘口信息显示还会上涨，而大盘盘口信息显示已经处于高位，这样我们就无法抉择了。

我们首先要把这两个盘口语言看做是两个不同的方法，因为不是所有的个股随时都在盘口上表达信号，出现盘口信息和语言。随意在小部分的时间里和部分个股盘口信息很强烈的情况下，你应该更注重于个股盘口。在大部分的时间里，个股更多的买卖应更注重大盘盘口。

那么研究个股盘口的意义，就是寻找那些个股盘口上的特定的信息，寻找那些较为独立的特征。

第2节 个股盘口的相关解释

个股盘口其实是指某只具体股票的分时盘口数据。有些部分和大盘盘口解释是相通的，比如说相同点，都是通常在指数K线图上，按快捷键F5或“05＋回车”进行切换。个股盘口与K线图最为明显的区别是：K线是蜡烛图，分时盘口是两条线；K线图的时段是不固定的，分时盘口是上午9:30～11:30，下午13:00～15:00；K线图左上角会标明K线周期，分时盘口会标明“分时”两个字。

我们先进行个股盘口的相关解释，如图2—2—1所示。

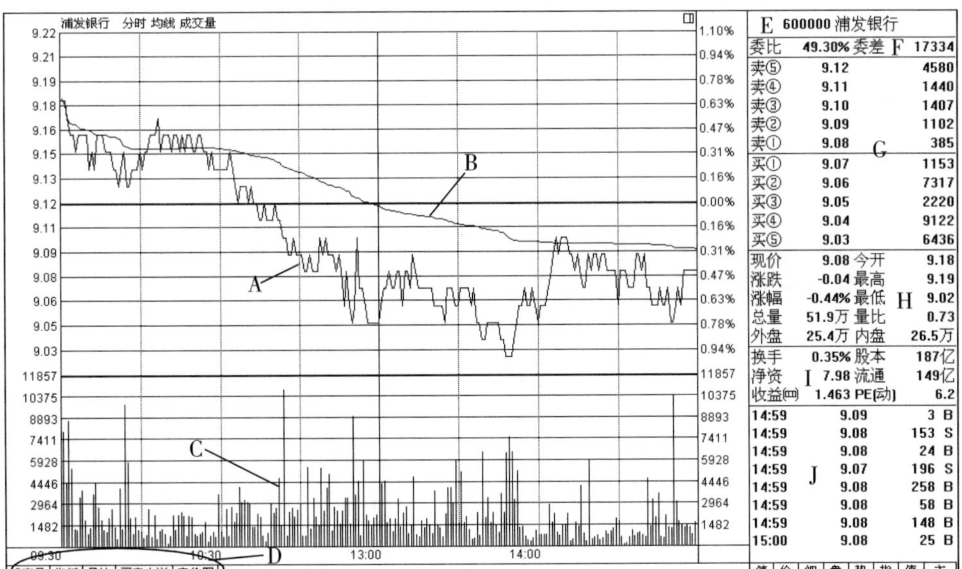

图2—2—1 个股盘口图

个股盘口有些地方跟大盘相同，有些地方则有比较大的区别。比方说横坐标的时间、左边的价格坐标、右边的涨跌幅度坐标，这都是跟大盘相同的。C：成交量部分跟大盘也基本相同，通常是黄色的柱状线，通过它的高度来表示是放量的还是缩量的。D：最下面是指标，分时盘口的指标和大盘指标有所不同，其中个股指标里比较常用的是量比曲线，其他的并不常用，喜欢的可以自己调用一下试试。

量比曲线虽然经常会有人提起，说明应用还算广泛，但对比盘口数据来讲，是比较慢的。如果等量比曲线拐头上行，通常股价已经有一大波上升了。如图 2—2—2 所示。

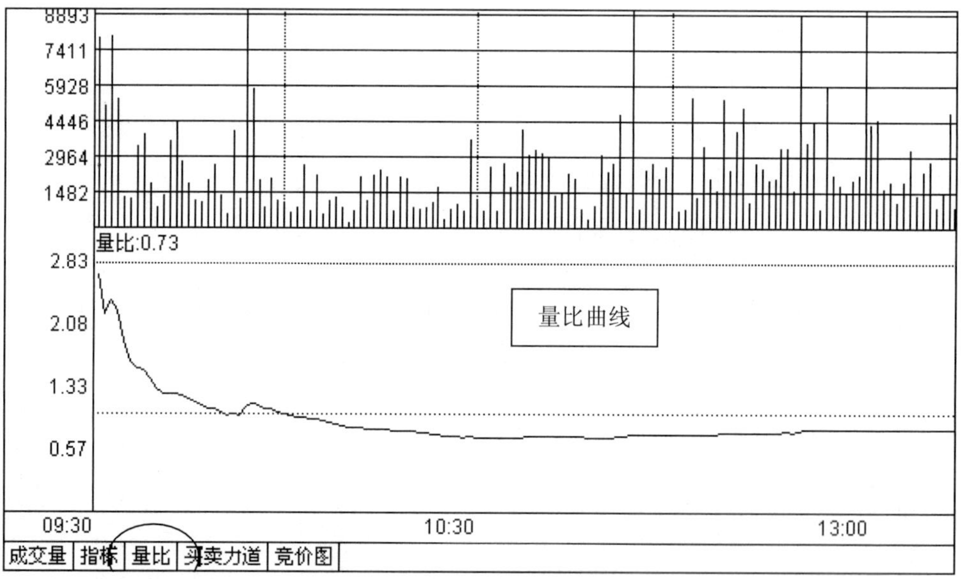

图 2—2—2 量比曲线

在图 2—2—2 中，点击个股分时盘口左下角的“量比”指标能够调出量比曲线，其实跟右侧综合提示小窗口里的量比是一样的，只不过那儿显示的是最新的量比单一数值，这个窗口是把量比数值连了起来，形成量比曲线。

中间的部分，也是个股盘口里最主要的部分，为价格主图。主要的构成有白色线、黄色线、红角线和绿角线等。跟大盘盘口不同，A 为白色线，叫做现价线，代表了个股分时盘口即时的最新价格。B 为黄色线，叫做均价线，有点儿类似于 K 线上的均线，代表了一段时间的平均价格。现价线表现比较剧烈，均价线比较温和。而且两条线通常都是同向的，并不会像大盘一样有时候会出现白、黄两条线走势相反，呈现分化的走势。

个股盘口和大盘盘口在主图部分，还有一个明显区别的地方就是个股盘口是没有红绿角线的。所以我们用来判断大盘高低点的方法，并不能用来判定个股，个股盘口有独立的分析方法，后面的章节里会详细讲解。

关于调用十字光标，按键盘上的“左”、“右”箭头，能在分时线上把十字光标调出来，如图 2－2－3 所示。十字光标是以每 1 分钟作为时间间隔，竖线代表时间（精确到分钟），横线代表当前价格。当是十字光标出现的时候，左上角将出现一个小窗口，分别显示时间、价位、均价、涨跌、涨幅、成交量、成交额。比大盘多了一个成交量。

下面我们对右边副图部分，自上而下进行详细介绍。

在图 2－2－1 中，副图部分，E 为最上面部分，是股票代码和股票名称，比方说代码 600000，名称为浦发银行。

F 是紧接着的下面，是委比和委差。委比的定义：个股当前买卖量差额和总额的比值。委比是衡量某一时段买卖盘相对强度的指标。它的计算公式为：

$$委比=\frac{委买手数-委卖手数}{委买手数+委卖手数}\times 100\%$$

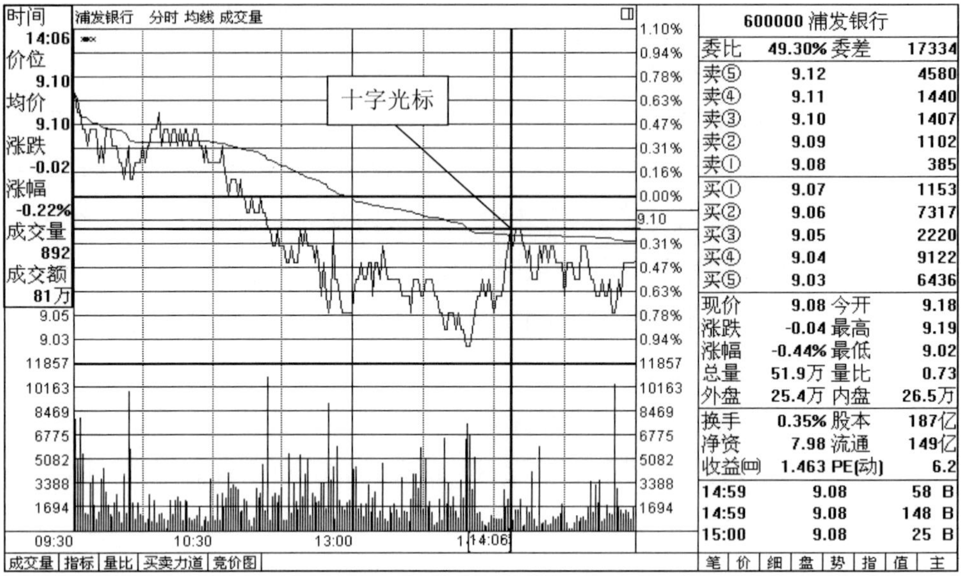

图 2—2—3　十字光标

在图 2—2—3 中，按键盘上的“左”、“右”箭头，能在分时线上把十字光标调出来，右边显示个股价格，下边显示时间。

委比值的变化范围为－100％～＋100％，当委比值为－100％时，它表示只有卖盘而没有买盘，说明市场的抛盘非常大（通常跌停的股票是这样的）；当委比值为＋100％时，它表示只有买盘而没有卖盘，说明市场的买盘非常有力（通常涨停的股票是这样的）。当委比值为负时，卖盘比买盘大；而委比值为正时，说明买盘比卖盘大。委比值从－100％～＋100％的变化是卖盘逐渐减弱、买盘逐渐变强的过程。委比值从＋100％～－100％的变化是买盘逐渐减弱、卖盘逐渐变强的过程。

涨停的个股委比为＋100％，因为涨停了，卖①至卖⑤已经没有挂单（交易规则规定），所以涨停的个股委比为＋100％；跌停的个股委比为－100％，因为跌停了，买①至买⑤已经没有挂单（交易规则规定），所以跌停的个股委比为－100％。如图 2—2—4 和图 2—2—5 所示。

委比	100.00% 委差	25.65万
卖⑤		
卖④		
卖③		
卖②		
卖①		
买①	8.12	254151
买②	8.11	947
买③	8.10	1024
买④	8.09	117
买⑤	8.08	226

涨停个股委比

图 2—2—4　涨停委比

在图 2—2—4 中，该股涨停了，所以卖方从卖①至卖⑤都已经没有挂单，小图中左上角的委比数值为 100%（+100%）。

委比	-100.00% 委差	-7450
卖⑤	39.19	1
卖④	39.00	17
卖③	38.90	18
卖②	38.89	51
卖①	38.88	7363
买①		
买②		
买③		
买④		
买⑤		

跌停个股委比

图 2—2—5　跌停委比

在图 2—2—5 中，该股跌停了，所以买方从买①至买⑤都已经没有挂单，小图中左上角的委比数值为—100%。

委差的定义：个股当前买量之和减去卖量之和，反映买卖双方的力量对比。正数为买方较强，负数为抛压较重。如图 2—2—6 所示。

委差正数
买方较强

委比	88.39% 委差	9030
卖⑤	15.45	159
卖④	15.44	67
卖③	15.43	23
卖②	15.42	141
卖①	15.41	203
买①	15.40	3
买②	15.38	23
买③	15.37	196
买④	15.36	3936
买⑤	15.35	5465

委差负数
抛压较重

委比	-95.46% 委差	-13673
卖⑤	8.18	4321
卖④	8.17	1312
卖③	8.16	6008
卖②	8.15	1692
卖①	8.14	665
买①	8.13	11
买②	8.12	29
买③	8.11	4
买④	8.10	99
买⑤	8.09	182

图 2—2—6　委差

在图 2—2—6 中，小图中右上角为委差，委差是正数的代表买方较强，委差是负数的代表抛压较重。由于个股盘子大小不同，委差的数值并不能表现出买卖的差别有多大，委比要比委差更能体现强弱。

图 2—2—1，委比和委差下面是 5 档的买卖盘（G），对于 5 档的买卖盘的盘口特征与实战应用，后面有详细讲解，这里只做简单介绍。

G5 档买卖盘下面，是价格综合提示的小窗口（H），分为：现价、涨跌、涨幅、今开、最高、最低、量比、外盘、内盘。

现价：该股票的最近价格。

涨跌：对比昨天的收盘价格，该股涨跌的价格（单位：元）。

涨幅：对比昨天的收盘价格，该股涨跌的幅度（百分比）。

今开：该股当日的开盘价格。

最高：该股当日的最高价格。

最低：该股当日的最低价格。

量比：该股平均每分钟的成交量与过去 5 个交易日平均每分钟成交量之比。

外盘：该股以主动卖促成价格成交的盘，通常叫做买盘。

内盘：该股以主动买促成价格成交的盘，通常叫做卖盘。

再下面是基本面综合提示的小窗口（I），这个小窗口的主要目的是让投资者能够更加方便、一目了然地了解一下股票的基本面信息。分为：换手、股本、净资、流通、收益、PE。

换手：该股当日的换手率，通常为成交量除以流通盘乘以100%，代表总共有100个持有该股的投资者，有多少进行换手，换手率比成交量更能显示成交的活跃程度。

股本：该股的总股本（流通股＋限制流通股＝总股本）。

净资：该股的每股净资产（每股净资产＝股东权益÷总股数）。

流通：该股可以在交易所流通的股份。

收益：该股的每股收益（每股收益＝税后利润÷总股数）。后面有（一）代表第一季度的每股收益；后面有（二）则代表前两个季度，即半年的每股收益；后面有（三）则代表前三个季度的每股收益。

PE：“P/E”表示市盈率；“Price per Share”表示每股的股价；“Earnings per Share”表示每股收益。即股票的价格与该股上一年度每股税后利润之比（P/E），该指标为衡量股票投资价值的一种动态指标。这个指标目前广泛被应用为价值投资的最重要指标之一，比方说PE为10，代表以目前的价格和盈利情况，投资该股10年的收益等同于投资成本，PE越小则越好。

一般来说，市盈率水平为：

＜0：指该公司盈利为负（因盈利为负，计算市盈率没有意义，所以一般软件显示为“—”）；

0～13：即价值被低估；

14～20：即正常水平；

21～28：即价值被高估；

＞28：反映股市出现投机性泡沫。

PE（动）是指动态市盈率，比方说三季度业绩为 X 元，除以 3 再乘以 4，则代表全年预计每股收益，即动态收益，然后再以此测算出的市盈率为动态市盈率。

J 是最新分笔成交窗口，显示最先的分笔成交。

到此，对于个股分时盘口界面达到了初步认识。还有一些热键，简单介绍一下。

在个股分时盘口界面按 F1 键，分时成交明细就出来了，这里记录了全天的每一笔分时成交，对于研究分笔成交和主力操盘手法的，有很详细的记录，如图 2—2—7 所示。

600000 浦发银行 分时成交明细 Up/PageUp:上翻 Down/PageDown:下翻

分时成交明细

时间	价格	现量	时间	价格	现量	时间	价格	现量
14:53	9.07	45 B	14:5[illegible]	[illegible]	[illegible] 3	14:58	9.07	25 S
14:53	9.07	144 B	14:55	9.08	11 B	14:58	9.07	56 S
14:53	9.07	410 B	14:56	9.07	111 S	14:58	9.07	100 S
14:53	9.07	208 B	14:56	9.08	2 B	14:58	9.08	157 B
14:53	9.06	57 S	14:56	9.08	10 B	14:58	9.07	10 S
14:54	9.07	23 B	14:56	9.06	400 S	14:58	9.07	245 S
14:54	9.07	318 S	14:56	9.08	610 B	14:58	9.08	302 B
14:54	9.07	75 S	14:56	9.08	114 B	14:58	9.08	182 S
14:54	9.07	399 S	14:56	9.09	3 B	14:58	9.08	36 B
14:54	9.07	30 S	14:56	9.08	12 S	14:58	9.08	20 B
14:54	9.07	125 S	14:57	9.09	10 B	14:58	9.08	54 S
14:54	9.08	20 B	14:57	9.09	112 B	14:59	9.08	90 S
14:54	9.08	15 B	14:57	9.09	34 B	14:59	9.08	31 S
14:54	9.08	108 B	14:57	9.09	124 B	14:59	9.09	3 B
14:54	9.07	79 S	14:57	9.08	58 S	14:59	9.09	8 B
14:54	9.08	68 B	14:57	9.08	10 B	14:59	9.09	3 B
14:55	9.08	83 B	14:57	9.08	14 B	14:59	9.08	153 S
14:55	9.07	190 S	14:57	9.08	106 B	14:59	9.08	24 B
14:55	9.08	503 B	14:57	9.08	30 B	14:59	9.07	196 S
14:55	9.08	12 B	14:57	9.07	40 S	14:59	9.08	258 B
14:55	9.08	19 B	14:57	9.07	220 S	14:59	9.08	58 B
14:55	9.07	2 S	14:57	9.08	21 B	14:59	9.08	148 B
14:55	9.08	122 B	14:58	9.07	422 S	15:00	9.08	25 B

图 2—2—7　分时成交明细

在图 2—2—7 中，是个股的分时盘口成交明细，按 F1 键可调出分时成交明细，这其实是盘口右下角分笔成交的全天记录，可以用 PageUp 和 PageDown 上下翻页。

在个股分时盘口界面按 F2 键，分价表就显示出来了，这里指个股在不同价格成交数量的列表，用于观察在统计学上哪里的价格成交最多，如图 2—2—8 所示。

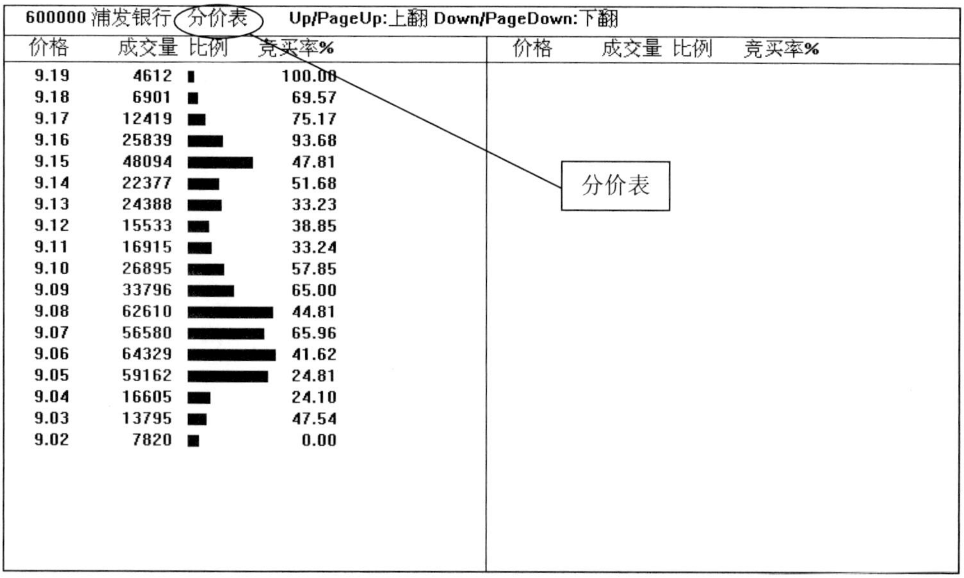
600000 浦发银行 分价表 Up/PageUp:上翻 Down/PageDown:下翻

价格	成交量	比例	竞买率%
9.19	4612		100.00
9.18	6901		69.57
9.17	12419		75.17
9.16	25839		93.68
9.15	48094		47.81
9.14	22377		51.68
9.13	24388		33.23
9.12	15533		38.85
9.11	16915		33.24
9.10	26895		57.85
9.09	33796		65.00
9.08	62610		44.81
9.07	56580		65.96
9.06	64329		41.62
9.05	59162		24.81
9.04	16605		24.10
9.03	13795		47.54
9.02	7820		0.00

图 2—2—8 分价表

在图 2—2—8 中，是个股的分价表明细，按 F2 键可调出此分价表，是个股在不同价格成交数量的列表，用于观察哪里的价格成交最多，同样也可以用 PageUp 和 PageDown 上下翻页。

注意：只有在个股的分时盘口窗口下按 F1 和 F2 才会出分时成交明细和分价表，K 线窗口下按 F1 和 F2 是调不出来的。

第 3 节
5 档委买与委卖

我们现在看到的 5 档的买卖盘，是在 2003 年的 12 月 8 日之后的情形，在之前的委买、委卖还只是 3 档显示。下面是摘自《证券时报》的一段文字：

自 12 月 8 日起，沪深交易所将调整买卖盘揭示的范围，投资者可收看到 5 个最优买卖盘档位的即时行情，即 5 档行情，比现在的 3 档价位在买盘和卖盘方向各增加两档价位。

究竟两个交易所为什么要不惜调整数据库，费力气去做这种调整呢？我个人认为主要有以下意义值得关注：

(1) 提高操纵股价的成本，加大主力做盘难度。市场中有各类庄家活动，其行为往往非常诡秘，其中有一部分特别注重对于盘面的把握，特别是为了迷惑中小投资者或隐蔽自己进出的动向，在买卖盘上做文章就是常事了。比如，在 3 档报价系统中，主力本来是准备出局的，却故意在买②、买③上放一些大买盘，然后吸引散户将买盘前置，最后达到出局的目的；同理，在准备进货时，却有可能用大卖单压在卖②、卖③上，引诱散户出局。当报价系统增加至 5 档后，这类情形虽然仍然难以避免，但是主力要想使假相更逼真，就必须在虚买盘或虚卖盘上投入更多诱饵，成本的增加显而易见。

（2）增强了指标的有效性。目前大多数看盘软件的盘中指标中有“委比”指标，而该指标就是根据3档委托买卖盘上委托数量的差值与委托总量的比值得到的，现在如果主力想继续在该指标上做文章，就必须面对5档价位上其他投资者的委托单，干扰数据时花的力气无疑会大大增加。

既然这一措施对庄家的行为有所制约，无形中就有利于中小投资者增加信息，减少被庄家愚弄的机会。这体现了交易所提高证券交易透明度，保护中小投资者在交易中有更公平地位的决心。在我看来，这一措施实施后，在为主力操纵股价增加障碍和为中小投资者带来更多信息的同时，也将有助于市场的规范发展，如图2—3—1所示。

5档买卖盘

卖⑤	9.12	4580
卖④	9.11	1440
卖③	9.10	1407
卖②	9.09	1102
卖①	9.08	385
买①	9.07	1153
买②	9.06	7317
买③	9.05	2220
买④	9.04	9122
买⑤	9.03	6436

(a)

3档买卖盘

卖③	7.04	933
卖②	7.03	3601
卖①	7.02	2335
买①	7.01	507
买②	7.00	499
买③	6.99	638

(b)

图2—3—1　5档买卖盘和3档买卖盘

在图2—3—1（a）中，5档买卖盘委买和委卖位置上下都显示5个价格；在图2—3—1（b）中，3档买卖盘委买和委卖位置上下只显示3个价格。

1. 价格优先和时间优先的交易规则

在讲5档委买与委卖的特征与应用之前，我们需要先了解一下交易所关于撮合交易的交易规则。这是最重要的交易规则，将来再讲下单的时候，仍要用到这一交易规则。这个规则最重要的是8个字：价格优先、时间优先。

我们常听到的是这样的顺序：时间优先、价格优先。我们来看一下它们的含义。

价格优先原则表现为：价格较高的买进申报优先于较低的买进申报，价格较低的卖出申报优先于较高的卖出申报。

举个例子：

(1) 甲以10元的价格申报买入某只股票，乙以10.01元的价格同样买入该股，买入按照价格较高买进申报优先于较低的买进申报的原则，乙比甲的价格更高，所以优先成交。

(2) 如果甲以10元的价格申报卖出某只股票，乙以10.01元的价格同样卖出该股，卖出按照卖出价格较低申报优先于较高的卖出申报的原则，甲比乙的价格更低，所以优先成交。

(3) 如果甲以10.01元的价格卖出某股票，乙以10元的价格同样买入该股，他们会不会成交呢？不会，因为他们价格之间不能形成撮合成交。

(4) 那么，如果甲以10元的价格卖出某股票，乙以10.01元的价格同样买入该股，他们会不会成交呢？会，因为他们价格之间可以形成成交。但成交价是按10元，还是10.01元呢。

这就涉及到另一个交易规则：时间优先。

时间优先原则表现为：在以相同的价格申报时，应该与最早报出该价格的一方成交。

如果甲以10元的价格买入，乙同样以10元的价格买入，还有很多人都以10元的价格买入，那么在价格优先的原则上，大家具有同等的优势，那么谁先成交才能体现交易的公平呢？这个时候时间优先的原则便体现出来了，最早报出该价格的一方最先成交。

同理，如上甲以10元的价格卖出某股票，乙以10.01元的价格同样买入该股，他们会成交，将遵循时间优先原理，不是一定会以10元或一定会以10.01元的价格成交，而是看买卖双方“谁先申报”，同样按照最早报出价格的一方最先成交。

但是单就重要性来讲，仍是价格优先更重要，作为撮合交易，只要价格更具有优势，那么即便你申报的时间再怎么早也没用。所以价格优先原则是前提，在价格没有优势或同样的价格下，才会用到时间优先原则。

所以价格优先是要比时间优先更重要的，只有在价格没有优先优势的情况下，才会应用到时间优先。正确的顺序应该是：价格优先然后是时间优先。

我们再谈5档买卖盘，特别提醒的是，我们看到盘口的5档买卖盘，它只是申报价格和数量，并非是已经成交的价格和数量。这个买卖盘是可以进行撤销的，所以它会变化，而且变化比较快。

5档买卖盘分为，5档买盘和5档卖盘。5档买盘分为：买①、买②、买③、买④、买⑤，它们的重要程度是从买①到买⑤。5档卖盘分为：卖①、卖②、卖③、卖④、卖⑤，它们的重要程度也是从卖①到卖⑤。买盘的顺序是正向的，从上到下是买①、买②、买③、买④、买⑤。卖盘的顺序却是反向的，是从下到上卖①、卖②、卖③、卖④、卖⑤。如图 2—3—2 所示。

卖⑤	4.36	68364
卖④	4.35	42078
卖③	4.34	47458
卖②	4.33	639
卖①	4.32	21971
买①	4.31	8187
买②	4.30	17605
买③	4.29	2355
买④	4.28	3231
买⑤	4.27	937

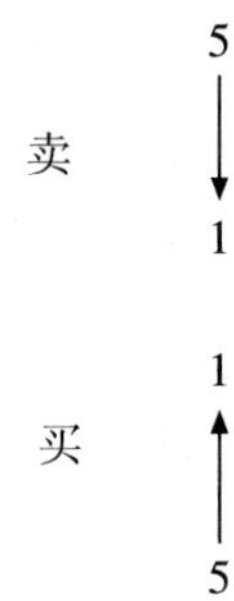

图 2—3—2　5 档买卖盘

在图 2—3—2 中，5 档买卖盘委买位置的 5 个价格是自上而下显示买①买②买③买④买⑤；委卖位置的 5 个价格却是自下而上显示卖①卖②卖③卖④卖⑤。

买①和卖①离得最近，是邻居，也是最有可能成交的价格，所以也是最重要的。这 5 档买卖盘也是我们交易时进行下单时选择价格的最重要参考。这里面有很多的技巧，我们先讲最基本的。

2. 如何下买单

交易客户端的交易系统通常有一个由上至下输入的顺序：

（1）选择买入还是卖出；

（2）输入股票代码；

（3）输入股票交易价格；

（4）输入股票数量；

（5）交易确认。

我们输入交易价格的部分最重要，而最重要的交易价格主要就要参考 5 档买卖盘。买①、买②、买③、买④、买⑤是一种按照价格优先的原则顺序。你来选择价格，比方说你想在买③的位置上买入该股，那就要排在买①、买②之后，在买④、买⑤之前，等买①、买②上的单子全部成交了，才到你申报的买入价格。所以这也叫固定价买入，固定在某一个价格的买入。

但这种价格买入的申报并不会马上成交。价格回调了，轮到你挂的单子，才能成交。如果价格上升了，可能会全天也不成交。这样就失去了买入的时机，所以很多人所采取的交易方式为现价即时成交。那么这个挂单的价格就比较重要了，你可以放在更高的买入位置，会更容易成交。

比方说你放在买①的位置，会比其他买单位置更容易成交，但仍要排在同样是在买①位置上比你挂单更早的后面（按照时间优先原则）。所以为了确保能够成交，你可以挂在比最佳买入价格买①更高的位置，那就是卖①的位置。

用卖①的价格，申请买入，如果不考虑成交量的因素，通常会很快速地成交，也就是即时成交。但你挂单的过程，会需要时间，这个时间可能会导致价格的变动而无法成交。所以你即便挂在卖①，仍有可能不成交，但绝大多数是会成交的。

这里面要谈一下成交量的因素，如果你买入 100 手（1 手＝100 股），而卖①的位置有 150 手，你基本可以全部成交。如果你买入 100 手，而卖①的位置有 50 手，那只会成交 50 手。还有 50 手没有成交，变成了买单，同时变成了买①的位置（最优申买位置）。

如果你怕价格变动的比较快，选择更高的位置上买入，比方说卖⑤，按照价格优先的原则，并不是一定在卖⑤的价格上成交，而是先成交卖①的单子，如果还有未成交的申买单然后按顺序成交卖②、卖③、卖④、卖⑤的单子。

所以如果你买入时的挂单量并没有超过卖①量，而且相差比较多，挂的稍微高一些，并不会影响你的成交价格。这在后面讲个股盘口交易方法时会用得到，这里只简单地带过，如图 2—3—3 所示。

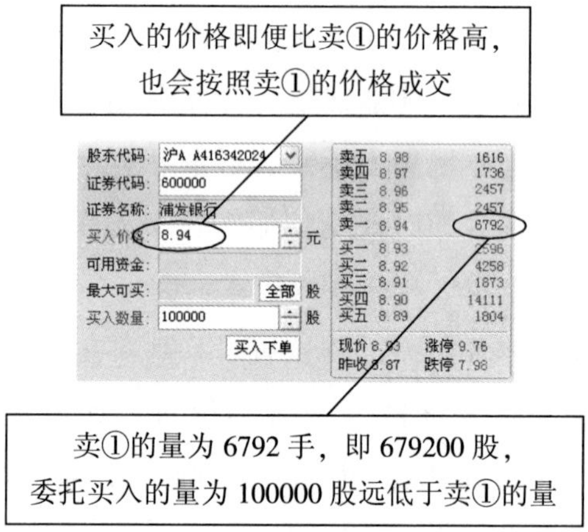

图 2—3—3　买入交易窗口

在图 2—3—3 中，浦发银行卖①的量为 6792 手，即 679200 股，如果委托买入的量是 100000 股，远远低于卖①的挂单量，那么即便你委托的价格比卖①的位置高也会按照卖①的价格成交。如果委托买入的量大于卖①的挂单量，先成交卖①的量，然后再依次成交卖②、卖③、卖④、卖⑤。所以如果成交量远大于卖①的量，甚至是卖①至卖⑤全部委托的总量还多，就要考虑买入价格的设定，不要距离卖①太远，以免成交价格距离现价过高。

3. 如何下卖单

从交易客户端选择卖出、输入股票代码、输入股票交易价格、输入股票数量、交易确认。也是按卖①、卖②、卖③、卖④、卖⑤的顺序，按照价格优先的原则。你来选择价格，比方说你想在卖②的位置上卖出该股，那就要排在卖①的单子之后，在卖③、卖④、卖⑤之前，等卖①上的单子全部成交了，才到你申报的卖出价格。和固定价买入一样这种挂价方法叫固定价卖出，即固定在某一个价格的卖出。

同样这种价格买入的申报并不会马上成交。价格上升了，轮到你挂的单子，才能成交。如果价格下跌了，就有可能不成交。这样你如果挂高了，就可能卖不出去，就错过卖出的时机。同样很多人所采取的交易方式为现价即时成交。那么这个挂单的价格，就比较重要了，你可以放在更低的卖出位置，会更容易成交。

比方说你放在卖①的位置，会比卖单其他位置更容易成交，但跟你挂在同样价格的单子，你要排在更早的后面（按照时间优先原则）。所以为了确保能够成交，你可以挂的比最佳卖出价格卖①更低的位置，那就是买①的位置。

用买①的价格，挂单卖出，如果不考虑成交量的因素，通常会很快速地成交，也就是即时成交。但你挂单的过程需要时间，这个时间可能会导致价格的变动而无法成交。所以你即便挂在买①，仍有可能不成交，但绝大多数是会成交的。

关于成交量的因素，跟上面是一样的，如果你卖出 200 手（1 手＝100 股），而买①的位置有 300 手，你基本可以全部成交。如果你卖出 200 手，而买①的位置有 100 手，那只会成交 100 手。还有 100 手没有成交，变成了卖单，同时变成了卖①的位置（最优申卖位置）。

如果你怕价格变动的比较快，选择更低的位置上卖出，比方说买⑤，按照价格优先的原则，并不是一定在买⑤的价格上成交，而是先成交买①的单子，然后按顺序成交买②、买③、买④、买⑤的单子。

所以如果你的挂单量并没有超过买①量，而且相差比较多，挂的稍微低一些，并不会影响你的成交价格。如图2—3—4所示。

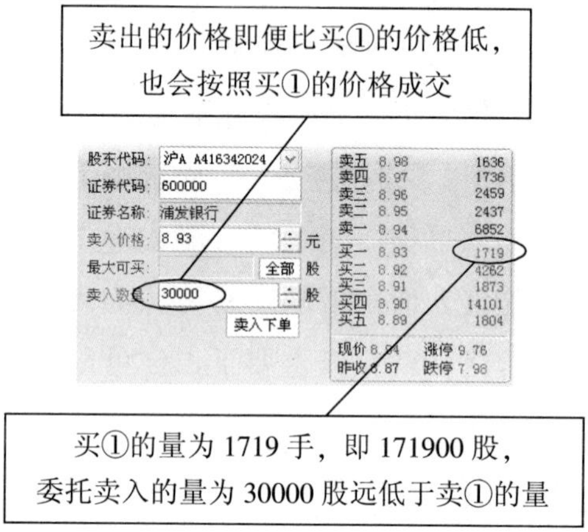

图2—3—4 卖出交易窗口

在图2—3—4中，浦发银行买①的量为1719手，即171900股，如果委托卖出的量是30000股，远远低于买①的挂单量，那么即便你委托的价格比买①的位置低也会按照买①的价格成交。如果委托卖出的量大于买①的挂单量，先成交卖①的量，然后再依次成交买②、买③、买④、买⑤。所以如果成交量远大于买①的量，甚至是买①至买⑤全部委托的总量还多，就要考虑卖出价格的设定，不要距离买①太远，以免成交价格比现价过低。

这里有个矛盾的地方，无论你买入还是卖出，你挂单的价格更有优势，你成交的概率就更低；你成交的概率高了，价格的优势就低了。所以即时盘中做交易，要有取舍。

4. 5档买卖盘的挂单技巧

上面我们介绍了如何用5档买卖盘来进行下单，其实5档买卖盘只是用来挂单参考用的信息。但由于看5档买卖盘的人太多了，成了价格揭示的最重要的组成部分，会出现一定的挂单技巧。下面介绍几种常见的挂单方法。

（1）大单托盘和大单压制。

在5档买卖盘中，如果买方的数量比卖方的数量有明显的优势，那么关注这只股票的投资者会认为该股的托盘力量比较强大，更倾向于看多。如果买方的数量比卖方的数量有明显的减少则相反，关注这只股票的投资者会认为该股的卖压比较大，更倾向于看空。所以，我们经常会看到主力为了迎合或诱导投资者进行大单托盘和大单压制。

所谓大单托盘，就是在买方的位置，长时间地挂有大买单，这个买单的数量要比其他位置的卖单加起来还要大，甚至大几倍，通常为明显的大单托盘。而大单托盘的目的在熊市里是给该股场内投资者信心，股票一旦出现价格松动，投资者信心不强的时候，推出买入大单，以起到稳定军心的作用，很多投资者认为，买入位置出现明显的大单是主力有意的护盘行为。而在牛市里，当买入大单出现时，会刺激原本正在关注该股而犹豫是否买入的人怕买不到，而诱使更多的人争相买入，如图2—3—5所示。

大单压制，刚好相反。在卖方的位置，长时间地挂有大卖单，这个卖单的数量同样要比其他位置的卖单加起来还要大，甚至大几倍，通常为明显的大单压制。而大单压制的目的跟大单托盘刚好相反，是打击场内投资者信心，推出卖出大单，在牛市里很多投资者会认为主力有意的出货行为，会降低买入的意愿；在熊市里刺激原本正在关注该股而犹豫是否卖出的人怕卖不出去，而诱使更多的人争相卖出，如图2—3—6所示。

卖⑤	10.33	99
卖④	10.32	45
卖③	10.31	100
卖②	10.30	775
卖①	10.29	457
买①	10.27	10154
买②	10.26	213
买③	10.25	347
买④	10.24	28
买⑤	10.23	249

大单托盘

图 2—3—5　大单托盘

在图2—3—5中，买①位置挂有10154手大买单，比所有卖单加起来的数量都多，甚至是它们之和的几倍，这个时候很多投资者会认为有机构资金入场或主力有意护盘，场内买入的意愿很强。

卖⑤	7.41	5330
卖④	7.40	3308
卖③	7.39	1675
卖②	7.38	113
卖①	7.37	15938
买①	7.36	213
买②	7.35	793
买③	7.34	1311
买④	7.33	1113
买⑤	7.32	1002

大单压制

图 2—3—6　大单压制

在图 2—3—6 中，卖①位置挂有 15938 手大买单，比所有买单加起来的数量都多，甚至是它们之和的几倍，这个时候很多投资者认为有机构资金出货或主力有意打压，场内卖出的意愿很强。

大单托盘和大单压制，会导致市场买卖的倾向性，就是大多数人的买卖倾向性。当倾向性多了，主力也容易出现反向的操盘手法，利用这种倾向性进行反向交易。

（2）利用大单托盘完成出货。

如何利用大单托盘来完成出货呢？这已经不是少见的操盘手法了，但大多数投资者并不知道。为什么？因其操作的非常隐蔽。

当我们看到了一个非常大的买单进行托盘的时候，第一感觉是有主力护盘，觉得这只股票跌不下去。如果比较看好，想买入的话，并且熟悉交易规则，就会在这个大单之上买入。因为按照时间优先，即便你报价在跟大单同样的位置上，你仍要排在这个大单全部成交之后。那么成交的难度就会很大，所以大多数人采取的是越过这个大买单，在其上面更高的位置买入。主力只要采用相对应的出货方法，用隐蔽性很强的小单，在卖①的位置上悄悄出货，或直接卖在大买单上面的买入价格上的挂单。

而如果在卖①位置上出货的卖单成交的话，右下角的成交显示通常是红色的买盘（B 盘），这会给人一种错觉。利用大众心理，挂大买单托盘，同时在上方悄悄卖出，即大单托盘出货，如图 2—3—7 所示。

（3）利用大单压制完成吸筹。

如何利用大单压制来完成吸筹呢？这跟上面刚好相反。当我们看到了一个非常大的卖单进行压制的时候，第一感觉是有主力在出货，觉得这只股票不太好，这么大的单子都选择卖出的动作。其实就是为了让更多的人卖出股票。如果你刚好这个时候想卖出的话，就会在这个大单之下用更低的价

卖⑤	6.68	484
卖④	6.67	696
卖③	6.66	964
卖②	6.65	757
卖①	6.64	399
买①	6.63	1014
买②	6.62	397
买③	6.61	33339
买④	6.60	10250
买⑤	6.59	9365

大买单出货

图 2—3—7　大买单出货

在图 2—3—7 中，如果在买③和买④位置上出现了异常的大买单，给大多数人的感觉是主力入场或护盘，场内买入的意愿提升，但大多数投资者会选择“越过”大单在其上面买入，主力可以借机把卖单挂在卖①的位置悄悄出货，或直接用市价打掉越过自己大单更优买入位置的买单。

格卖出。因为按照时间优先，即便你报价在跟大单同样的位置上，你仍要排在这个大单全部成交之后，那么成交的难度就会很大。所以大多数人采取的是越过这个大卖单，在其下面更低的位置卖出。那么主力就采用相对应的吸筹方法，用隐蔽性很强的小单，在买①的位置上挂单吸筹，或直接买在大卖单下面的更优卖出位置上的挂单。

而如果按买①位置上吸筹的买单成交的话，右下角的成交显示通常是绿色的 S，即卖盘，也是为了给人一种错觉。利用大众心理，挂大卖单压制，同时在大单下方悄悄买入，即利用大单压制来完成吸筹，如图 2—3—8 所示。

大单压制和大卖单吸筹很像，大单托盘和大买单出货也很像，其实很难单纯地在 5 档买卖盘的盘面上进行区分，但会有一些不同细节。

卖⑤	2.97	878
卖④	2.96	41570
卖③	2.95	5883
卖②	2.94	3653
卖①	2.93	1290
买①	2.92	555
买②	2.91	1588
买③	2.90	2178
买④	2.89	1666
买⑤	2.88	1716

大卖单吸筹

图 2—3—8　大卖单吸筹

在图 2—3—8 中，如果在卖④位置上出现了异常的大卖单，给大多数人的感觉是主力出逃或打压，场内卖出的意愿提升，但大多数投资者会选择“越过”大单在其下方卖出。主力可以借机把买单挂在买①的位置悄悄吸筹，或直接用市价买入越过自己大单更优卖出位置的卖单。

大单压制或大单托盘，通常并不是只想托市给人看，并非是不想成交，所以它们经常出现在卖①或买①的位置，即便成交也不撤单，真金白银的压制或托盘。

大卖单吸筹和大买单出货，用的是挂单的技巧，因为价格优先和时间优先，这是刻意做给别人看的，其实并不想成交，所以经常会挂得比较远，在卖③或买③位置左右，一旦成交价格快到所挂的大单位置的时候，又会出现频繁的撤单重新挂，还是挂在最新的卖③或买③位置上。因为主力在利用市场心理进行反向成交，而挂在卖①或买①的位置，可能会导致成交，得不偿失。

（4）露头就打。

盘口会发现有些单子露头就被打掉了。比方说大买单出现之后，很多散单会越过大买单在其上的更高地方买入，主力除了提前挂好卖①、卖②的小卖单（挂大卖单就没人买了）等人上钩以外，还会采取露头就打的方法，你会发现买①的位置上的挂单，只要出现就会马上被成交，而且成交数量和挂单数量相仿。大卖单出现之后，很多散单会越过大卖单在其下的更低地方卖出，主力除了提前挂好买①、买②的小买单（挂大买单没人卖）保护即时卖出的筹码不被别人吸到，还会采取露头就打的方法，你会发现卖①的位置上的挂单，只要出现就会马上被成交，而且成交数量和挂单数量相仿。

如果在买①位置出现露头就打，通常是主力在悄悄出货；如果在卖①位置出现露头就打，通常是主力在悄悄吸筹。

第 4 节
量比

1. 量比的定义

上面我们已经做了简单的介绍，量比是衡量相对成交量的指标。它是指股市开市后平均每分钟的成交量与过去 5 个交易日平均每分钟成交量之比。其计算公式为：

$$量比=\frac{\frac{当天即时成交量}{开盘至今的累计 N 分钟}}{\frac{前 5 天总成量}{1200 分钟}}$$

从这个定义上来看，量比和成交量有比较大的区别，成交量你只能看到过去一个交易日或某一天的总成交。而只有量比是对比当天的某一个时刻的，比方说 10:00，就是当天的上午 10:00，跟过去 5 天 10:00 的平均成交量的对比；如果是 13:15 就是跟过去 5 天 13:15 时的平均成交量的对比。就单从对比的量来说，这个量比所反映的成交量的对比度更真实有效。这个指标所反映出来的是当前盘口的成交力度与最近 5 天的成交力度的差别，这个差别的值越大表明盘口成交越趋活跃，从某种意义上讲，越能体现主力做盘越活跃，通常是启动前必然的盘口特征。

当你了解了量比的设计公式之后，其实就会了解这个指标并不是什么秘密武器，但它对于短期的量的变化，有很大的且一目了然的显示。我们举某一只个股为例，其上午10:03的时候成交量为 34126 手，如图 2—4—1 所示。过去 5 天的成交量分别为：42529、35012、38028、27695、22956 手。

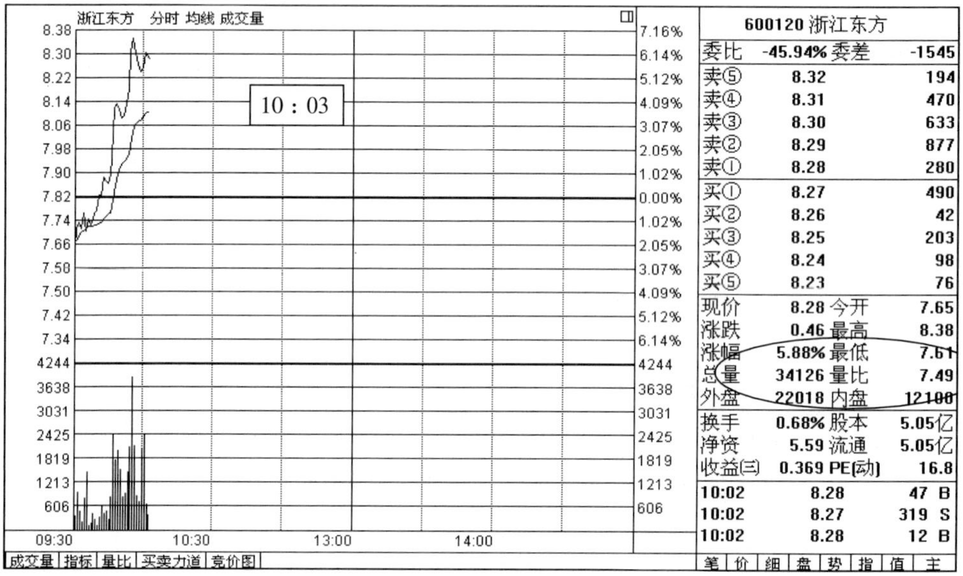

图 2—4—1　量比计算

在图 2—4—1 中，该股在上午 10:03 的时候（即开盘后运行了 33 分钟），成交量为 34126 手，后面的量比值为 7.49。

那么这个量比值是怎么得来的呢？

量比计算：

当天的每分钟成交均量 A：

$$A=\frac{34126\text{（手）}}{\text{（33 分钟）}}=1034\text{（手/分钟）}$$

过去 5 天的每分钟成交均量 B：

$$B=\frac{42529+35012+38028+27695+22956}{1200}=138\text{（手/分钟）}$$

量比 C：

$$C=\frac{A}{B}=\frac{1034}{138}=7.49$$

2. 量比与换手率

量比在观察成交量方面是卓有成效的分析工具，它将某只股票在某个时点上的成交量与一段时间的成交量平均值进行比较，排除了因股本不同造成的不可比情况，是发现成交量异动的重要指标。它跟换手率都是研究成交量的重要指标，量比数值是一种比值，所以说量比是以倍为单位的，而量比与换手率并没有直接关系。它们的最大的区别是，对比过去5天，而且是某个固定时点的成交平均的对比，而换手率是成交量跟流通盘的对比。

从量比的计算公式中也可以看出，量比与换手率是一个相对的概念，也就是如果近期换手率处于很低迷的状态，即地量状态时，即使量比达到几十倍或上百倍，全天收盘结束后当天的换手率也可能不是很高。若近期换手率很高时，即使小于1的量比，在全天收盘结束后，换手率也会很大，如图2—4—2所示。

量比结合换手率会对成交量有更深刻的理解：

（1）低换手率低量比：非常不活跃的个股，各方面都不关注的冷门股。

（2）低换手率高量比：刚开始活跃的个股，有一定的突发性。

（3）高换手率高量比：非常活跃的热门股，市场关注度极高。

（4）高换手率低量比：个股的活跃度在下降，热门股降温过程中。

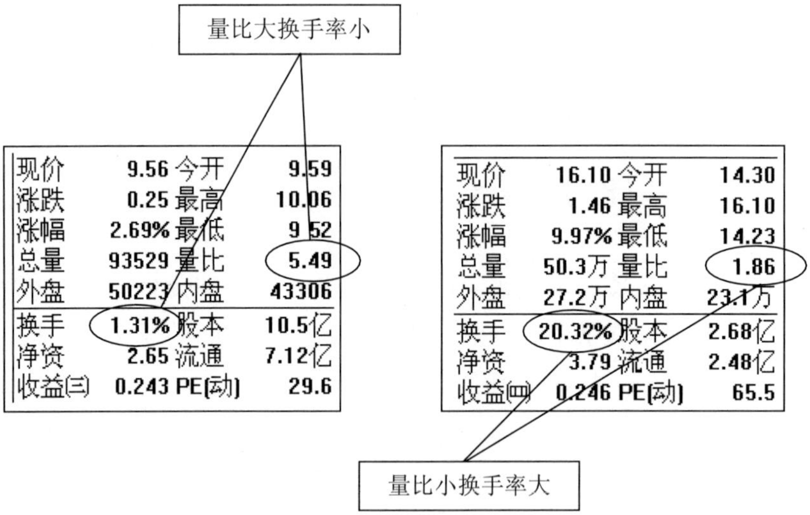

图 2—4—2 量比与换手率

在图 2—4—2 中，左边部分量比值为 5.49，而换手率才只有 1.31%，那是因为近期这只股票持续低成交量，今天突然发力，所以才会形成量比值较大，而换手率较小；右边部分量比值为 1.86，而换手率高达 20%，其原因是这只股票近期持续成为市场热点，连续多日高成交量，所以量比没有放得很大。

3. 量比的数值

量比是一种倍数关系为对比的指标，如果量比的数值是 0.8，那么即代表了某个时间点对比过去 5 天的同一时刻的成交均量，目前是缩小的，缩小的幅度为 0.8 倍。如果量比的数值是 1，则代表某个时间点对比过去 5 天某个时间点的同一时刻的成交均量，目前是持平的。如果量比的数值是 3，则代表某个时间点对比过去 5 天的同一时刻的成交均量，目前是放大的，放大的幅度为 3 倍。总的来说，量比是一种以倍为单位的指标。

那么具体的数值代表什么意义呢？我们做一下详细分析。

（1）量比小于0.5的，这通常并不是市场低迷，而是从狂热到低迷的过度过程，因为如果正常的低迷时期，量比虽然小，但很难小到比平时的成交均量小一半以上，而只有先放量，然后回落到放量的一半左右，才会经常出现量比小于0.5，这通常代表上涨之后的回调，市场在降温的过程中。

（2）量比在0.5～1之间，则说明在这个时间点，对比过去5天的成交均量是缩量，市场交投比较清淡，市场关注率低，股价也会比较低迷，投资者参与热情不高。

（3）量比在1～1.5之间，其实只要大于1，就是放量了，这个期间则为温和放量，股价要想上升是需要一定的关注度的，大部分股票在启动之前，都要经历这样一个过程。类似于一种过渡期。我们在选股的时候要尽量选择量比大于1的相对比较活跃的个股进行操作。

（4）量比在1.5～3之间，则为明显剧烈放量，就是说今天的某一个时段的成交量达到了过去5天同一时段成交均量的1.5～3倍了。这种量已经是非常活跃了，它不是放量30%，而是300%。当股价比较高的时候，或经历了连续的上涨，通常容易构筑高点。如果在低位，或横盘突破的位置，或启动初期，则代表潜力巨大。

（5）量比在3以上，则为异常放量，通常会有利多或利空消息的配合或主力的炒作，否则正常的股票很难这么放量，所以叫异常放量。这种情况要具体问题具体分析，大部分个股只有在早盘的量比在很高的数值，开盘之后就会有明显地回落。

由于量比是单数字指标，为了更有效地应用它，这里介绍两个应用技巧。第一个是量比排名，第二个是量比曲线，都是为了解决量比数值过于单一化问题。

4. 量比排名

由于“量比”数值单一，投资者在运用时很难在众多股票当中进行量比的数值对比。如果把某一时间点的所有股票的量比列出来，并进行正向或反向排序，就可以比较在众多股票中，哪些股票在这个时间点是明显放量的以及由强到弱放量的股票排序。

具体的方法是：

(1) 首先按数字“61”之后“回车”，找到上证A股股票的涨幅排名（“61”是上证A股的涨幅排名，“63”是深圳A股的涨幅排名，“60”是沪深所有A股涨幅排名，“612”是创业板的涨幅排名，“69”是中小板涨幅排名）。如图2—4—3所示。

	代码	名称	涨幅%↓	现价	涨跌	买入价	卖出价	总量	现量	涨速%	换手%
1	600393	东华实业	10.02	5.60	0.51	5.60	—	87742	100	0.00	3.03
2	600745	中茵股份	9.97	8.05	0.73	8.05	—	36118	5	0.00	1.10
3	600116	三峡水利	9.97							0.00	20.32
4	600293	三峡新材	7.99							0.45	12.70
5	600052	浙江广厦	7.11							0.00	3.67
6	600287	江苏舜天	7.02	7.62	0.50	7.62	7.63	15.2万	533	0.66	3.49
7	600503	华丽家族	6.96	8.30	0.54	8.31	8.32	162万	70	-0.36	14.74
8	600448	华纺股份	6.60	4.36	0.27	4.34	4.35	12.3万	2	0.46	3.85
9	600156	华升股份	6.47	5.10	0.31	5.10	5.11	18.9万	208	-1.16	4.71
10	601208	东材科技	6.27	21.85	1.29	21.85	21.86	96666	65	0.92	12.08
11	600226	升华拜克	6.18	8.25	0.48	8.23	8.25	12.6万	13	0.60	3.09
12	600235	民丰特纸	6.17	7.05	0.41	7.05	7.06	86164	60	0.00	3.27
13	600985	雷鸣科化	5.78	12.99	0.71	12.96	12.97	66936	20	0.00	5.16
14	600781	上海辅仁	5.67	17.33	0.93	17.31	17.32	96689	13	0.34	7.84
15	600476	湘邮科技	5.24	9.85	0.49	9.86	[illegible]				[illegible]
16	600841	上柴股份	5.16	17.74	0.87	17.69	[illegible]				[illegible]
17	600608	ST沪科	5.07	4.97	0.24	4.97					[illegible]
18	600355	ST精伦	5.06	5.40	0.26	5.40	—	79220	80	0.00	3.22
19	600988	ST宝龙	5.05	9.77	0.47	9.77	—	588	3	0.00	0.08
20	600401	ST申龙	5.05	10.40	0.50	10.38	10.39	14.0万	205	0.28	5.43

分类▲ A股 中小 创业 B股 权证 基金 AH对照 自选 板块▲ 自定▲ 港板块▲ 港股▲ 期货▲ 集合产品▲ < >

按“61”或“63”调出涨幅排名，在分类项里找到“量比”

按向右的箭头找到量比

图2—4—3 上证A股涨幅排名

在图 2—4—3 中，按“61”之后“回车”，可以找到上证 A 股股票的涨幅排名，最上方一排是分类项，通常我们看到的页面里没有“量比”选项。按右下角向下的箭头，或向右拖动找到“量比选项”。

（2）找到量比分类项。上面的分类项分别是：代码、名称、涨幅、现价、涨跌等等。这个时候你还看不到量比的分类项，注意右下方有一个拖动项，点击之后向右拖动，或点向右的箭头，找到上方分类项里的量比。如图 2—4—4 所示。

	代码	名称	振幅%	流通股本	所属行业	量比	均价	委比%	内盘	外盘
1	600393	东华实业	7.27	28950.50	房地产	2.81	5.55	100.00	67888	19854
2	600745	中茵股份	0.00	32737.49	房地产	0.88	8.05	100.00	29488	6630
3	600116	三峡水利	12.77	24753.32	电力行业	1.86	15.63	100.00	23.1万	27.2万
4	600293	三峡新材	11.06	34450.26	玻璃行业	.50	8.66	-45.58	18.7万	25.1万
5	600052	浙江广厦	11.37	87178.90	房地产	1.54	4.46	-2.38	16.4万	15.6万
6	600287	江苏舜天	9.27	[illegible]	[illegible]	[illegible]	[illegible]	[illegible]	[illegible]	86069
7	600503	华丽家族	11.34							86.7万
8	600448	华纺股份	10.51							69972
9	600156	华升股份	10.65							11.2万
10	601208	东材科技	8.51							56541
11	600226	升华拜克	8.75	40554.92	农药化肥	1.67	8.01	-39.82	60480	65026
12	600235	民丰特纸	7.23	26340.00	造纸行业	2.43	6.84	-49.80	36752	49412
13	600985	雷鸣科化	10.02	12960.00	化工行业	4.65	13.07	56.50	24780	42156
14	600781	上海辅仁	12.38	12332.42	生物制药	1.32	17.12	36.98	43125	53564
15	600476	湘邮科技	7.37	16107.00	电子信息	1.81	9.62	-12.42	24645	25187
16	600841	上柴股份	10.85	26330.92	机械行业	1.32	17.62	-53.10	4350	6141
17	600608	ST沪科	5.50	26298.50	电子信息	1.78	4.96	100.00	47288	22111
18	600355	ST精伦	3.31	24604.46	电子器件	3.06	5.36	100.00	27379	51841
19	600988	ST宝龙	0.00	7075.37	汽车类	0.31	9.77	100.00	321	267
20	600401	ST申龙	5.15	25804.75	电子器件	1.43	10.27	-24.22	56646	83419

找到量比分类项，此时的排名规则还是按涨幅排名

图 2—4—4　找到量比分类项

在图 2—4—4 中，找到分类项里的“量比”，但此时量比的排名规则还是按照涨幅排名的。

（3）点击“量比”两个字，进行量比排名。因为你找到了量比的分类项，它还是默认的涨幅排名，你点击上面的“量比”两个字，才能变成量比排名，如图 2—4—5 所示。

	代码	名称	振幅%	流通股本	所属行业	量比↓	均价	委比%	内盘	外盘
1	002162	斯 米 克	1.82	41800.00	陶瓷行业	20.82	12.72	100.00	47.9万	12.6万
2	000010	S ST华新	4.28	6779.37	机械行业	13.48	11.46	-78.38	36932	47155
3	300011	鼎汉技术	[illegible]	[illegible]	[illegible]	4.68	19.22	-10.38	15316	14998
4	002514	宝馨科技	[illegible]	[illegible]	[illegible]	4.48	20.68	37.46	8096	10201
5	002468	艾迪西	[illegible]	[illegible]	[illegible]	4.32	11.92	75.95	58723	74103
6	002087	新野纺织	[illegible]	[illegible]	[illegible]	4.20	4.11	-4.78	12.9万	11.2万
7	002120	新海股份	[illegible]	[illegible]	[illegible]	3.84	7.85	-23.15	17028	25346
8	000523	广州浪奇	[illegible]	[illegible]	[illegible]	3.80	6.58	-37.33	11.6万	13.0万
9	300107	建新股份	[illegible]	[illegible]	[illegible]	3.73	12.70	100.00	21484	25062
10	000594	国恒铁路	7.17	128749.14	交通运输	3.73	2.47	7.64	26.6万	36.5万
11	002334	英威腾	7.67	3040.00	电器行业	3.71	27.99	36.03	15776	22501
12	002239	金 飞 达	7.39	14012.00	服装鞋类	3.53	8.10	-19.47	49572	61274
13	300023	宝德股份	10.65	2250.00	机械行业	3.30	12.64	-50.41	18117	24610
14	300141	和顺电气	7.20	2568.00	发电设备	3.28	33.30	25.00	9904	16109
15	002644	佛慈制药	6.38	2020.00	生物制药	3.04	18.49	-5.38	16951	34861
16	000558	莱茵置业	10.91	62827.12	房地产	2.96	4.27	100.00	15.9万	13.8万
17	002326	永太科技	4.89	7821.00	化工行业	2.96	18.65	60.15	81851	94107
18	002614	蒙发利	6.20	3000.00	医疗器械	2.95	34.79	-6.12	16726	21550
19	002290	禾盛新材	4.73	6246.41	家电行业	2.88	18.19	46.74	21223	24318
20	002506	超日太阳	9.35	26391.43	电子器件	2.81	14.46	-27.37	10.7万	13.6万

点击“量比”两个字进行量比排名，排名后会出现向下的箭头

图 2—4—5　点击量比分类项

在图 2—4—5 中，点击分类项里的“量比”两个字，量比后面会出现向下的箭头，进行由大到小的量比排名（再次点击，会出现向上的箭头，排名反过来由小到大）。

5. 量比排名的应用

量比排名，能够找到某一时间点对比过去 5 天同一时间点的成交均量放量最明显的股票，从而能够发现主力的炒作意向，对于短期选择强势股，甚至是龙头股有很大的帮助。有一种在早盘开盘期间注重量比的当天强势选股法，下面简单介绍一下。

第一步，9:25 竞价结束后，对量比进行排行，注意量比排名在前面的（这个条件是要选择交投比较活跃的）。

第二步，同时注意其涨幅，涨幅也在前面的，幅度不要

太大，但要比大多数股票要明显强（这个条件是要选择短期比较强势的，主力早有预谋的）。

第三步，快速切换到日线，看位置和状态（这个条件是看大周期潜质的）。

第四步，看同板块跟随程度和起涨顺序（龙头股领涨，起涨时间最早）。

特别提示：对量比排序方法应用的这块是需要积累的，关键是怎样融会贯通。

6. 量比曲线

我们把量比的数值，每分钟放在同一坐标系内并连线，就形成了更加直观、便于操作的量比曲线。通常在证券公司提供的看盘软件中，个股分时盘口的左下角有个股盘口的指标选项，里面有“量比”一项，就是指量比曲线。前面也讲到了量比曲线其实是即时每一分钟的量比数值的连线。

量比曲线的应用：

因为量比并不是百分比而是倍数的关系，所以量比曲线出现上涨，成交量是成 5 日均量的倍数关系上涨的，有明显的放量行为。

（1）市场进行早盘量比曲线的修复之后，如果盘中出现明显向上拐头，通常都对应一波较为快速的上升，若价格只在上涨的初期，通常会有一定的上升延续，如图 2－4－6 所示。

（2）当量比冲高回落时，通常不会像股价一样回落的那么快，多是角度很缓的略向下倾斜，如果再次的向上拐头，则代表有新的一波上升，如图 2－4－7 所示。

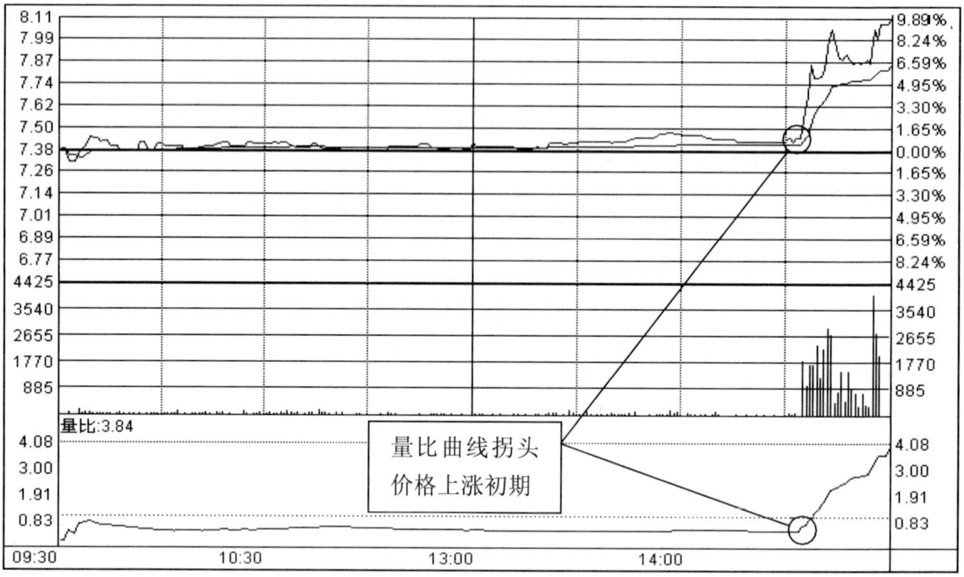

图 2—4—6　量比曲线—1

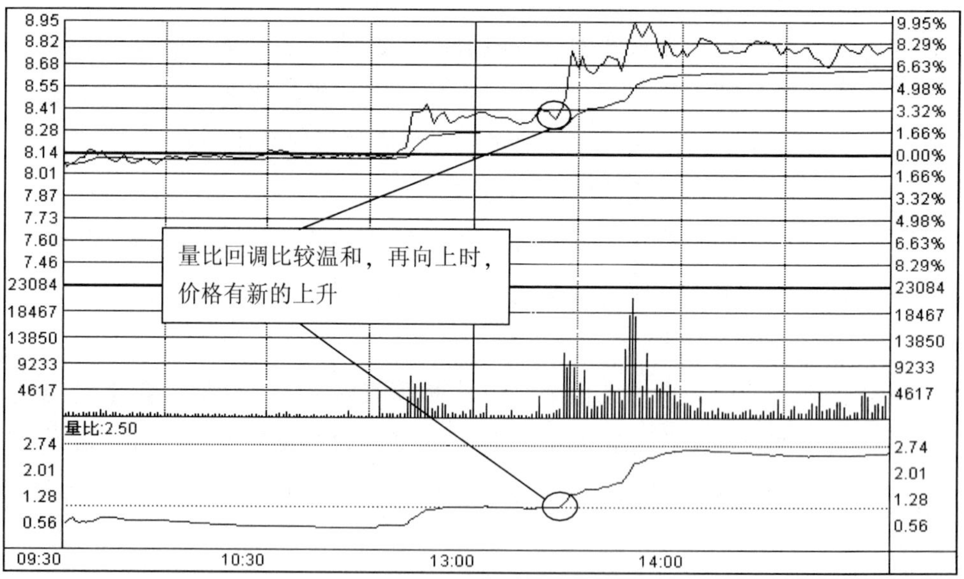

图 2—4—7　量比曲线—2

在图 2—4—6 中，如果量比曲线走平之后向上拐头，并且价格是在上涨初期，通常会有一定的上升延续。

在图 2—4—7 中，量比曲线冲高回落，并不像价格那么快，而多是角度很缓的略向下倾斜，如果量比曲线再次向上，通常会有新的一波上升。

(3) 涨停后的股票，量比明显下滑是好现象，说明市场惜售的心态明显，如图 2—4—8 所示。

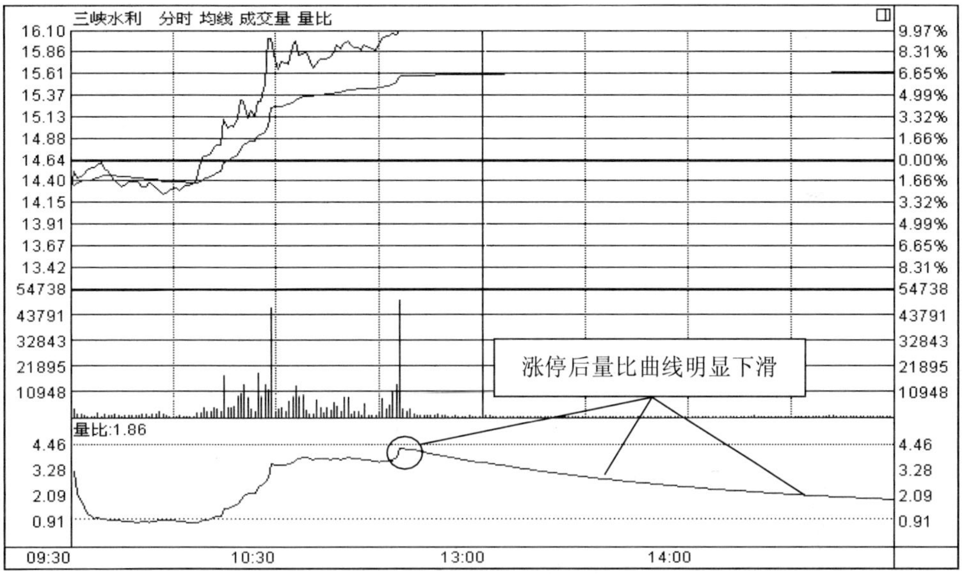

图 2—4—8 量比曲线—3

在图 2—4—8 中，涨停前量比曲线持续向上，涨停后量比曲线明显下滑是好现象，说明市场惜售的心态明显，才导致缩量，明日有望高开。

(4) 有些时候量比向上拐头即便比较明显，不一定都是上涨的，下跌也会跌出量来导致量比曲线向上拐头，注意量比和价格变化的同向性，如图 2—4—9 所示。

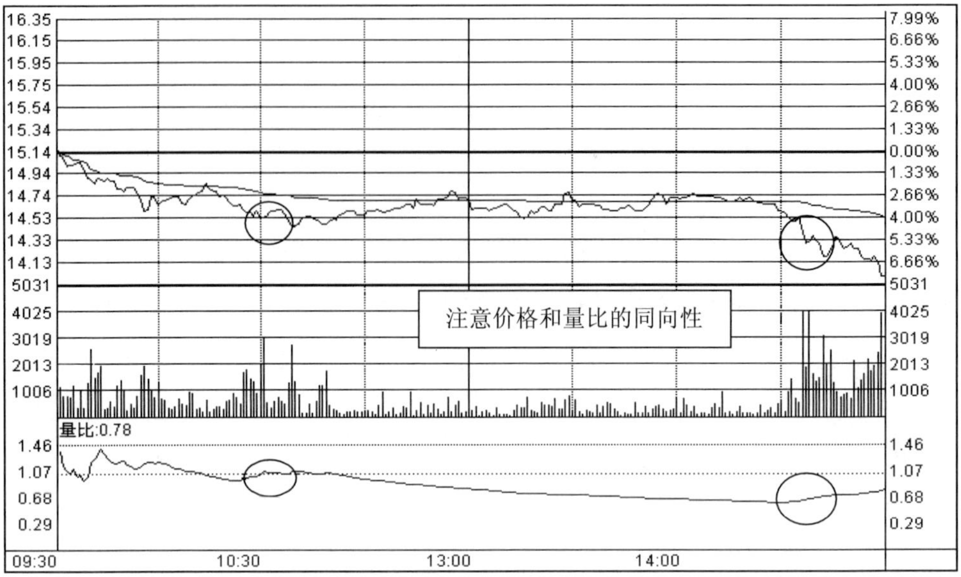

图 2—4—9 量比曲线—4

在图 2—4—9 中，这两个位置量比向上拐头都比较明显，但不一定是上涨的，下跌也会导致量比向上拐头，这个时候价格和量比是反向的，所以要注意量比和价格的同向性。

成交量是股价上涨的重要基础，通常在一个上升的过程中都伴随了成交量的放大。但如果你盯着每一笔的成交量的大小，它会因为比较多而导致变化比较快。就是因为变化太快了，我们在看盘过程中无法掌握每一个具体的量比数值变化的细节。其实也没有这个必要，量比曲线对于个股的盘口有很大的帮助，我们可以根据量比曲线的变化来分析个股买卖力量对比，进而研判该股当日的运行趋势。它与分笔成交对比来说，更加温和而容易掌握。

事实上所有的指标，注意这里的形容词是“所有的”，都有缺陷，没有一个是完美的。它们都只能解决部分的问题，而不是全部。量比曲线的好处在于，我们能够通过曲线的方向、转向等过程，找到一种流畅的价格变化轨迹。

缺陷在于，它比较滞后。如果你发现量比曲线已经拐头向上（即转向），或加速上行，实际价格已经涨了一段了。后面我会介绍如何寻找个股的起涨点，相对比而言，用量比找起涨点就太滞后了。

第 5 节 外盘与内盘

外盘与内盘好像并不常听到过，我们经常听到的是买盘与卖盘，这是因为这两个因素：首先外盘通常用红色的来表示，而内盘通常用绿色的来表示，而我们的股市红色通常代表上涨，绿色代表下跌（国外刚好相反，绿色代表上涨，红色代表下跌，因为在国外绿色为安全颜色，红色为警戒颜色，比方说红绿灯）。其次外盘用 B 来表示，而 B 代表“BUY”买入，而内盘用 S 表示，S 代表“SELL”卖出。所以很多投资者也是把外盘和内盘叫做买盘与卖盘，但这里我觉得有必要把外盘和内盘的定义详细地讲一下，它或许并非我们想得那样简单。

外盘：以卖方已经挂单的价格促成股价成交的，叫做外盘，也叫做买盘。听着比较拗口，是的我没有写错，不是以买方而是以卖方的价格促成股价成交的，却叫做买盘。我们举例说明，我们在上一章节里讲到的 5 档买卖盘当中的卖盘，我们看到的卖盘都是卖方的价格申报，什么叫卖方价格呢？即以更早的时间、更高的价格申报卖出。如果按照我们“看到”的这个卖出价格并进行买入，实际上已经晚于卖单的时间了，按照时间优先的交易原则，卖单在先以卖单价格成交，属于主动性买入，就会被交易所纳入外盘，在分笔成交后面显示“B”。我们去买已经挂在卖出位置上的单子，就叫以卖方的价格促成了股价成交，反而叫做买盘，即外盘。

内盘：以买方已经挂单的价格促成股价成交的，叫做内盘，也叫做卖盘。同理，并不是以卖方而是以买方的价格促成股价成交的，却叫做卖盘。5 档买卖盘当中的买盘，我们看到的买盘都是买方的价格申报，什么叫买方价格呢？即以更早的时间、更低的价格申报买入。如果按照我们“看到”的这个买入价格卖出，实际上已经晚于买单的申报时间了，在买单之后成交，就会被交易所纳入内盘，在分笔成交后面显示“S”。我们去卖已经挂在买入的位置上的单子，就叫以买方的价格促成了股价成交，反而叫做卖盘，即内盘。如图 2—5—1、图 2—5—2 和图 2—5—3 所示。

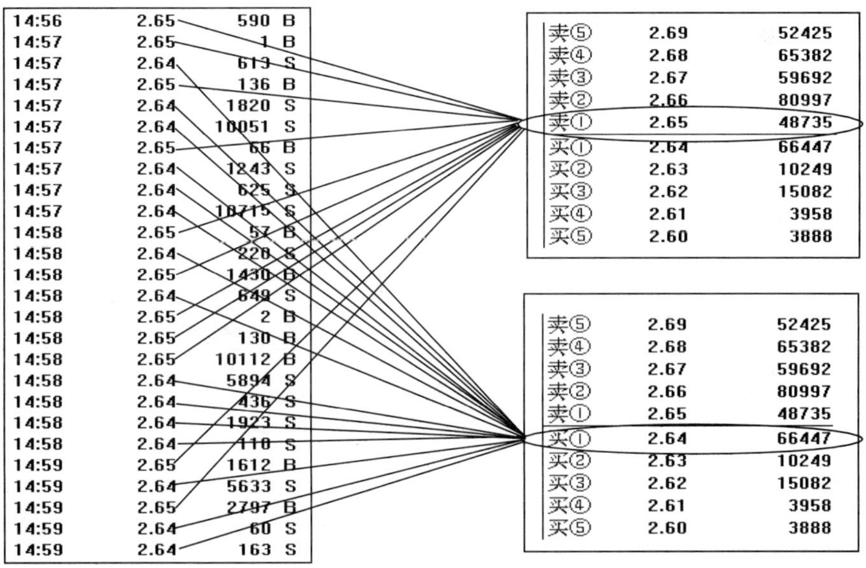

图 2—5—1　卖外买内

在图 2—5—1 中，卖①的价格是 2.65 元，左边分笔成交价格显示以卖①即以 2.65 元成交的，反而叫做主动性买盘，即外盘后面显示“B”；买①的价格是 2.64 元，左边分笔成交价格显示以买①即以 2.64 元成交的，反而叫做主动性卖盘，即外盘后面显示“S”。

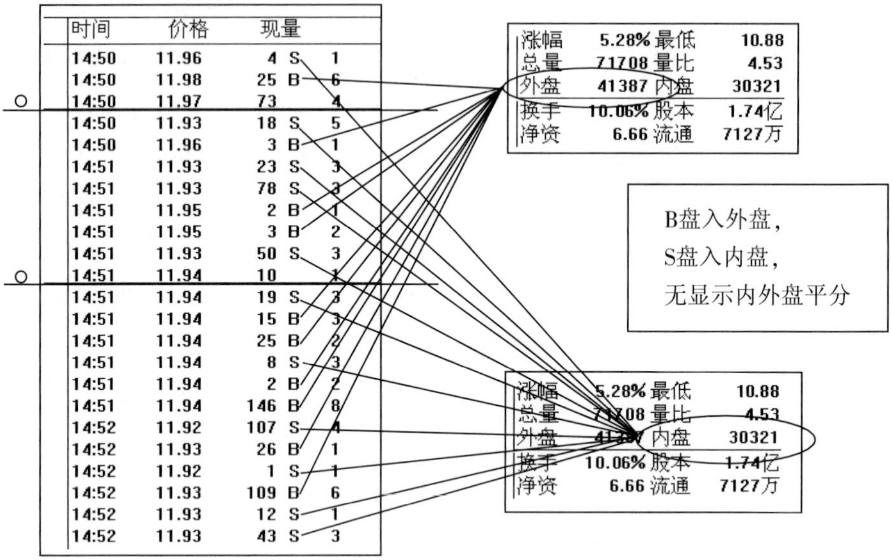

图 2—5—2 内外盘

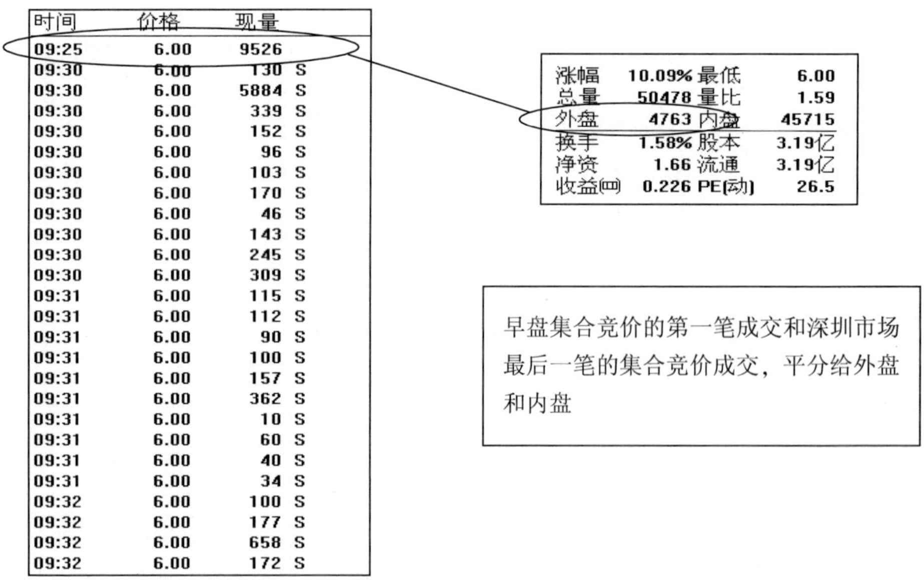

图 2—5—3 竞价平分

在图 2—5—2 中，后面显示“B”的为主动性买盘，纳入外盘总量；后面显示“S”的为主动性卖盘，纳入内盘总量。这张图中有两笔没有显示“B”还是“S”，通常是买卖双方平分秋色，在同一时间下单，这种无显示的成交，进行平分后，分别纳入内外盘。

在图 2—5—3 中，该股开盘受利好刺激直接以涨停开盘，由于涨停，卖方已经没有挂单，其后所有的成交都是以买①即涨停位置上成交的，所有都是主动性卖盘，即内盘用“S”显示，只有集合竞价的第一笔成交，后面即没有标注“B”，也没有标注“S”，其量是 9526 手，而盘口显示外盘的量是 4763 手，即证明集合竞价的成交量，内外盘平分。由于深圳市场的股票最后 3 分钟也是集合竞价撮合成交，所以深圳最后的撮合成交量也是内外盘平分。

只有我们认知了外盘和内盘的定义后，才能进一步地了解一下它们的作用。总的来讲，外盘比内盘数量明显多的股票，通常会是上涨的。因为虽然外盘是以卖方的价格成交，但实际上买入的人更主动，他们并不愿意挂更低的价格等别人来卖。而是直接以已有卖方的价格选择即时成交，这样对比而言，买方对比卖方更主动。属于主动性的买入，希望价格能够成交，而这种主动性的买入多了，价格就会被逐渐地推高，如图 2—5—4 所示。

相反，外盘比内盘数量明显少的股票，通常会是下跌的。因为虽然内盘是以买方的价格成交，但实际上卖出的人更主动，他们并不愿意挂更高的价格等别人来买。而是直接以买方的价格选择即时成交，这样对比而言，卖方对比买方更主动。属于主动性的卖出，希望价格能够成交，而这种主动性的卖出多了，价格就会被逐渐地压低，如图 2—5—5 所示。

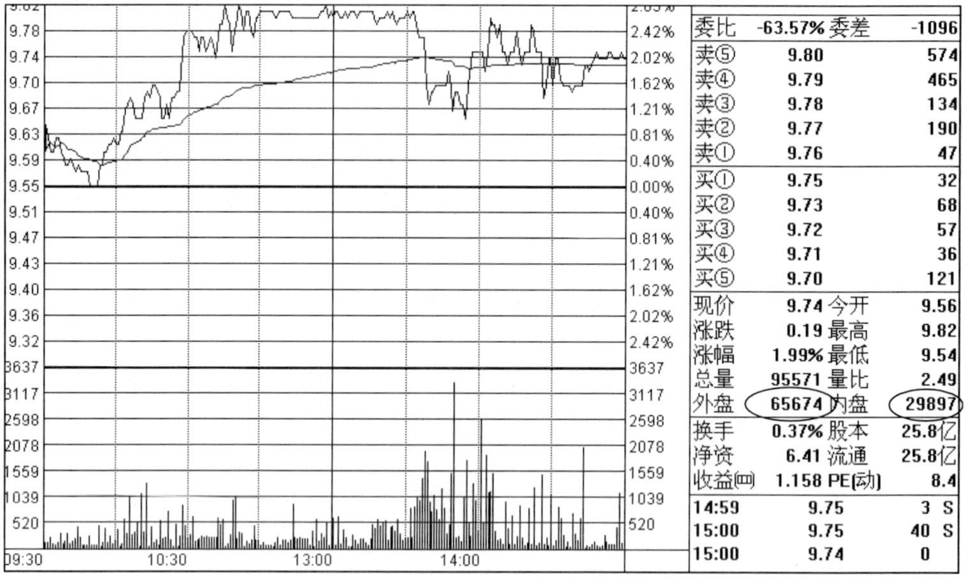

图 2—5—4　外盘多

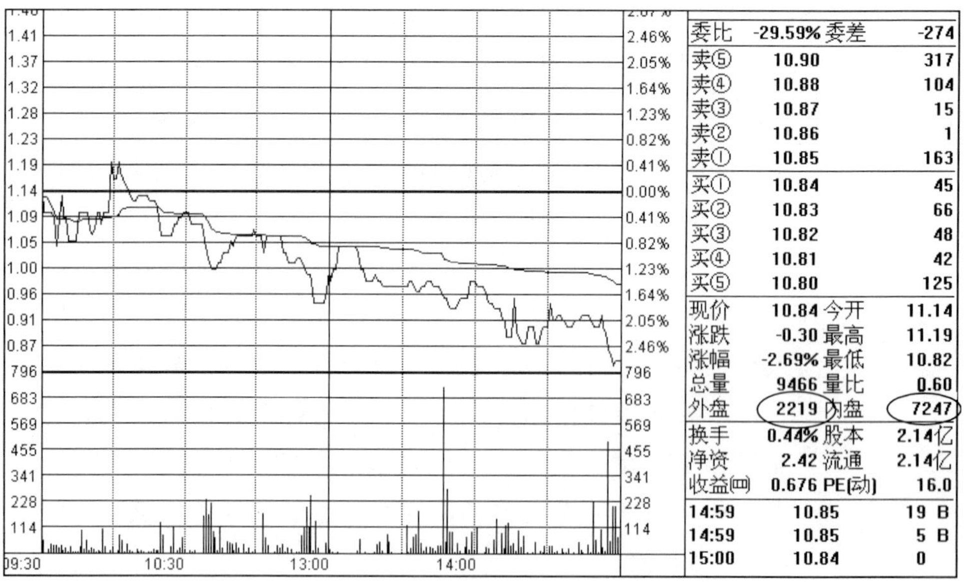

图 2—5—5　内盘多

在图 2—5—4 中，该股外盘的数量是 65674 手，而内盘的数量是 29897 手，这代表主动性买盘要明显地多于主动性卖盘，通常会导致股价的上涨。

在图 2—5—5 中，该股外盘的数量是 2219 手，而内盘的数量是 7247 手，这代表主动性卖盘要明显地多于主动性买盘，通常会导致股价的下跌。

上面我们是用这样的词来进行描述的：“总的来讲”，即如果你选择很多只股票，外盘比内盘明显多的股票，上涨的概率是很大的。外盘比内盘明显少的股票，下跌的概率很大。我们可以应用于“内外比”排名，来找到外盘明显比内盘多的股票。具体方法，同上一节找“量比”排名的方法一样，找到“内外比”排名，但这个要点击两次“内外比”三个字，因为第一次是正向排序，即内盘明显大于外盘的（箭头向下），再点一次，才是外盘明显大于内盘的（箭头向上），而这个数值，越小的越好，如图 2—5—6 所示。

▼	代码	名称	所属行业	量比	均价	委比%	内盘	外盘	内外比↑	委量差	买量一
1	601999	出版传媒	传媒娱乐	1.54	9.07	44.82	42636	14.3万	0.30	523	15
2	600795	国电电力	电力行业	1.29	2.52	4.50	10.5万	27.8万	0.38	4926	6544
3	600209	ST罗顿	综合行业	1.95	3.89	10.56	17057	45213	0.38	300	222
4	600338	ST珠峰	有色金属	0.51	7.11	-100.00	5082	11967	0.42	-3009	0
5	600882	*ST大成	农药化肥	0.51	9.00	-100.00	13017	30578	0.43	-3232	0
6	600741	华域汽车						65674	0.46	-1096	32
7	600624	复旦复华						37369	0.49	-590	46
8	600275	ST昌鱼	农林牧渔	2.09	6.67	-91.05	47752	96423	0.50	-15484	13
9	600521	华海药业	生物制药	2.25	11.58	30.63	30354	58690	0.52	536	199
10	600680	上海普天	电子信息	0.90	9.82	-50.70	4180	7968	0.52	-578	1
11	600761	安徽合力	机械行业	1.31	11.94	-64.59	37878	70535	0.54	-653	9
12	600995	文山电力	电力行业	2.33	7.33	-1.59	72339	13.3万	0.55	-78	93
13	600005	武钢股份	钢铁行业	1.20	2.85	44.09	68121	12.4万	0.55	28105	6268
14	600135	乐凯胶片	化工行业	1.56	9.61	-63.15	24026	42199	0.57	-843	9
15	600007	中国国贸	开发区	0.90	10.16	-60.54	1958	3419	0.57	-89	6
16	600476	湘邮科技	电子信息	0.53	8.41	12.49	7480	12538	0.60	127	5
17	600881	亚泰集团	水泥行业	1.30	5.24	-67.25	42083	68457	0.61	-2230	387
18	600386	北巴传媒	交通运输	1.67	9.57	-59.15	79098	12.8万	0.62	-1228	72
19	600982	宁波热电	供水供气	2.14	9.41	-58.95	7273	11700	0.62	-649	52
20	600184	光电股份	玻璃行业	0.92	26.38	-67.50	1953	3134	0.62	-407	19

外盘、内盘、内外比

图 2—5—6　内外比

在图 2—5—6 中，我们可以用上一节介绍找量比排名的方法找到“内外比”排名。内外比，顾名思义就是内盘与外盘的比例。内盘和外盘的数值没有意义，因为大盘股内外盘都要大于小盘股，而内外盘的比例才更重要，显示出主动性买卖双方的差距有多大，数值越小的代表买方意愿越强；反之，数值越大的代表卖方意愿越强。

但它的规律在于整体，而对于个体而言，市场要区别对待，我们举几个涨跌停的例子。

先说涨停的股票，由于已经涨到极限，没有卖方的报价了，买①的位置上堆了很大的量，所有的成交都是以买①的位置成交的，而上面也讲过了，以买入的位置成交的是内盘，右下角的即时成交显示是绿色的，“S”盘即卖盘。自涨停之后出现连续的“S”盘（卖盘），那不能说明卖的意愿更强吧。甚至有的股票公布重大利好，开盘即封于涨停，属于一字涨停的，全天几乎都没有“B”盘（买盘），（除了集合竞价）全部都是“S”盘（卖盘），但 S 盘多在这种情况下不能说明其主动性卖的比主动性买的人多，如图 2—5—7 和图 2—5—8 所示。

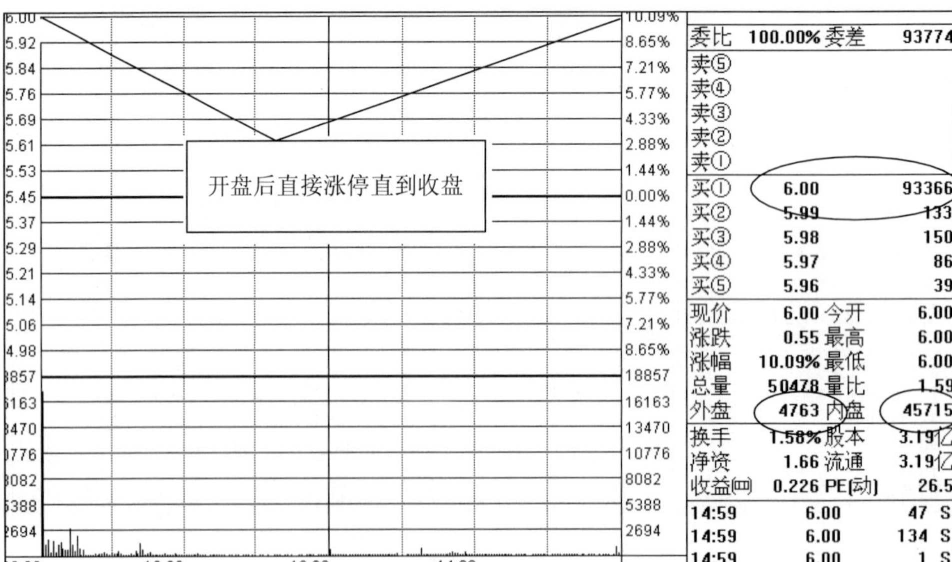

图 2—5—7 涨停内盘

在图 2—5—7 中，该股受消息刺激开盘后直接封于涨停，由于涨停，卖方已经没有挂单，其后所有的成交都是以买①即涨停位置上的价格成交的，所以都是“S”盘即内盘。所以内盘的数量远大于外盘的数量，但并不能说明卖出的意愿更强。

时间	价格	现量	时间	价格	现量	时间	价格	现量
09:25	6.00	9526	09:32	6.00	177 S	09:34	6.00	227 S
09:30	6.00	130 S	09:32	6.00	658 S	09:34	6.00	120 S
09:30	6.00	5884 S	09:32	6.00	172 S	09:34	6.00	91 S
09:30	6.00	339 S	09:32	6.00	18 S	09:34	6.00	143 S
09:30	6.00	152 S	09:32	6.00	56 S	09:34	6.00	31 S
09:30	6.00	96 S	09:32	6.00	41 S	09:34	6.00	36 S
09:30	6.00	103 S	09:32	6.00	30 S	09:34	6.00	292 S
09:30	6.00	170 S	09:32	6.00	200 S	09:34	6.00	80 S
09:30	6.00	46 S	09:32	6.00	230 S	09:34	6.00	46 S
09:30	6.00	143 S	09:33	6.00	21 S	09:35	6.00	3 S
09:30	6.00	245 S	09:33	6.00	37 S	09:35	6.00	11 S
09:30	6.00	309 S	09:33	6.00	10 S	09:35	6.00	20 S
09:31	6.00	115 S	09:33	6.00	40 S	09:35	6.00	3 S
09:31	6.00	112 S	09:33	6.00	19 S	09:35	6.00	136 S
09:31	6.00	90 S	09:33	6.00	13 S	09:35	6.00	23 S
09:31	6.00	100 S	09:33	6.00	32 S	09:35	6.00	100 S
09:31	6.00	157 S	09:33	6.00	1 S	09:35	6.00	62 S
09:31	6.00	362 S	09:33	6.00	137 S	09:35	6.00	20 S
09:31	6.00	10 S	09:33	6.00	47 S	09:36	6.00	39 S
09:31	6.00	60 S	09:33	6.00	3 S	09:36	6.00	513 S
09:31	6.00	40 S	09:33	6.00	16 S	09:36	6.00	3 S
09:31	6.00	34 S	09:34	6.00	88 S	09:36	6.00	172 S
09:32	6.00	100 S	09:34	6.00	335 S	09:36	6.00	60 S

图 2—5—8　涨停分笔

在图 2—5—8 中，除了 9:25 集合竞价的第一笔外，所以的成交都是按照涨停价即买①的位置成交的，所有后面都是显示“S”盘，即内盘，但并不能说明卖出的意愿更强。

同理，比方说跌停的股票，由于已经跌到极限，没有买方的报价了，卖①的位置上堆了很大的量，所有的成交都是以卖①的位置成交的，而上面也讲过了，以卖出的位置成交的是外盘，右下角的即时成交显示是红色的，即“B”盘（买盘）。自跌停之后，几乎没有“S”盘（卖盘），全部都是“B”盘（买盘），同样也不能说明买的意愿更强吧，如图 2—5—9 和图 2—5—10 所示。

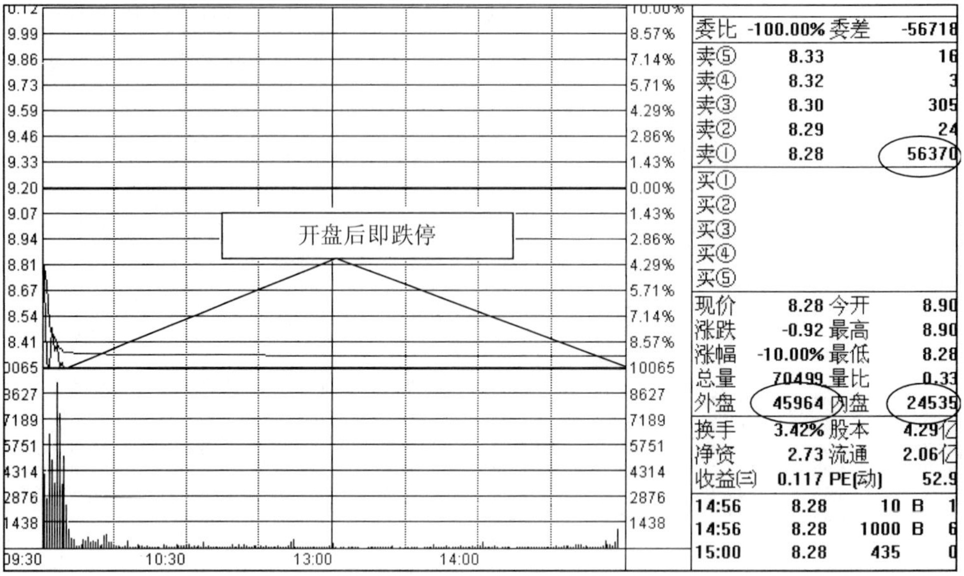

图 2—5—9 跌停外盘

时间	价格	现量			时间	价格	现量			时间	价格	现量		
09:37	8.29	181	B	17	09:38	8.29	78	B	3	09:39	8.28	66	B	7
09:37	8.29	55	S	9	09:38	8.29	51	B	7	09:39	8.28	16	B	3
09:37	8.29	192	S	17	09:38	8.28	242	S	35	09:39	8.28	3	B	2
09:37	8.30	53	B	4	09:38	8.28	11	S	5	09:39	8.28	55	B	9
09:37	8.30	50	B	4	09:38	8.29	433	B	21	09:39	8.28	7	B	3
09:37	8.30	79	S	6	09:38	8.29	1435	B	66	09:39	8.28	41	B	5
09:37	8.29	507	S	30	09:38	8.28	176	S	18	09:39	8.28	132	B	4
09:37	8.29	68	S	6	09:38	8.28	45	B	5	09:39	8.28	30	B	5
09:37	8.30	122	B	9	09:38	8.28	143	B	9	09:40	8.28	84	B	8
09:37	8.31	150	B	9	09:38	8.28	85	B	9	09:40	8.28	10	B	1
09:37	8.29	62	S	9	09:38	8.28	146	B	10	09:40	8.28	8	B	1
09:37	8.30	56	B	9	09:38	8.28	64	B	6	09:40	8.28	65	B	5
09:37	8.30	7	S	2	09:38	8.28	15	B	4	09:40	8.28	5	B	1
09:37	8.31	13	S	4	09:39	8.28	23	B	3	09:40	8.28	62	B	4
09:37	8.30	107	S	12	09:39	8.28	132	B	8	09:40	8.28	63	B	5
09:37	8.30	11	B	3	09:39	8.28	126	B	6	09:40	8.28	29	B	5
09:38	8.30	3	S	1	09:39	8.28	15	B	5	09:40	8.28	13	B	2
09:38	8.35	20	B	3	09:39	8.28	229	B	8	09:40	8.28	179	B	5
09:38	8.32	1490	S	69	09:39	8.28	1043	B	19	09:40	8.28	148	B	5
09:38	8.29	236	S	8	09:39	8.28	129	B	8	09:40	8.28	57	B	5
09:38	8.29	188	B	6	09:39	8.28	215	B	5	09:40	8.28	5	B	1
09:38	8.28	208	S	13	09:39	8.28	75	B	6	09:40	8.28	1	B	1
09:38	8.29	20	B	3	09:39	8.28	37	B	4	09:40	8.28	169	B	4

图 2—5—10 跌停分笔

在图 2—5—9 中，该股开盘后几分钟就跌停了，由于跌停，买方已经没有挂单，其后所有的成交都是以卖①即跌停位置上的价格成交的，所以都是“B”盘，即外盘。所以外盘的数量远大于内盘的数量，也并不能说明买入的意愿更强。

在图 2—5—10 中，该股开盘后在 9:38 价格就跌停了，在其后所有的成交都是按照跌停价即卖①的位置成交的，所有后面都是显示“B”盘，即外盘，但同样并不能说明买入的意愿更强。

还有就是我们前面说过的，内盘和外盘是可以人为做出来的。在下面挂大买单托，在上面挂小卖单出货，分时成交显示的却是“B”盘（买盘），红色的。同理，在上面挂大卖单压，再下面挂小买单吸筹，分时成交显示的却是“S”盘（卖盘），绿色的。虽然这并不难做，但需要盘口的挂单技巧和等待别人主动买或卖，所以大部分股票是不会刻意地去做外盘和内盘的。

第 6 节 现价线与均价线

个股的分时盘口和大盘的分时盘口上都有两条线，这是相同的地方，不同的地方是它们的解释不同。大盘的盘口两条线，白色线是大盘股线，而黄色线是小盘股线；个股的分时盘口，白色线是现价线，而黄色线是均价线。小盘股线和大盘股线是有可能走相反方向的，通常我们称这种现象为分化，而个股的两条线肯定是同向的，不会走相反的方向。

1. 现价线

现价线是股票最新的成交价格的连线。就连线的规则而言，其实是每分钟的最后一笔成交价格的连线，现价线如果没有到一分钟之内的最后一笔价格，在这一分钟里价格是可以波动的。而到了下一分钟，那么这一分钟内的最后一笔价格，就固定不变了。通常大盘股的价格变化比较慢，而小盘股的价格变化比较快，这导致大盘股的现价线波动幅度比较小，相对来讲，小盘股的现价线波动幅度比较大。对比个股盘口的两条线，波动相对比较剧烈的白色线为现价线，如图2—6—1 所示。

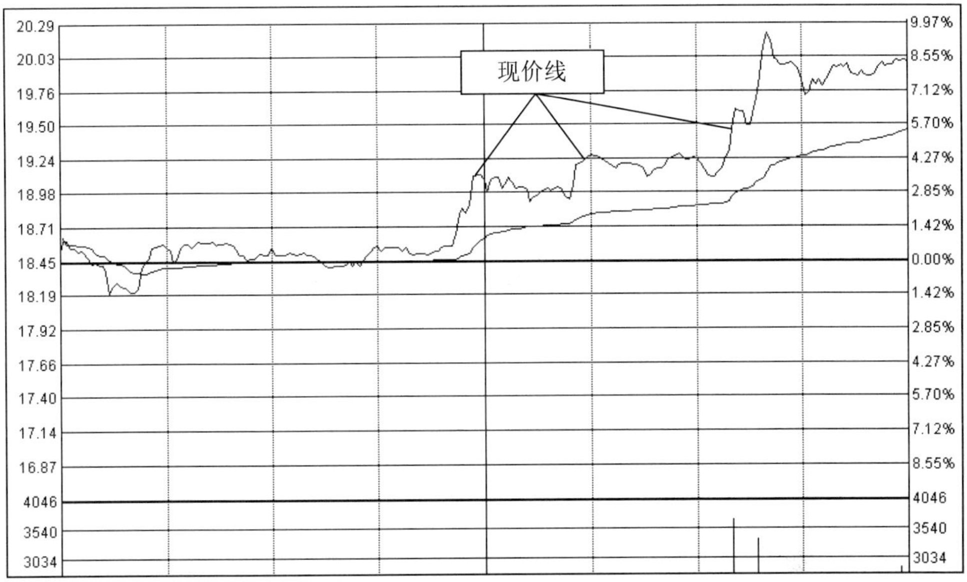

图 2—6—1　现价线

在图 2—6—1 中，白色线波动比黄色线要剧烈得多，是以每分钟最后一笔成交价格的连线，为现价线。

2. 均价线

均价线是股票的平均成交价格，代码是 AVL，计算公式为：

$$AVL=\frac{当日总成交金额}{当日总成交股数}$$

均价线的计算公式很重要，会在后面详细解释为什么。均价线也是每分钟最后一笔价格（均价）的连线，因均价线不会像现价线变动那么频繁，它相对比较稳定，而且具备一定的对于现价压力或支撑的作用。对比个股盘的两条线，波动相对比较剧烈的白色线为现价线，如图 2—6—2。

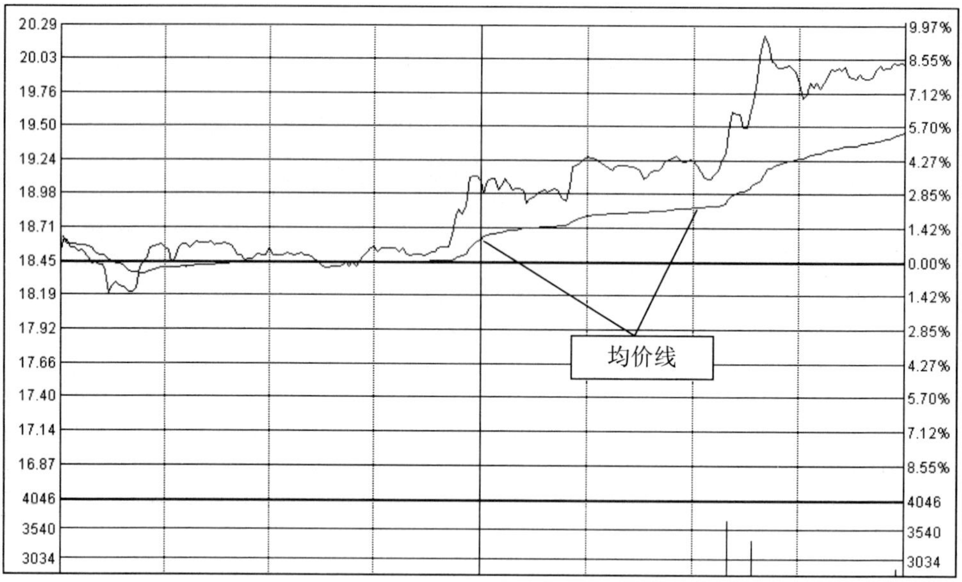

图 2—6—2　均价线

在图 2—6—2 中，黄色线波动比白色线要平缓得多，是用当日总成交额除以当日总成交股数得出来的平均价格的连线，为均价线。

3. 闪电图

闪电图很少有人用到，甚至知道的人都比较少。闪电图又称点线图，是在交易图表里把每一笔成交都显示出来的价格连线。这个价格变动由于是记录了每一笔的成交价格，所以是相当之快的。在分时盘口的界面上，按 F8 键能切换为闪电图，再按 F8 切换回到分时图。记着一定要在分时盘口的界面上按 F8，如果在 K 线的界面，F8 就是周期切换。而分时图和 K 线界面的切换是按 F5。

闪电图还有两个按钮，一个是“Home”键，一个是

"End"键，分别是放大闪电图和缩小闪电图。闪电图的实际应用不多，所以在这里也只是一个简单的介绍，有时候我会看一会儿闪电图，并用 End 键放到最大，来感受一下价格的变动，这种感觉是任何图表不曾给的，如图 2—6—3 所示。

图 2—6—3 闪电图

在图 2—6—3 中，在分时盘口界面下按 F8，我们能够调出闪电图，闪电图记录了每一笔的成交价格，所以变化很快，就像闪电一样（尤其是在放大之后）。闪电图的页面左上角有"闪电图"三个字，右上角则显示键盘上的"Home 键放大 End 键缩小"。

4. 现价线与均价线的综合应用

虽然现价线与均价线是两个独立的指标，但由于它们俩同时出现在个股的盘口上，通过长时间的观察与实战，我发现它们综合起来的应用更简单，更直观，也更有效。

应用一：现价线围绕均价线运动。

在研究移动平均线的时候，大多投资者都知道，短期均线会围绕长期均线波动，且不会永远远离。无论是向上还是向下，远离的时间长了，就会被拉回，始终保持着短期均线围绕长期均线波动的状态。这句话用在个股的分时盘口上，适用但不完全适用。比方说，就大部分正常波动的股票而言，跟移动平均线一样，现价线是围绕均价线波动的，如果现价线在均价线之上，即白色线在黄色线之上距离特别远的时候，通常是股票分时盘口的高点；如果现价线在均价线之下，即白色线在黄色线之下距离特别远的时候，通常是股票分时盘口的低点，如图 2—6—4 所示。

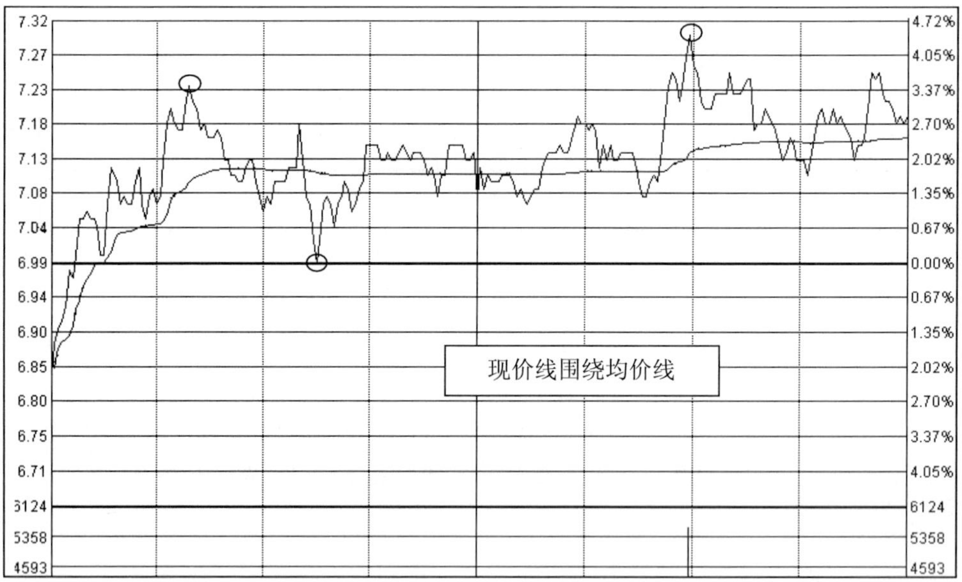

图 2—6—4　围绕

在图 2—6—4 中，该只个股现价线是围绕均价线波动的。如果现价线在均价线上方比较远，通常是高点，会向下拉回，如图中上面的两个圆圈处；如果现价线在均价线下方比较远，通常是低点，会向上拉回，如图中最下面的一个圆圈处。

大部分股票的分时线都是现价线围绕均价线波动的，所以我们并不难从现价线和均价线之间的乖离率来找到个股分时盘口的高低点。但有一小部分股票现价线并不围绕均价线波动，而是出现现价线引领均价线也按照相同的方向即现价线的方向波动。比方说我们观察涨幅榜靠前的股票，一些大涨的个股，现价线在上面距离均价线比较远，到收盘都一直距离比较远，而且现价线并不拉回，而是均价线开始跟随现价线的方向运行。跌幅榜靠前的股票也是一样，现价线在下面距离均价线比较远，而且并不拉回，相反倒是引领了均价线向现价线靠拢。如图 2—6—5 所示。

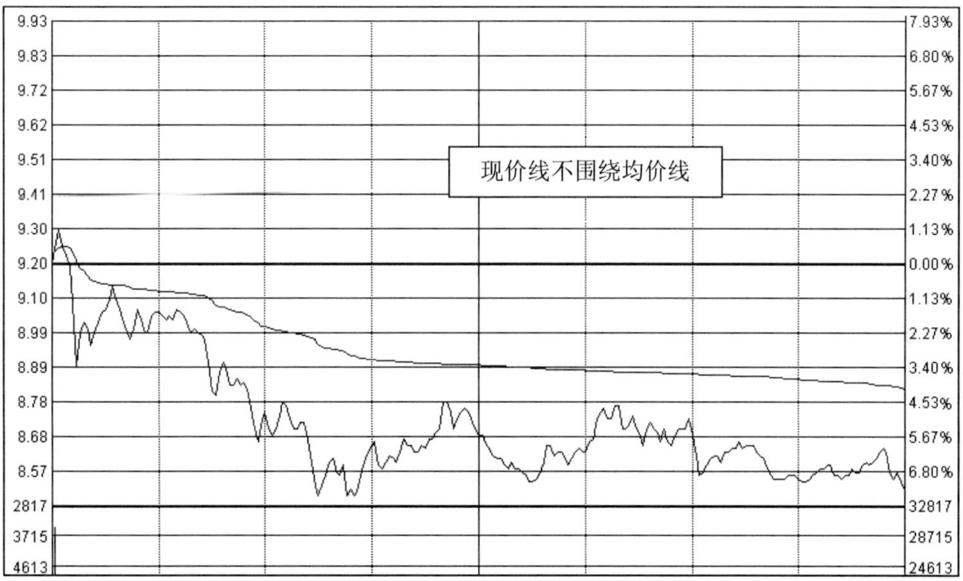

图 2—6—5　不围绕

在图 2—6—5 中，该只个股盘口出现了极弱的单边下跌，现价线则不围绕均价线波动，倒是引领了均价线向现价线靠拢，直到收盘。

那么我们怎么区分某只股票现价线会不会围绕均价线呢?

这就要观察均价线是否跟随现价线了。前面我们说过均价线的计算方法：均价线等于当日总成交金额除以当日总成交股数。那就意味着，如果价格出现上升之后，成交的数量必须也随之上升，均价线才会跟随现价线的方向出现明显的同向运行。所以不管现价线向上偏离均价线，还是向下偏离均价线，如果成交量并不放大，你会发现在盘口现价线动，均价线并不动。

当均价线出现明显的跟随现价线的时候，股价的上涨或下跌就会有原动力，就会得到持续，出现小概率的现价线不围绕均价线波动，而是引领均价线按照现价线的方向运行。当现价线波动，出现明显的上涨或下跌，均价线不跟随，则多出现现价线向均价线靠拢的动作，如图 2－6－6 和图 2－6－7 所示。

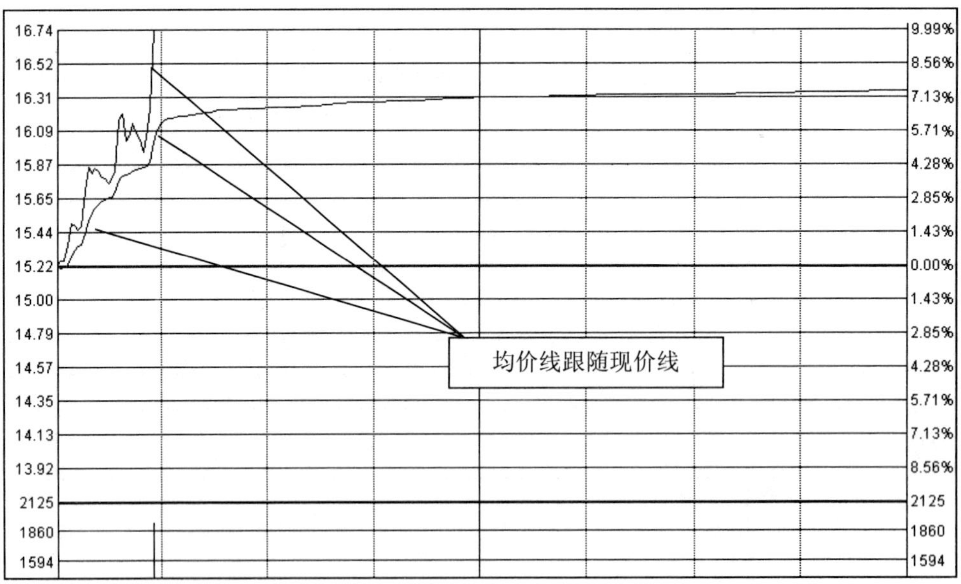

图 2－6－6 跟随

在图 2—6—6 中，当现价线上涨（或下跌）且涨停的时候，均价线紧跟现价线那就会有上涨（或下跌）的原动力，上涨（或下跌）将得以持续。

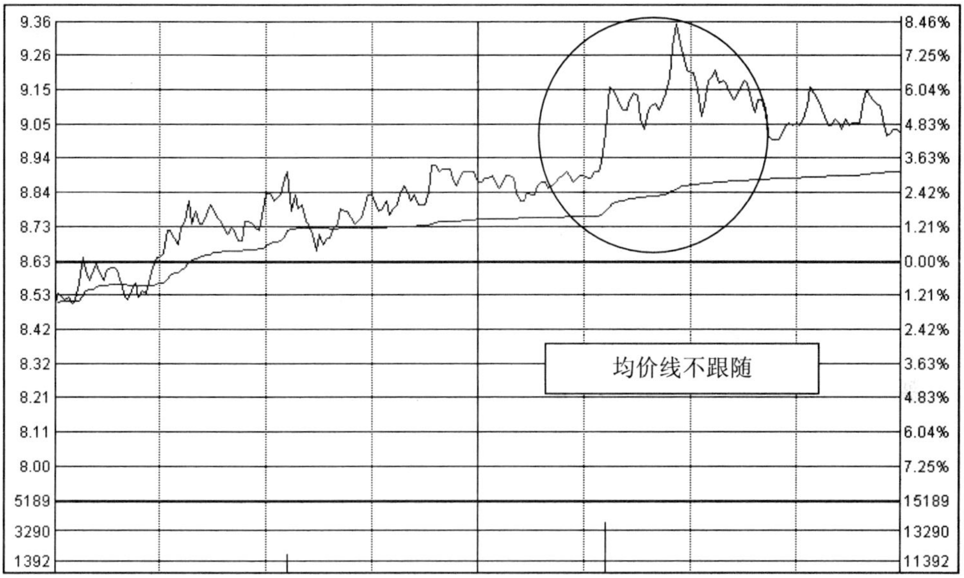

图 2—6—7　不跟随

在图 2—6—7 中，当现价线上涨（或下跌）的时候，均价线跟随不明显，通常很快就会出现现价线向均价线靠拢，即上涨（或下跌）缺少持续性。

应用二：均价线对现价线形成压力和支撑。

均价线对现价线会形成一定的压力和支撑。我们先拿上升来说，当现价线在均价线之上运行，并且均价线的方向也是向上的，当价格出现回调，会在均价线附近形成支撑。反之，在下降时，当现价线在均价线之下运行，并且均价线的方向也是向下的，当价格出现回升，会在均价线附近形成压力，如图 2—6—8 和图 2—6—9 所示。

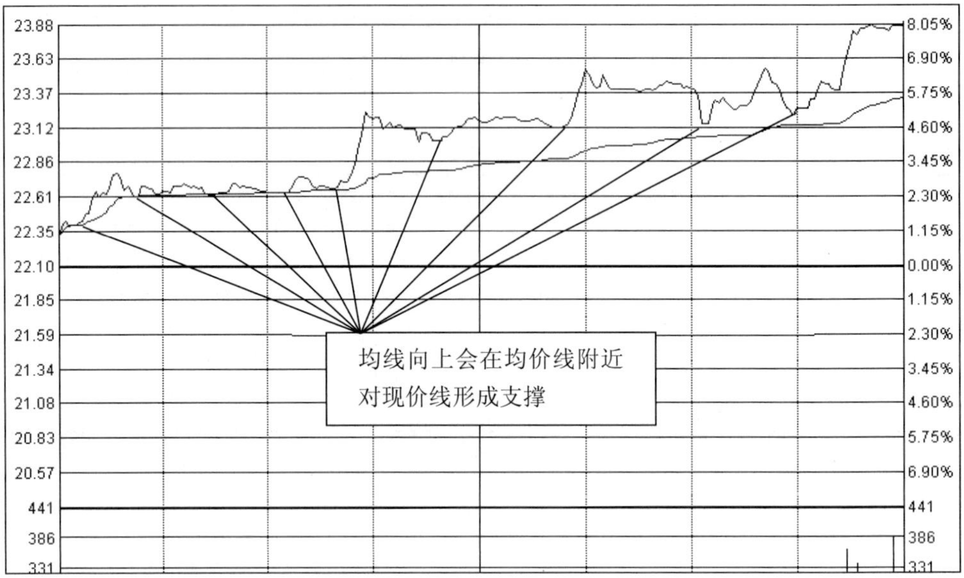

图 2—6—8 支撑

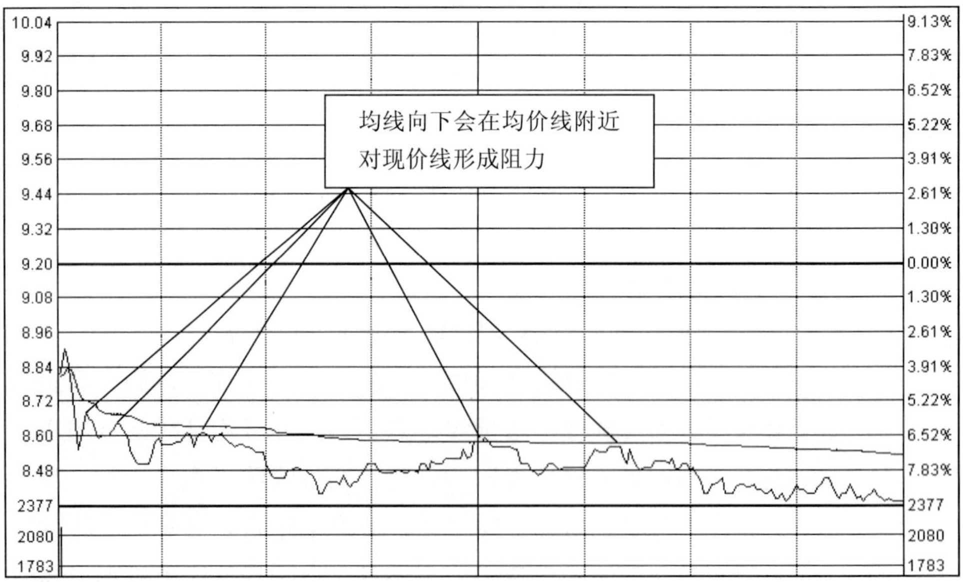

图 2—6—9 压力

在图 2—6—8 中，当现价线在均价线之上运行，并且均价线的方向也是向上的，当价格出现回调，通常会在均价线附近形成支撑，见图中画线所指位置。

在图 2—6—9 中，当现价线在均价线之下运行，并且均价线的方向也是向下的，当价格出现反弹，通常会在均价线附近形成压力，见图中画线所指位置。

应用三：强势股的现价线与均价线特征。

对于拉升的股票来讲，通常在盘口都是有一定的特征的，表现在现价线和均价线方面通常会有以下特征：

（1）好的股票通常会在早盘起涨，这说明其“早有准备、早有预谋”，比方说上午开盘后的 30 分钟内，通常是观察当天强势股的重要时间段。

（2）个股盘口的现价线与均价线，在早盘期间高开、平开还是低开并不很重要（高开好于低开），而开盘后的几分钟两条线的运行方向则比较重要（向上还是向下），通常对于全天的强弱有一定的提示性作用，如图 2—6—10 所示。

（3）现价线要有一定的连续性，尽量不要出现锯齿状“上上下下”的走势，量比大于 1，代表交投比较活跃；均价线没有要求，因为对比现价线，均价线的连续性要好得多。

（4）均价线方向向上，现价线遇阻回落之后，回调至均价线附近止跌，并向上转向，此点为买点，如图 2—6—11 所示。

（5）现价线遇阻回落之后，再次上升过刚刚形成的高点，创新高为买点，如图 2—6—12 所示。

（6）注意现价线买点的位置，上涨幅度不要太高（6%以下），这样在当天买入后，才有一定的上涨空间（超强势涨停股和龙头股除外）。

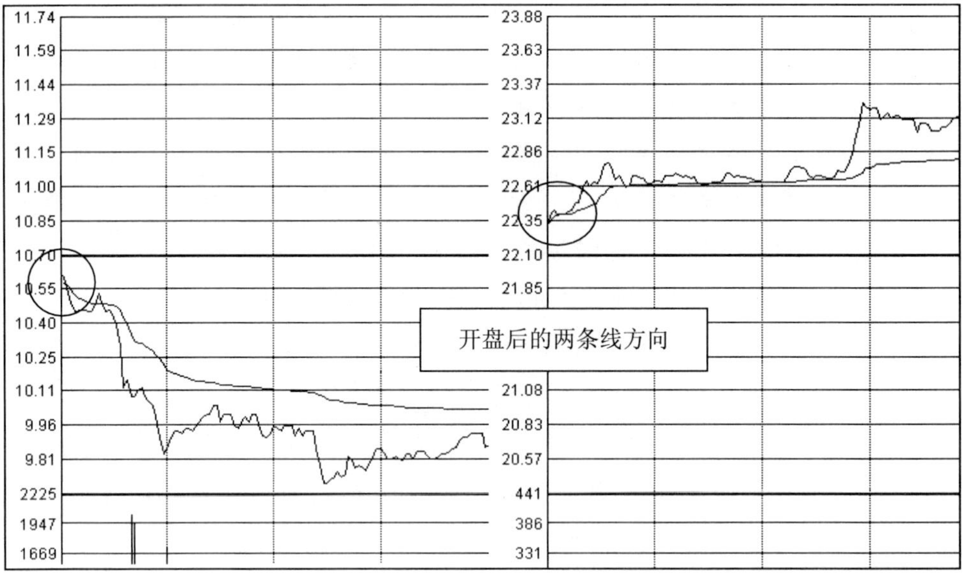

图 2—6—10 开盘后的方向

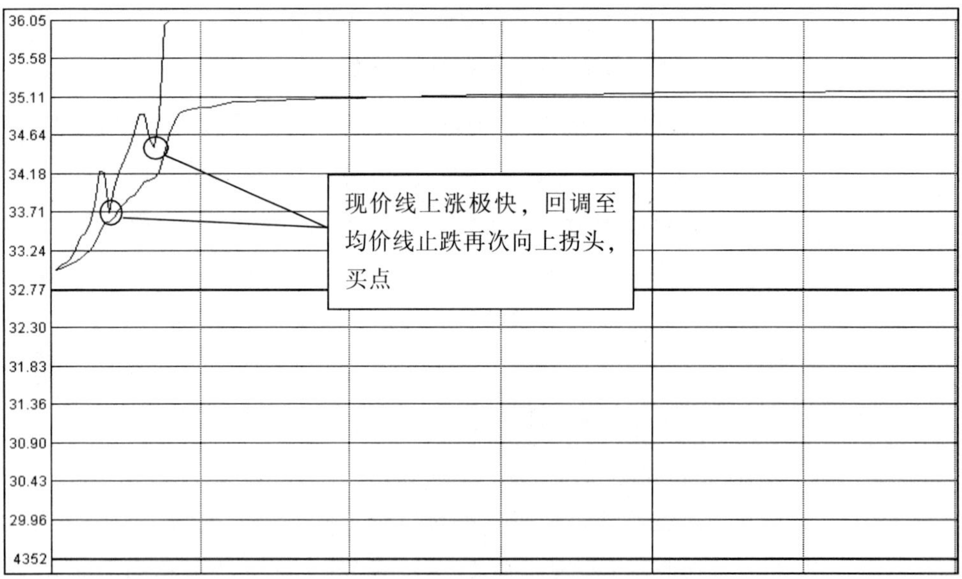

图 2—6—11 均价线买点

在图 2—6—10 中，每天上午开盘后的几分钟，现价线和均价线的方向会对全天有一定的预示作用，向上则全天走强的概率较大，向下则全天走弱的概率较大。

在图 2—6—11 中，当盘口出现了快速上涨之后（现价线和均价线都比较快），现价线出现回调至均价线止跌，再次向上拐头（需要有个小的向上反转的迹象），为买点。

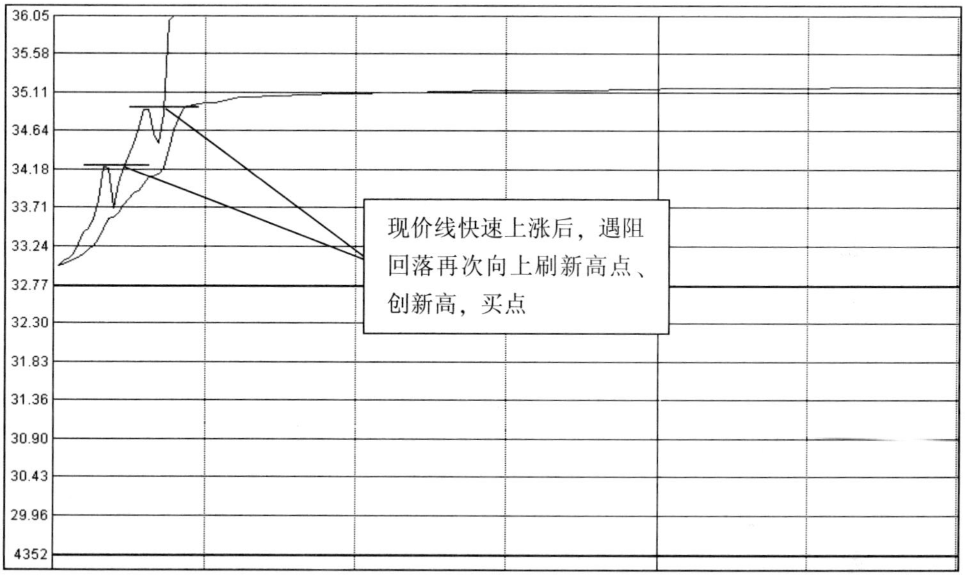

图 2—6—12　创新高买点

在图 2—6—12 中，当盘口出现了快速上涨之后（现价线和均价线都比较快），现价线出现回调后再次向上，刷新高点、创盘口新高，为买点。

讲到这里，我们对于个股盘口的现价线与均价线的描述就告一段落了。对于现价线与均价线在个股盘口的其他应用，还有其他的方法，我自己仍在不断地摸索和总结之中。

第 7 节 个股盘口的强弱、速度与气势

这一节主要讲个股的强弱、速度与气势，实际上这三个词都是形容词，分别指力度的强弱、速度的快慢与气势的大小。我觉得强弱、速度、气势，比强弱、快慢、大小更贴切，意思其实是一样的。形容词其实只是一个对比值，并不是量化值，也不好量化。

1. 强弱

个股盘口会有强弱之分，强弱通常指力度，强是看起来盘口“有劲”，连续性好；相反，弱是没有力度，无精打采，连续性差。对于连续性，这里需要做详细地说明，它是反映个股盘口力度强弱的重要表现形式。

对于连续性差的个股盘口，它是怎样形成的呢？一种是交投非常清淡，可能一分钟只成交 3 笔左右，作为比较正常的个股来说每分钟会成交 8 笔左右，这样价格会变得连续性非常差，你会发现分时线的现价线（白色线）上上下下地呈锯齿状，极不流畅。锯齿状的主要原因就是交投清淡，价格和价格之间没有连续性，一个价格被吃掉或打掉，短时间没

有新的挂单或成交出来，或在价格上形成一定的价格跳空，如图 2—7—1 所示。

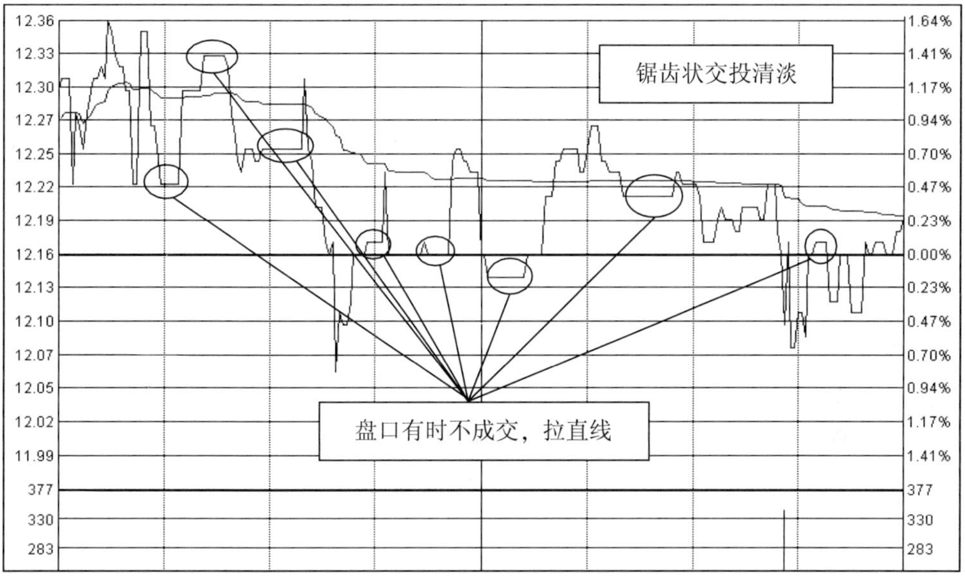

图 2—7—1 交投清淡

在图 2—7—1 中，该只个股盘口的现价线（白色线）总是上上下下地呈“锯齿状”，交投很是清淡，甚至在某一个时段里没有成交，价格横着走直线，这种股票分时线的连续性就比较差。

而另一种是流通盘比较大的，很多人并不喜欢大盘股，因为价格变动太慢。流通盘比较大的，参与的人就比较多，买①和卖①挂单的量都很大，如果没有比较像样的规模资金，很难使成交价格变得很快。这样价格总是在买①和卖①之间来回波动，也形成锯齿状，即便好不容易变到了下一个价格，也要来回拉锯很长时间。除非是超级主力，或第一梯队的资金，否则很难使这部分股票的分时线流畅起来，如图 2—7—2 所示。

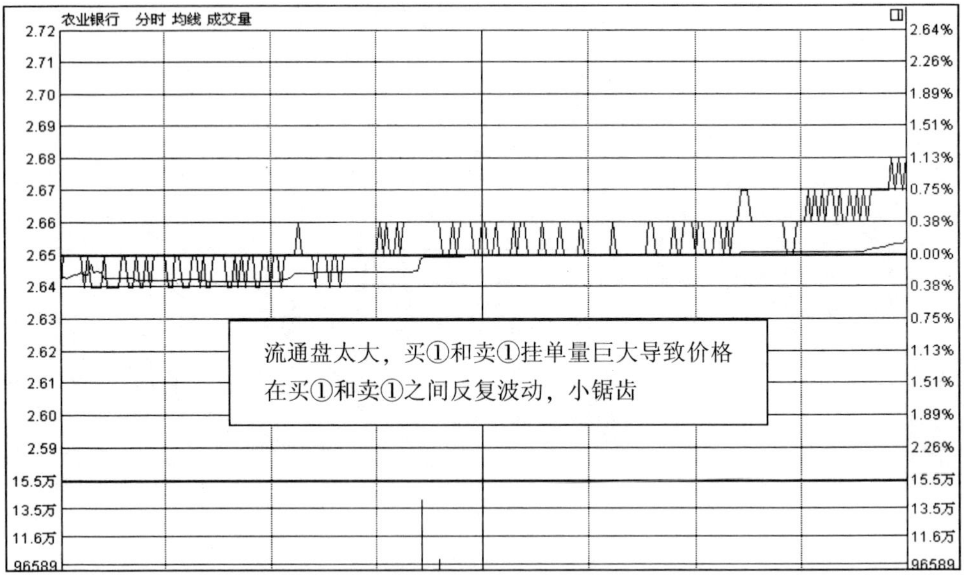

图 2—7—2 流通盘大

在图 2—7—2 中，超级大盘股农业银行由于买①位置的挂单量和卖①位置的挂单量都非常大，通常价格变化也很慢，总是在买①和卖①之间来回波动，看起来也很像锯齿状，分时线也显得并不流畅。

上面这两种情况所展现出来的个股盘口表现就是偏弱的，那么偏强的个股盘口是什么样子的呢？

个股盘口强的表现主要为连续性好，像在盘口上画线一样流畅，因成交比较活跃，所以价格会因为多空双方的连续竞价而显得相对平衡和稳定，很少出现上述的锯齿状的价格波动。我们这里并没有说完全没有，而是说很少出现，因为大部分比较强的个股并非是全天都强，也有相对弱的时候，但如果看个股盘口的时间长了，自然会对强弱形成比较直观的判断，如图 2—7—3 所示。

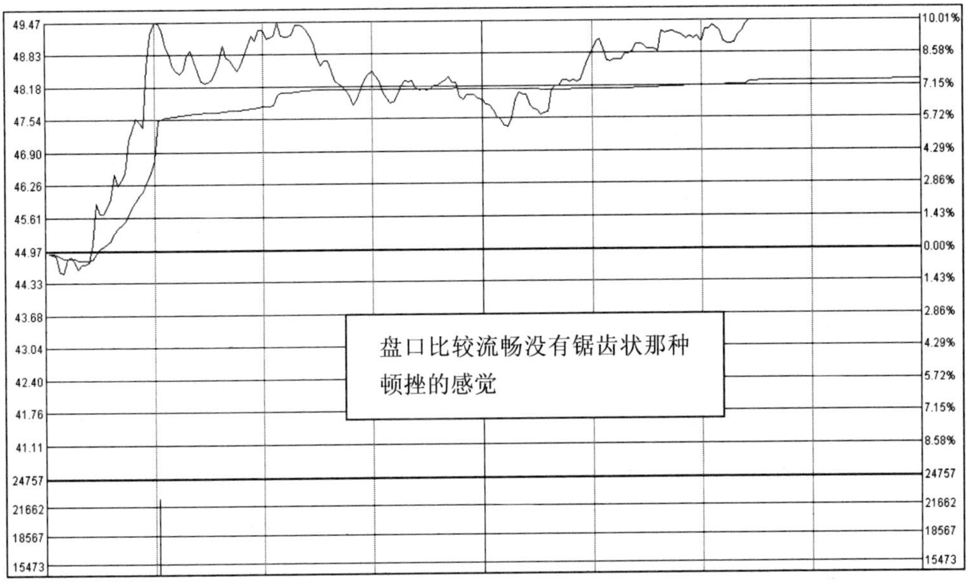

图 2—7—3 盘口流畅

在图 2—7—3 中，该股的价格走势要比前面两张图看起来流畅得多，更像是一种画上去的线，盘口表现强并不一定是指涨停或大涨，甚至并不一定是指上涨，而是指盘口比较流畅没有上述所说的锯齿状那种顿挫的感觉。

2. 速度

在 K 线图上，我们难以对速度进行量化和定义。比方说 998 点至 6124 点的上涨，如果你的电脑屏幕里，只显示了 998 点至 6124 点，基本成 40°角上升，速度感觉并不是太快。如果把更多的 K 线都显示在你的电脑屏幕里，那么同样是 998 点至 6124 点的那段上涨，上升的速度就感觉更快一些，因为角度基本成 70°角了。所以我们放大图形和缩小图形，给我们的感觉上速度是在变化的。

但实际上，速度的定义是单位时间内移动的距离，在股市里的定义是单位时间内上涨或下跌的空间。这么说，998点到6124点在速度的绝对值来说，都是同样的时间对应同样的空间，应该是一样的，好像角度比速度更贴切一些。

那么，我们为什么还要讲个股盘口的速度呢？因为盘口并不能像K线图那样放大和缩小，这样就可以更直观地进行速度的对比了。而速度的对比并非是跟该股当天的行情进行对比，也不是跟该股的过去行情对比，通常只是一种在我们印象思维里的对比。我们已经习惯了形容某只股票会用上涨的速度很快，不是形容上涨的角度很大。但其实也确实跟角度有关系，通常角度大于60°的上升，我们称之为急速上升或盘口井喷；角度小于60°，大于30°的上升，称之为快速上升或盘口拉升；角度小于30°的上升，称之为缓速上升或震荡盘上。反之同理。通常角度大于60°的下跌，我们称之为急速下跌或盘口跳水；角度小于60°，大于30°的下跌，称之为快速下跌或盘口主跌；角度小于30°的上升，称之为缓速下跌，或震荡盘下。如图2—7—4所示。

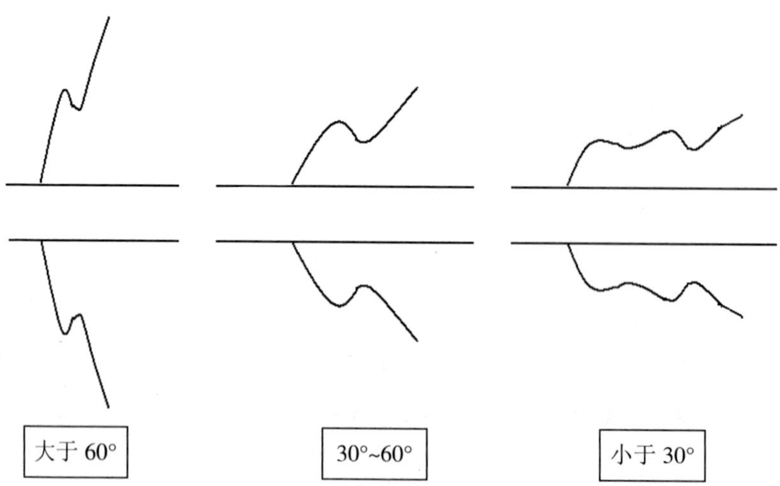

图2—7—4 盘口角度

在图 2—7—4 中，盘口上升或下跌是会形成一定的角度的，本图左边部分的上升和下跌的角度特别大，大于 60°角，属于急速行情，井喷或跳水时才会形成；中间部分的上升和下跌的角度比较大，角度在 30°～60°之间，属于快速行情，在主升或主跌时形成；右边部分的上升和下跌角度比较小，小于 30°角，属于缓速行情，在震荡盘上或震荡盘下时形成。

除了因为使用者习惯性把盘口称为速度外，就角度而言，形容起来也比较难，可能是固定的。比方说某只股票按 30°角来上升，那需要它在某个阶段一直以这个角度上升，而大部分股票可能是角度逐渐加大的，速度比角度的描述或更加准确一些。而速度和角度，其实是近亲关系，表达的盘口意思大概是相同的。

在个股越来越多的今天，普涨或普跌已经成为了少数情况，在多数的时间里，都是局部热点、板块轮动的，这就体现了速度的重要性。而我们快速找到一些加速的品种，除了翻看涨幅榜前面的股票的盘口以外，也可以选择热键“81”或“83”＋“回车”，分别代表沪 A 综合排名和深 A 综合排名（“82”或“84”＋“回车”，分别代表沪 B 综合排名和深 B 综合排名，并不常用）。其中里面有一个分类很重要，叫做 5 分钟涨速排名，就是指上涨的速度在 5 分钟里的排名（这个也可以调整成 3 分钟或其他参数）。有很多个股分时线的起涨，当你发现的时候，可能已经涨得很高了，所以经常看一下综合排名，尤其是涨速排名，对于我们及时地发现热点，有很大的帮助，如图 2—7—5 所示。

在综合排名里，5 分钟涨速排名是最重要的，但它有个缺点，就是显示的股票数量太少了，只有 6 只股票，还有很多异动的股票我们并没有办法直接发现。请注意在综合排名窗口里右上角有个选项，分别是“3 行 3 列”和“1 行 4 列”，3行3列共9项分别显示：今日涨幅排名、5分钟涨幅排名、

综合排名　3行3列　1行4列

综合排名 - 上证A股

今日涨幅排名			5分钟涨速排名			今日委比前排名		
哈高科	6.23	10.07	ST九发	8.09	2.41	ST宝龙	13.09	100.00
均胜电子	9.10	10.04	多伦股份	6.83	2.25	ST春兰	4.00	100.00
香溢融通	7.90	10.03	贵绳股份	8.22	2.24	香溢融通	7.90	100.00
浙江东日	6.60	10.00	三联商社	6.07	1.85	ST磁卡	3.22	100.00
美尔雅	8.37	9.99	恒顺醋业	10.69	1.62	均胜电子	9.10	100.00
中材国际	19.99	8.35	上柴股份	18.30	1.61	*ST福日	5.29	100.00
今日跌幅排名			5分钟跌速排名			今日委比后排名		
浙江龙盛	6.28	-10.03	ST天宏	8.81	-1.56	维维股份	6.03	-100.00
长江传媒	8.73	-10.00	京能置业	4.50	-1.32	浙江龙盛	6.28	-100.00
维维股份	6.03	-10.00	环旭电子	12.74	-1.16	ST精伦	5.28	-100.00
佳都新太	8.77	-9.96	华银电力	3.40	-1.16	ST国药	4.74	-100.00
亿晶光电	15.34	-9.82	凌云股份	8.57	-1.15	*ST华科	7.65	-100.00
凌云股份	8.57	-8.73	中发科技	9.39	-0.95	长江传媒	8.73	-100.00
今日振幅排名			今日量比排名			今日总金额排名		
香溢融通	7.90	15.32	ST宝龙	13.09	14.52	包钢稀土	66.76	22.4亿
浙江东方	8.05	12.66	浙江东方	8.05	7.55	中信证券	11.59	8.4亿
美尔雅	8.37	11.70	均胜电子	9.10	5.26	重庆啤酒	27.31	8.4亿
红星发展	13.82	11.64	香溢融通	7.90	4.27	民生银行	6.27	8.3亿
宁波建工	7.61	11.54	浙江东日	6.60	4.14	包钢股份	5.95	8.1亿
中材国际	19.99	11.38	龙溪股份	8.26	3.47	贵州茅台	196.96	7.5亿

图 2—7—5　综合排名 3 行 3 列

在图 2—7—5 中，选择热键“81”调出：综合排名—上证 A 股（“83”为综合排名—深圳 A 股，“82”和“84”对应的是综合排名上证 B 股和深圳 B 股），通常显示的是 3 行 3 列，即 9 个窗口，分别是：今日涨（跌）幅排名、5 分钟涨（跌）速排名、今日委比前（后）排名，还有今日振幅、量比、总金额排名。

今日委比前排名、今日跌幅排名、5 分钟跌幅排名、今日委比前排名、今日振幅排名、今日量比排名、今日总金额排名。由于要显示的内容分类太多，所以每个内容只能显示 6 只靠前的个股。而选择 1 行 4 列，则只剩下 4 项：今日涨幅排名、今日跌幅排名、5 分钟涨速排名、今日量比排名。由于显示的内容分类少了，所以每项分类可以显示 20 只排名靠前的个股，这相对比起来讲更加全面。尤其是你自选股比较多的情况下，由于自选股会在里面变颜色，让你一目了然地知道自己的哪只股票正在启动。如图 2—7—6 所示。

综合排名　3行3列　1行4列

综合排名 - 上证A股

今日涨幅排名			今日跌幅排名			5分钟涨速排名			今日量比排名		
哈高科	6.23	10.07	浙江龙盛	6.28	-10.03	ST九发	8.09	2.41	ST宝龙	13.09	14.52
均胜电子	9.10	10.04	长江传媒	8.73	-10.00	多伦股份	6.83	2.25	浙江东方	8.05	7.55
香溢融通	7.90	10.03	维维股份	6.03	-10.00	贵绳股份	8.22	2.24	均胜电子	9.10	5.26
浙江东日	6.60	10.00	佳都新太	8.77	-9.96	三联商社	6.07	1.85	香溢融通	7.90	4.27
美尔雅	8.37	9.99	亿晶光电	15.34	-9.82	恒顺醋业	10.69	1.62	浙江东日	6.60	4.14
中材国际	19.99	8.35	凌云股份	8.57	-8.73	上柴股份	18.30	1.61	龙溪股份	8.26	3.47
东方金钰	12.31	7.14	宁波建工	7.61	-8.53	青松建化	12.24	1.58	宝信软件	17.77	3.15
东安动力	6.11	5.71	工大首创	11.19	-8.43	吉视传媒	8.79	1.50	亚星客车	7.40	2.73
益佰制药	16.77	5.60	象屿股份	5.61	-8.18	金山股份	6.79	1.49	江苏索普	7.16	2.68
五洲交通	6.19	5.45	维科精华	7.38	-7.75	龙溪股份	8.26	1.47	美尔雅	8.37	2.56
ST华光	3.92	5.09	环旭电子	12.74	-7.61	江苏索普	7.16	1.42	长城汽车	13.46	2.47
ST春兰	4.00	4.99	广州药业	13.16	-7.52	华海药业	12.37	1.39	金龙汽车	7.51	2.40
ST宝龙	13.09	4.97	广汽集团	8.52	-7.39	ST波导	2.94	1.38	电子城	7.64	2.40
*ST福日	5.29	4.96	南京熊猫	5.90	-7.38	国投电力	5.90	1.37	新华医疗	28.75	2.30
电子城	7.64	4.95	重庆啤酒	27.31	-7.20	三安光电	10.90	1.30	益佰制药	16.77	2.28
ST磁卡	3.22	4.89	羚锐制药	8.76	-7.01	ST祥龙	3.23	1.25	广电电气	9.00	2.23
保利地产	11.29	4.54	红星发展	13.82	-7.00	莫高股份	9.39	1.19	一汽富维	21.11	2.20
上汽集团	14.83	4.22	亚通股份	5.36	-6.46	正和股份	6.22	1.14	中源协和	28.24	2.18
中源协和	28.24	4.17	风帆股份	8.92	-6.40	鹿港科技	10.77	1.13	大橡塑	8.17	2.15
龙溪股份	8.26	4.03	吉恩镍业	13.77	-6.39	凤凰传媒	8.18	1.11	哈高科	6.23	2.12

图 2—7—6　综合排名 1 行 4 列

在图 2—7—6 中，综合排名里的 9 个窗口变成了 4 列窗口，实际上我们经常用到的也就是涨（跌）幅排名和 5 分钟内涨速幅排名和量比排名。选择右上角选项 1 行 4 列，只显示最常用的 4 个窗口，显示的分类少了，显示的股票数量就多了。我本人更喜欢用 1 行 4 列。

3. 气势

相对来讲对个股盘口的气势需要一定的看盘经验。气势在于个股盘口表现出来的表现力和张力，一些有经验的敏感的炒手能够感受到气势是什么，这是很难用一两句话表达清楚的，需要看盘时间的积累和理解，有一种的沉淀过程。

我们拿涨停来说，分别在浪形上、起涨时间上进行由大到小的气势描述。

（1）浪形。

①一字封停。一字封停的意思是开盘即封于涨停，分时线在涨停位置上成一条笔直的横线，没有浪形可言，这种股票通常是遇到重大利好或主力买入意愿极为强烈，在气势上多方占领极大优势，不给空方留有余地。

②一浪涨停。开盘之后直接上升，盘中不回调，一波即完成涨停。这种涨停的气势，仅次于一字封停的股票，多方明显占优，空方也惜售心态明显，一浪涨停，气势如虹。

③三浪涨停。在启动点开始的上升，第一波通常上到比较高的位置附近，比方说 4%～6%（太低不行，比方说第一波上升只涨到 2%左右，那么回调之后再上就要在 8%以上才能冲至涨停，这样操盘的难度比较大），第一波的上升幅度不太低，就是为了将来能够经历二浪调整之后，第三浪上升即封于涨停，这种股票也是气势很强的，但要弱于前两种。

④多浪涨停。多浪涨停也比较常见，分时线在拉升的过程中，低点和高点逐级而上直到冲至涨停，在涨停里个股的盘口气势上这算是最弱的了，如图 2—7—7 所示。

（2）时间。

①开盘 60 分钟内涨停的股票，气势上是最强的，这个时候大家都在观察谁将引领当天的行情，早盘的关注度因此最高。敢于在这个时间点争眼球的，必然是拥有足够的气势，尤其是在开盘后的 60 分钟内的前 30 分钟，即 9:30～10:00 这个时间段。

②上午涨停的股票总体上要比下午涨停的股票好，通常上午出现涨停是主力“早有预谋的”，而下午出现涨停，在气势上要稍微差一点儿，通常是大盘配合或消息刺激“临时起意”，“早有预谋”要比“临时起意”的个股盘口更有气势。

③临近尾盘的时候涨停的股票气势上最弱，尾盘关注度在降低，拉升消耗的资本比较少，所以通常尾盘拉涨停的主力实力相对弱一些。每年 12 月最后一天的最后 5 分钟都有主力为了做

市值而抬拉重仓股，场面相当壮观。而且尾盘涨停的个股次日通常会低开，原因就是气势不够，人气不足，如图 2—7—8 所示。

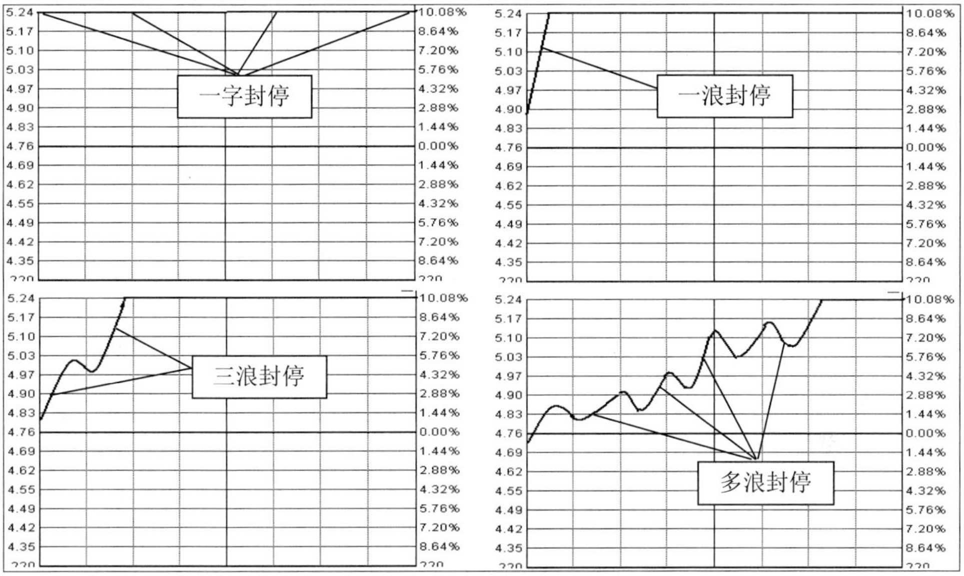

图 2—7—7　浪形 4 分图

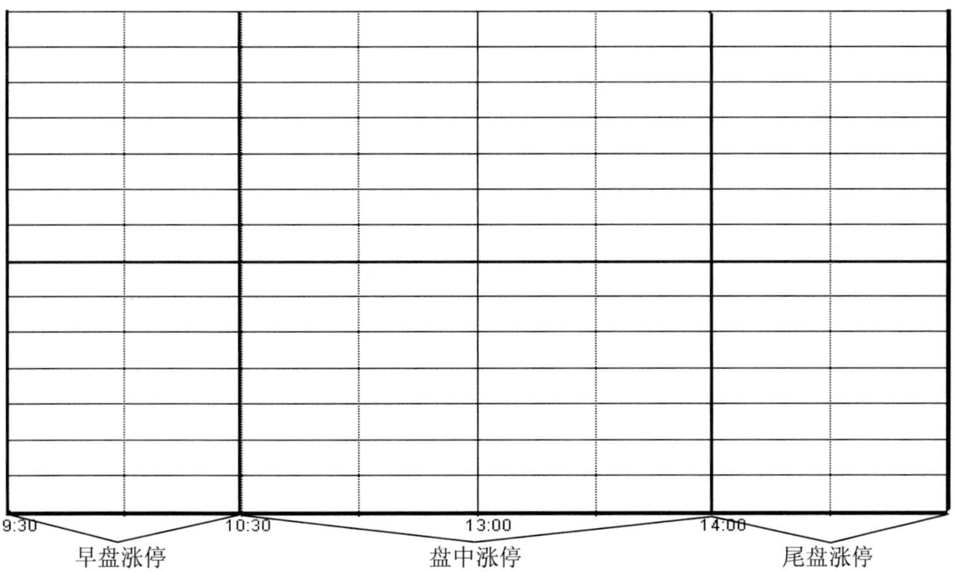

图 2—7—8　时间 3 分图

在图 2—7—7 中，越简单的浪形形成的涨停其盘口就越强，一字封停>一浪封停>三浪封停>多浪封停。

在图 2—7—8 中，涨停的时间越早其盘口就越强，早盘涨停>盘中涨停>尾盘封停。

关于个股盘口的强弱、速度、气势就介绍到这里。

第 8 节 龙头股的盘口特征

在讲本节内容的时候，我想很多人都会觉得眼前一亮，“龙头股”这三个字本身就足够令人兴奋的了，那什么是龙头股呢？它具备怎样的盘口特征呢？

1. 龙头股的定义

龙头股指的是某一时期在股票市场的炒作中的领涨品种，对同行业板块的其他股票具有明显的影响力和号召力。龙头股的涨跌往往对其他同行业板块股票的涨跌起带领和示范作用，龙头股也是市场万众瞩目的热点当中的焦点，甚至能够影响到整个市场环境和走势。

2. 龙头股的整体特征

（1）龙头股在同行业中要具备一定的影响力。

龙头股通常要在行业中有一定的地位和影响力，尤其是在行业里股票数量众多的行业，比方说房地产或有色金属行业，由于该行业里的上市公司太多了，并不是所有的个股都能够充当龙头。而只有在同行业中具备一定影响力的龙头股起涨，才能带动同行业其他个股，没有影响力的个股即便起涨也多是个体行为，不是板块行为，所以不具备龙头股的气质。

（2）龙头股会以涨停的方式急升。

涨停板是多方最猛烈的攻击方式，也只有用这种极限的操盘手法才能凸显龙头股的气势和地位，不能涨停的个股，通常很难成为龙头股。而且龙头股会在盘口率先冲至涨停，这点非常重要，后面我会详细讲解龙头股的盘口特征。

（3）龙头股会有一定的遗传基因。

假如你是主力，你在过去成功塑造了某只股票为某个板块的龙头，或者是某个时段的龙头，那么通常你再想做行情或做这个板块的时候，也会率先想到你曾经做过的这只龙头股票。而且由于这只股票具备了一定的龙头基因，在拉升的过程中也很容易吸引到曾经关注过该股的人气，这就是为什么很多情况下曾经的龙头股只要它所在的板块有动作就都很活跃的原因，因为它已经具备了一定的遗传基因。

3. 龙头股的盘口特征

（1）龙头股会在分时线领涨同板块其他个股。

这一点也是判定龙头股的最佳方法，到目前为止还没有比这更直接有效的盘口方法来判定龙头股。所以再次重申，同板块中最早冲至涨停的股票，才最有可能是龙头股。这是盘口即时判定龙头股的“最重要”的一个条件，如图 2—8—1 至图 2—8—5 所示。

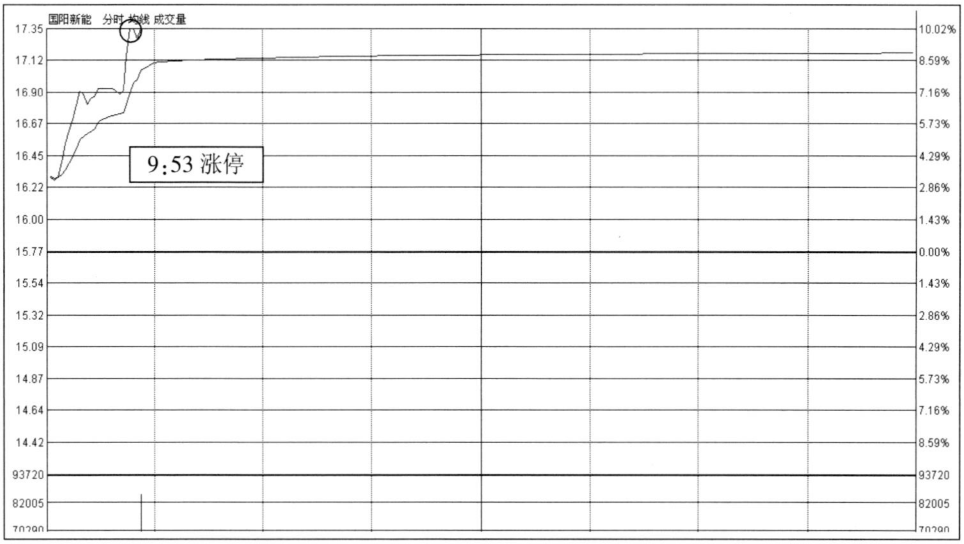

图 2—8—1 起涨时间—1

在图 2—8—1 中，同板块当中有多只个股在当时涨停，但国阳新能（600348）在早盘的 9:53 第一个冲击涨停，在 4 只煤炭股里涨停的时间最早。

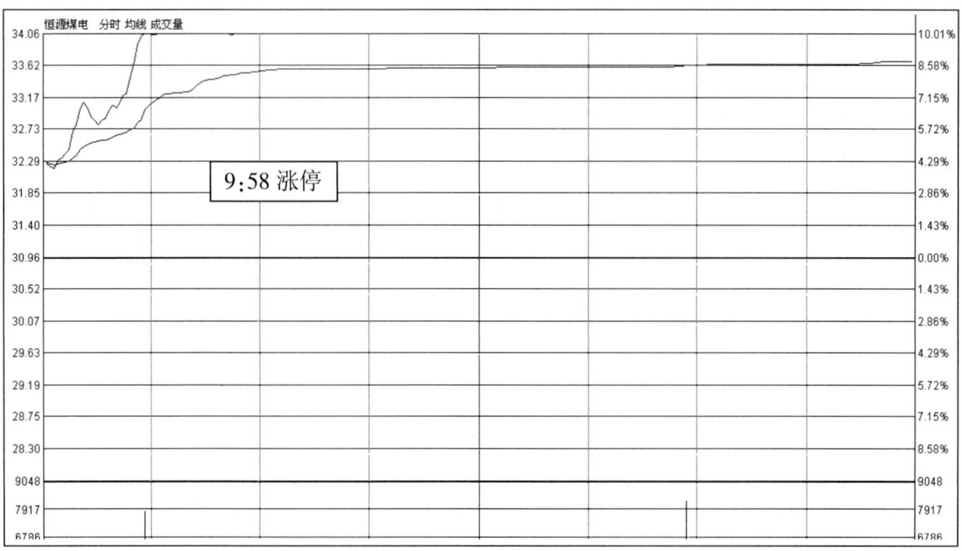

图 2—8—2 起涨时间—2

在图 2—8—2 中，恒源煤电（600971）涨停的时间也很早，于 9:58 涨停，比 9:53 慢了 5 分钟，在这 4 只煤炭股里涨停的时间排名第二。

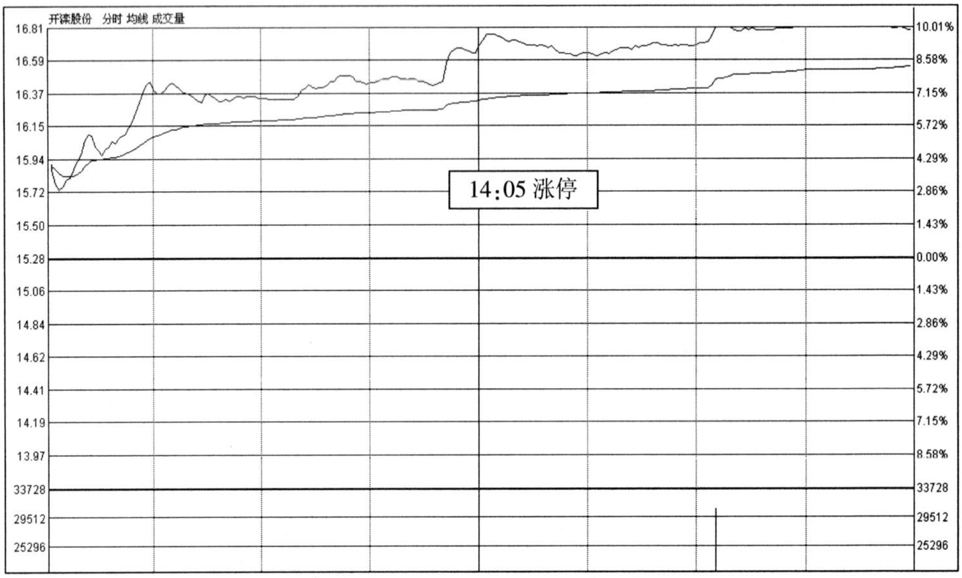

图 2—8—3 起涨时间—3

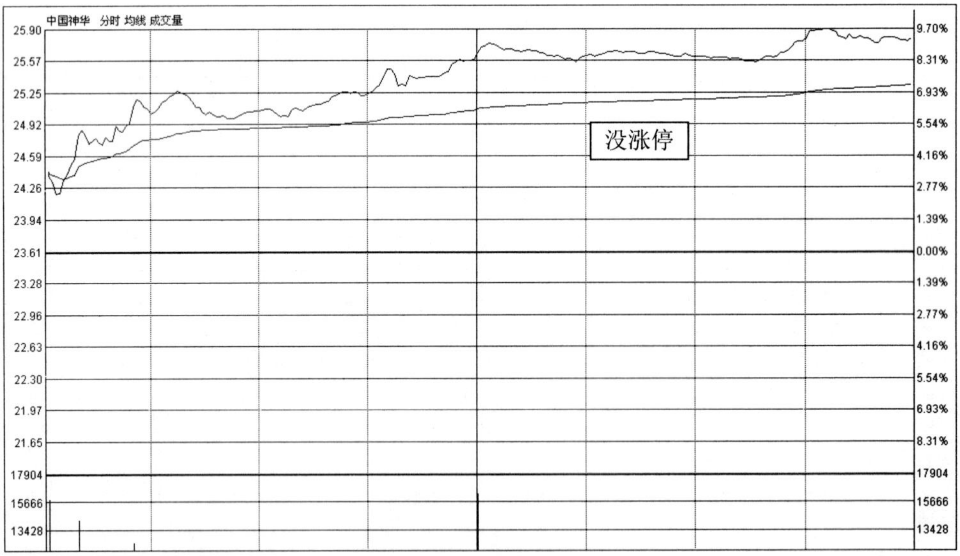

图 2—8—4 起涨时间—4

在图 2—8—3 中，开滦股份（600997）涨停的时间相对比较晚，在下午临近收盘的时候 14:05 涨停，在这 4 只煤炭股里涨停的时间排名第三。

在图 2—8—4 中，中国神华（601088）也出现了大幅上涨，但并没有收在涨停的位置。

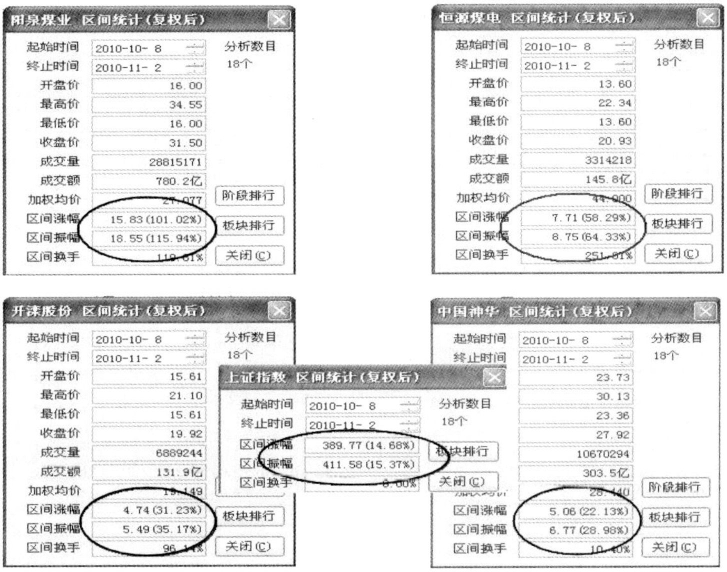

图 2—8—5 涨幅对比

在图 2—8—5 中，我们对比了 4 只股票 2010 年 10 月 8 日至 2010 年 11 月 2 日同一时间段的涨幅（18 个交易日），发现最早涨停的国阳新能（现名阳泉煤业）涨幅最大，涨幅为 101%；涨停时间第二的恒源煤电涨幅第二，涨幅为 58%；尾盘涨停的开滦股份，涨幅第三，涨幅为 31%；没有涨停的中国神华涨的最少，涨幅为 22%。这说明越早涨停的股票，越有可能成为龙头品种。而即便不是龙头，同期上证指数涨幅为 15%，做热点板块，收益也是要超过大盘的。

（2）龙头股的盘口极具攻击性。

龙头股的盘口气势极强且极具攻击性，在越来越多的股票数量中也只有这样才能够迅速地吸引眼球，吸引更多的关注与跟风盘。攻击性常表现为盘口的“扫盘”，即用一笔或几笔大买单连续吃掉委卖位置的挂单，或一笔单子一下子吃掉几笔委卖位置的挂单，如图 2—8—6 所示。

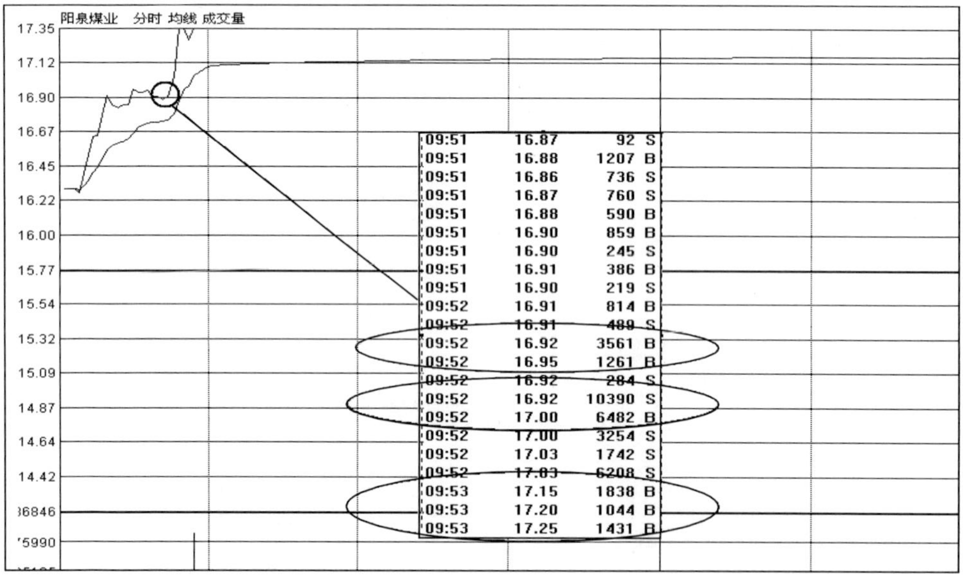

图 2—8—6 扫盘

在图 2—8—6 中，第一个圆圈里价格从 16.92 元直接涨到 16.95 元，第二个圆圈里价格从 16.92 元直接涨到 17.00 元，第三个圆圈里价格连续跳价，从 17.03 元涨到 17.15 元，再涨到 17.20 元，再涨到 17.25 元。主力横扫好几个价格的卖单，这就是盘口上的“扫盘”。

(3) 龙头股通常能带领大盘的快速上升。

因为龙头股在其同板块当中起到重要的风向标作用，在该板块极具领导力和号召力，并能起到带领和示范作用。所以，通常龙头股涨，该板块的大部分个股就涨。该板块的上涨又能带领整个市场，即大盘的快速上涨。如图 2—8—7 所示。

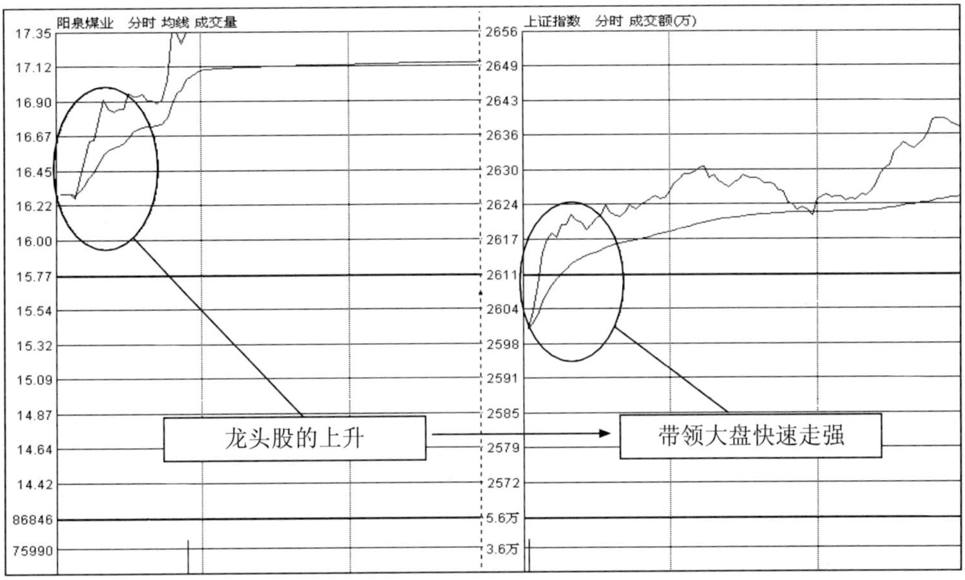

图 2—8—7 带领大盘

在图 2—8—7 中，阳泉煤业在上涨过程中起到了风向标的作用，在该股大幅拉升的过程中，也带领了大盘出现快速走强。

4. 龙头股的盘口操作

（1）盘中追涨。

通常龙头股都会以强势涨停的姿态确立本波行情在同板块中的地位，选择在盘中追涨龙头股是既有利也有弊的。有利的一面是能够买到价格相对不是很高，如果盘中冲击涨停，也很少出现买不进来的情况。缺点是没有冲击涨停之前，无法断定一定会上触涨停，如果不能触摸涨停的话，对同板块其他股票的刺激作用就会降低很多。所以我们如果盘中追龙头，一定要有良好的看盘功底。龙头股都有一种“独特的气质”，盘口极流畅且有霸气，同时率领同板块个股出现集体上涨而非单一地个体上涨。

当然，你追入的目的，就是希望能够在气势上，而非是在价格上占优，这就是所谓的重势不重价。强势封于涨停的走势是最好的走势。通常我们会在5%以上至10%之间进行追入，因为太小的涨幅很难吸引足够的注意力而成为龙头，只有价格已经在5%以上了才能确定某一波的市场上涨力度和气势，从而判断它成为龙头的概率。

买入的方法可参考个股盘口双线部分内容：当分时线出现比较流畅的上升时，回到均线附近拐头或当构筑了一个分时线高点之后，回调再上创新高为买点，如图2—8—8所示。

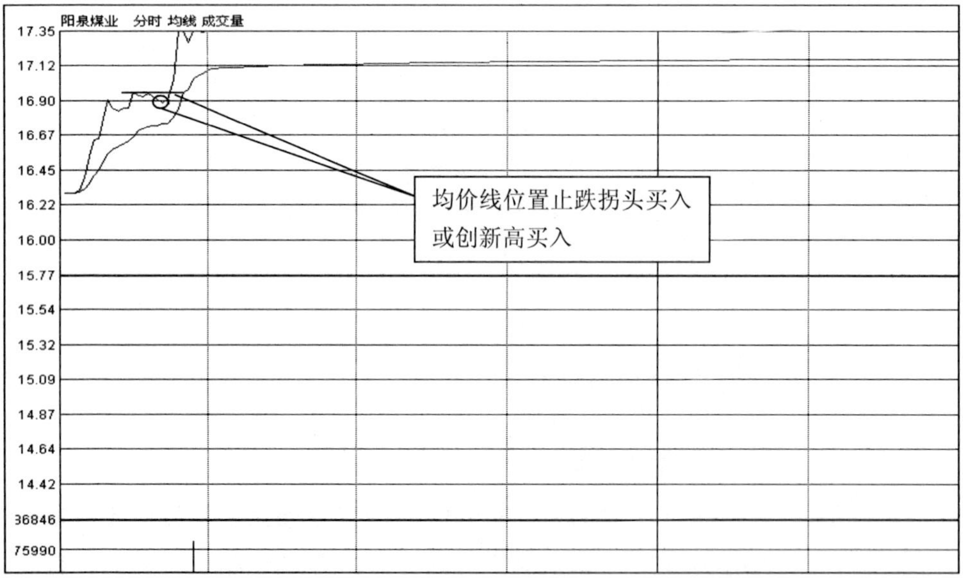

图2—8—8 盘中追涨

在图2—8—8中，盘中追涨龙头股，在体现了龙头气质分时线出现快速上涨后，回调能在均线位置止跌并再次向上拐头或刷新分时线的高点创新高时买入。

(2) 涨停买入。

涨停位置买入法是有很高的实战价值的，因为龙头股能否冲击涨停是能否成为龙头非常重要的因素，是最准确的攻击信号。盘中追涨买入法可以比涨停买入法买得更低，但是否能够成为龙头的不确定性也更大一些。而能在已经确定会冲击涨停位置的股票自然它成为龙头股的概率就会更大。如果你能在比较确立会冲至涨停之时把股票买进，这只股又是该板块集体上涨里的第一只冲涨停的个股，那么成为龙头股的概率就会相当大了。

弊端：如果在涨停位置买入，除非全天并不打开涨停板那算上手续费也是略亏的，因为是最高价格买入，一旦打开涨停板就会处于亏损状态。由于中国股市是 T+1 交易制度，即当天买入次日才能卖出，所以涨停位置买入的，或多或少当天都是亏损的。

优点：它能够降低是否能够成为龙头股的不确定性，有些股票即使盘中的上涨也带领同板块其他股票上涨，但未必敢于冲击涨停。这在随后的回落过程中，追涨时买入的损失也并不少，而且一旦没有形成龙头股，主力对该股的护盘意识就会差很多，后市持续上涨的能力也会降低。所以冲击涨停是最凶猛的做多手法，几乎每一只股票涨停背后都有规模资金运作。你买的股票涨停了，就代表主力的做多意愿很强，而在涨停的位置上买，就规避了买入之后会不会涨停的这种不确定性，牺牲了股价而换取了确定性。这一招在牛市里效果显著，熊市里则要慎用。

买涨停的盘口技术要求比较高：

（1）盘口具备龙头气质，带领其他股票上涨，涨幅已具一定幅度，即将冲击涨停。

（2）提前打开交易窗口，输入股票名称，输入涨停价格（交易窗口的右下角有该股当天的涨停价格），输入涨停价格能买入的股票数量（涨停价格可买量与市价交易可买量是不同的，通常输入价格后会自动显示出可买数量）。

（3）注意先不要点击确认，只是挂好单而已（如果点击确认了，因为挂的是最高价格，所以会直接按卖①的价格成交了）。

（4）观察冲击涨停的时候成交量的变化，通常在涨停位置上的卖单很大，当涨停价格变成卖①价格时，这个时候卖②及以上都没有价格显示，即说明只要这个价格变成买①就涨停了。不能等卖①价格全部消失再买进，按照时间优先的原则，如果已经涨停了，你需要排在同样涨停买入的但先于你的人后面，你可能买不进来了。所以，当涨停的价格变成卖①的价格，即最后一个卖出价格的时候，即可点击买入确定。如果卖①的挂单量很大，当出现卖①涨停位置的卖单明显减少（1/3 左右）时，即可点击买入确定。

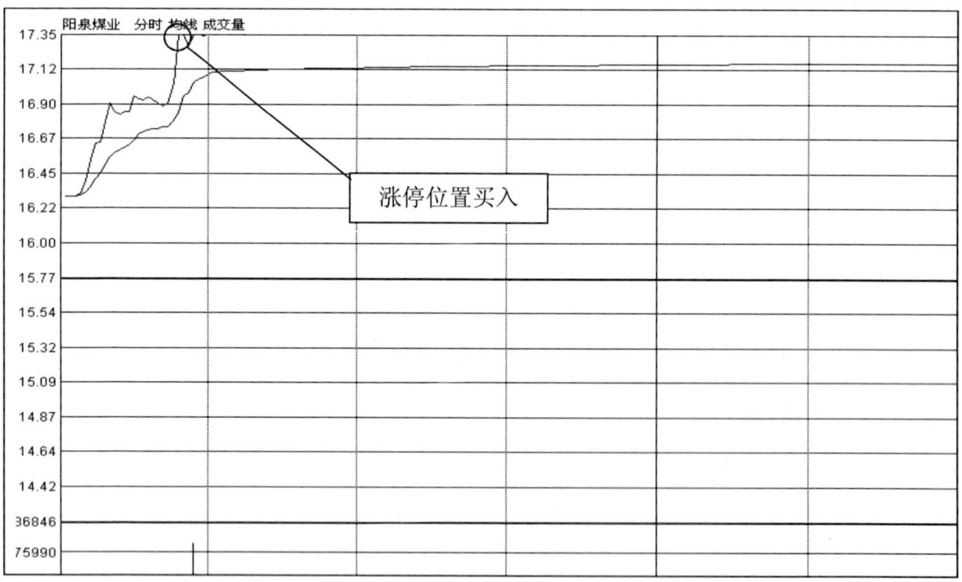

图 2—8—9 追涨停

在图 2—8—9 中，涨停位置追涨龙头股，其思想是牺牲股价来换取确定性，重势不重价，这个操作确定性很强，但难度也相对大一些。

操作龙头股是获利速度最快的，而且大部分龙头股在调整的时候也很抗跌。所以，龙头股其实是收益大而风险小的。问题是怎样才能买到龙头股，有些是“假龙头、一日游”，有些甚至当天即套。这已经不是一两句能够说清楚的了，需要一定的技术和看盘功底，还要有敏锐的市场感觉。但这些是可以通过专业化练习做到的，即便是悟性不高的投资者，练得久了，也会形成一定的市场感觉。

而即便没有做到龙头股，也要对龙头股进行重点观察，这样可以通过观察龙头股的动作，而判断其带领的整个板块的动作，再通过板块的动作判断整个市场的环境和方向，做到知一点而知全局。

因为龙头股具备遗传因素，对于各行业板块常出现的龙头股给大家列一下，供参考。

银行：600016 民生银行　600036 招商银行　600015 华夏银行

地产：000002 万科 A　000024 招商地产　600048 保利地产

有色：600259 广晟有色　000960 锡业股份　000878 云南铜业

煤炭：600348 阳泉煤业　600123 兰花科创　601699 潞安环能

钢铁：000898 鞍钢股份　601003 柳钢股份　600102 莱钢股份

电力：600021 上海电力　600011 华能国际　600795 国电电力

医药：000538 云南白药　600085 同仁堂　600511 国药股份

酒水：600519 贵州茅台　000858 五粮液　000869 张裕 A

农业：600598 北大荒　000998 隆平高科　600251 冠农股份

汽车：600104 上海汽车　000625 长安汽车　000800 一汽轿车

机械：600031 三一重工　000157 中联重科　000425 徐工科技

交通：601390 中国中铁　601111 中国国航　600020 中原高速

航运：601919 中国远洋　600026 中海发展　600717 天津港

证期：000776 广发证券　000996 中国中期　600030 中信证券

传媒：600088 中视传媒　　600373 中文传媒　　601999 出版传媒
科技：000503 海虹控股　　600536 中国软件　　600100 清华同方
化工：600028 中国石化　　600309 烟台万华　　000698 沈阳化工
航军：600151 航天机电　　600118 中国卫星　　000768 西飞国际
商业：600859 王府井　　600838 上海九百　　000882 华联股份

第 9 节 拉升前的盘口特征

在讲这一节的时候，我们需要先了解一个概念，不是所有的股票拉升前都有盘口特征的，这是个性与共性同存的市场。有些股票在拉升前，盘口一点儿特征都没有，比如说被突然的消息刺激的上涨，几乎没有一点儿盘口的迹象可循。即便不是消息刺激的，仍然会有盘中异常拔起的，而且并不在少数，没有盘口特征这让我们很难把握。但通过长时间对于拉升的个股之前的盘口反复观察和比较，还是能找到一部分在拉升前具备的盘口特征的。

1. 位置

拉升前的盘口通常会有一个横盘的“蓄势”过程，而横盘的位置是观察强弱的一个风向标。通常在昨日收盘价上方能够形成盘口上的横盘，那么多半不会是“横久必跌”，而是“横久必涨”；而如果是在昨日收盘价的下方就不一定了，所以横盘的位置是比较重要的。如图 2－9－1 和图 2－9－2 所示。

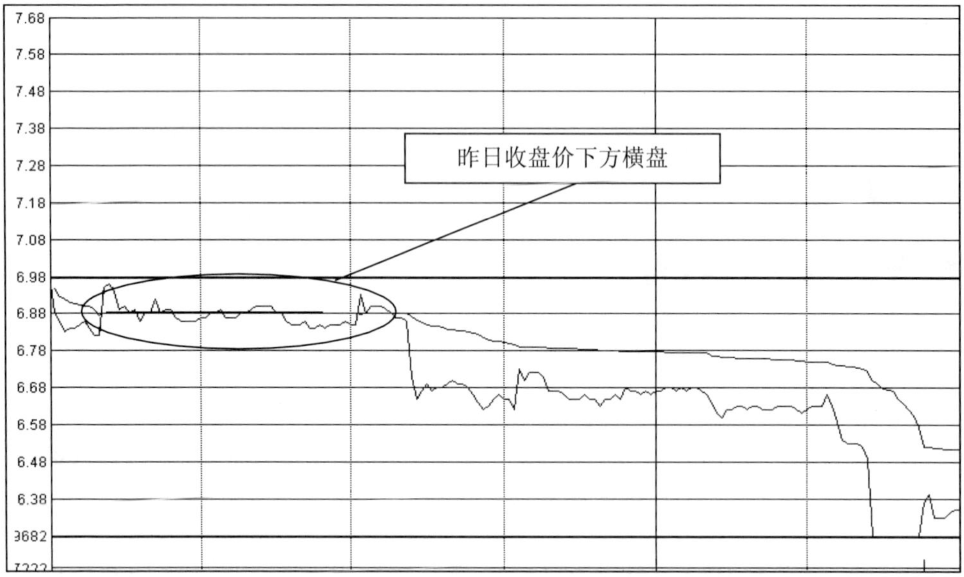

图 2—9—1　收盘价下方横盘

在图 2—9—1 中，该股早盘出现了一个小时左右的横盘，但横盘的位置是在昨日收盘价格（6.98 元）的下方，而拉升前的股票多在昨日收盘价格的上方横盘。所示结果亦显示是大幅下跌，收盘时几近跌停。

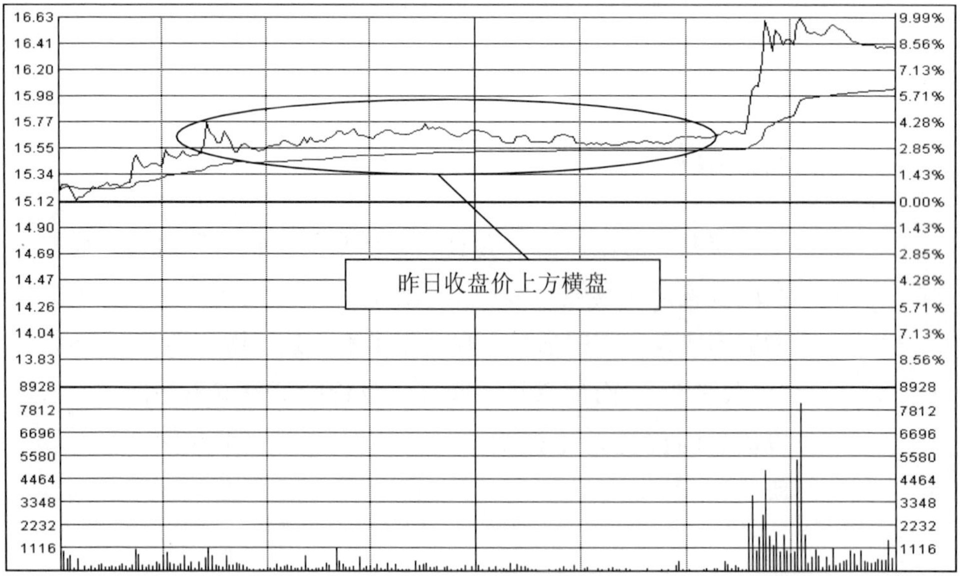

图 2—9—2　收盘价上方横盘

在图 2—9—2 中，该股出现的横盘阶段就是在昨日收盘价格（15.12 元）的上方，在收盘价上方横盘的股票要明显强一些。尾盘 40 分钟时大幅拉升，收涨近 9%。

2. 独立性

除了位置在收盘价格的上方横盘以外，个股盘口最好要有一定的独立性，比方说大盘在盘口的下跌期间，这只股票在其盘口上是明显抗跌的，即跟大盘盘口的同步性并不很强，具有明显的护盘特征。至少大盘在震荡盘下的时候，表现的比较抗跌；或在大盘急跌的时候跟随下跌，但能在反弹的时候快速拉回至横盘区域；大部分横盘股盘口表现都很独立，而有些股票跟大盘基本是同步的，这样的盘口攻击欲望就相对比较低，如图 2—9—3 所示。

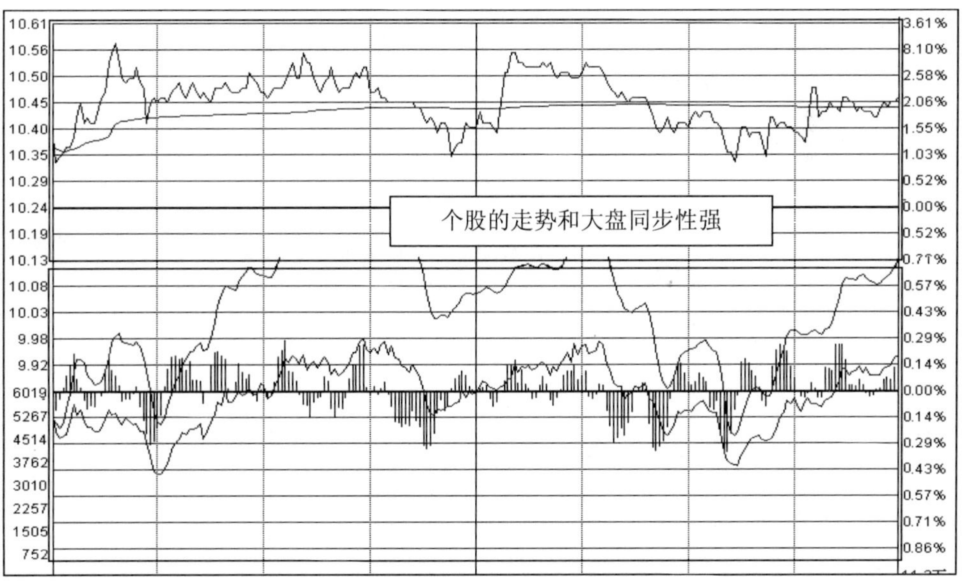

图 2—9—3　同步性强

在图 2—9—3 中，图上面是个股的盘口，下面是大盘的盘口。该股的分时线走势基本跟大盘当天的分时线走势基本一致，同步性很强，通常这样的个股缺少独立性，也就不会大幅拉升。

3. 委卖位置堆单

盘口的横盘其实和 K 线的横盘没什么不同，就是在同样的一个位置，上下反复震荡，形成箱体。箱体的顶沿就会因为反复冲击未果而形成委卖位置堆单，堆单并没什么不好，给人感觉好像上方卖压很重，但要想形成盘口的拉升，就需要一定的攻击力。而攻击力的展现得有“气势”，所以只有在委卖位置上堆积很多大单时才能衬托或表现出盘口的攻击力，如图 2—9—4 所示。

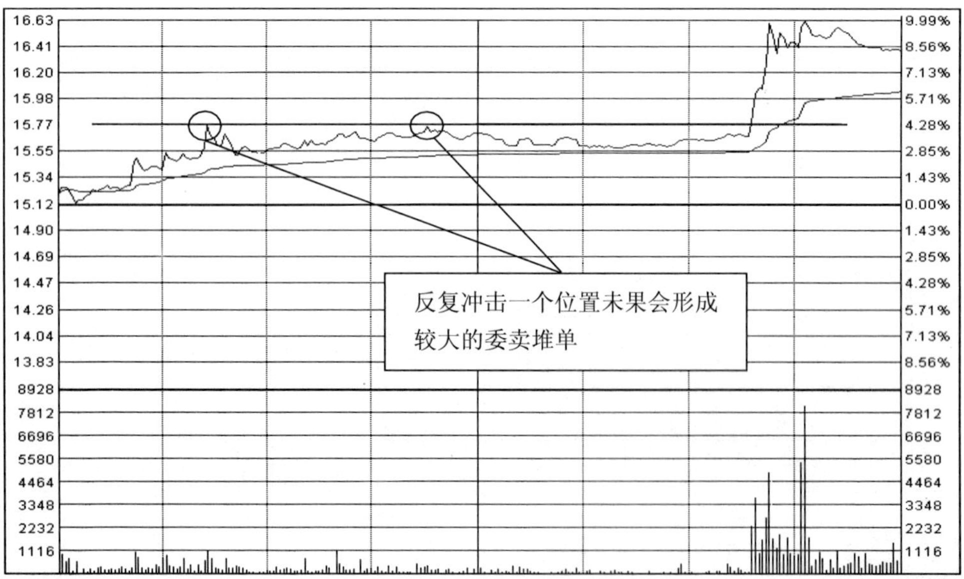

图 2—9—4 委卖堆单

在图 2—9—4 中，该股在分时线反复冲击 15.77 元附近，都出现了遇阻回落，这样在 15.77 元附近就会形成一个明显的阻力带，并同时伴有较大的委卖单，它们是多次攻击未果时堆积而成，叫做委卖堆单。

4. 阻力位放量

当市场几次冲击一个位置的时候就会形成委卖位置的堆单，由于冲高的次数越多，堆单量也就越大，多个盘口分时线高点就形成了一条明显的阻力带，放大量只是其中的一个条件，更重要的是放量的位置，只有在重要的明显阻力位置放大量才是启动信号，如图 2—9—5 所示。如果没有在重要位置放大量，不排除会一直横在这个位置，而不形成拉升，如图 2—9—6 所示。

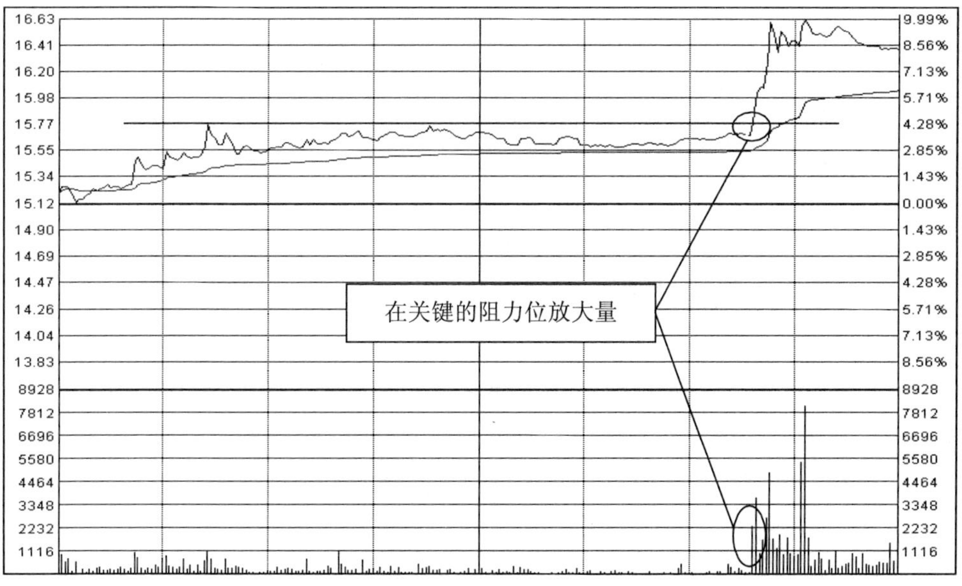

图 2—9—5　阻力位放量

在图 2—9—5 中，在关键的阻力位放大量，一举吃掉委卖堆单多为启动信号。放量是关键，放量的位置更是关键。

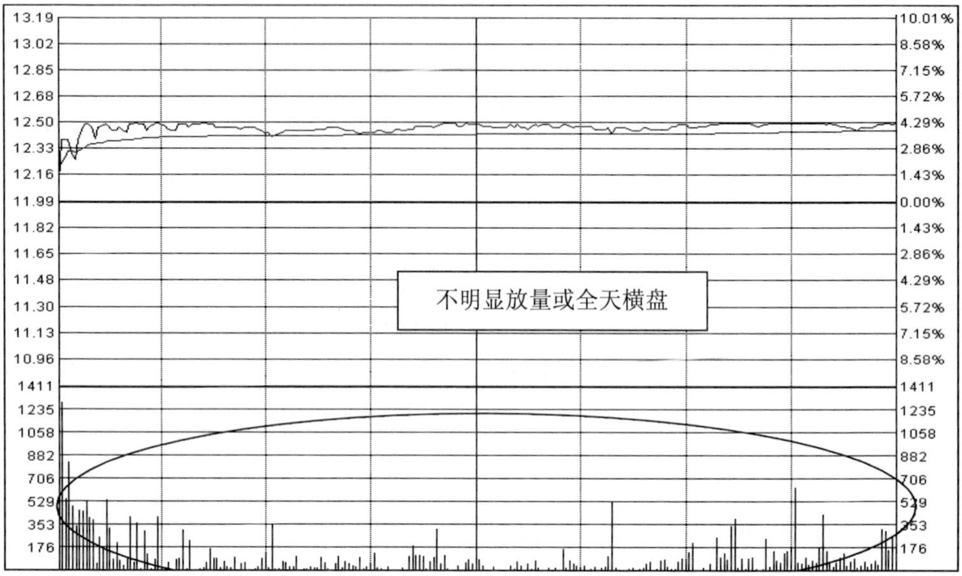

图 2—9—6　不放量

在图 2—9—6 中，该股全天横盘，没有明显的放量。如果并不出现阻力位明显放量，或放量的位置不在重要的阻力位，横盘并非一定会导致价格的上涨。

5. 大单成交

放大量的技巧也有很多，有的是连续多笔成交形成了一个密集成交群，这样的效果是不如单笔大单成交的。什么是单笔大单成交呢？就是单一的一次性成交的数量，这样我们可以计算出其使用的资金额。比方说价格 10 元的股票，单笔成交了 10000 手，10000 手＝1000000 股×10（元/股）＝1000 万元，即如果产生这笔成交需要 1000 万元的资金。这对于判定是否为主力就起到了很关键的作用，中小户拥有1000万资金的可能性不大，大户有这资金实力，却未必有在瞬间全部买进一只股票的勇气与魄力。所以单笔大单成交通常能够看出是否有主力资金在进行“操盘”，这也是场内所有关注于这只股票的投资者信心上的最大鼓励。如图2—9—7所示。

13:24	9.02	28 B	13:28	9.02	31 B	13:31	9.16	584 B
13:25	9.02	102 B	13:28	9.01	9 S	13:31	9.18	8418 B
13:25	9.01	2 S	13:29	9.01	6 B	13:31	9.17	406 S
13:25	9.02	12 B	13:29	9.01	35 B	13:31	9.19	619 B
13:25	9.01	30 S	13:29	9.01	3 B	13:32	9.19	872 B
13:25	9.01	55 S	13:29	9.03	1100 B	13:32	9.19	1919 B
13:25	9.02	2 B	13:29	9.01	1917 S	13:32	9.20	480 B
13:25	9.01	13 S	13:29	9.09	1900 B	13:32	9.21	181 B
13:25	9.01	5 S	13:29	9.09	3000 B	13:32	9.23	460 B
13:26	9.02	9 B	13:30	9.09	1120 B	13:32	9.22	832
13:26	9.01	91 S	13:30	9.09	3000 B	13:32	9.23	8203 B
13:26	9.02	5 B	13:30	9.09	2098 B	13:32	9.24	735 B
13:26	9.02	30 B	13:30	9.09	1321 B	13:32	9.24	580 S
13:26	9.01	55 S	13:30	9.08	276	13:32	9.25	1748 B
13:26	9.02	7 B	13:30	9.09	1148 B	13:32	9.26	502 S
13:26	9.02	20 B	13:30	9.09	216 B	13:32	9.26	1209 S
13:27	9.01	2 S	13:30	9.09	358 B	13:33	9.28	443 B
13:27	9.02	15 B	13:30	9.08	1876 S	13:33	9.32	978 B
13:27	9.02	7 B	13:30	9.09	2716 B	13:33	9.31	134 S
13:27	9.01	35 S	13:30	9.09	1292 B	13:33	9.34	576 B
13:27	9.01	5 S	13:31	9.11	1182 B	13:33	9.34	521 B
13:27	9.02	6 B	13:31	9.10	313 S	13:33	9.35	768 B
13:27	9.01	119 S	13:31	9.11	101 B	13:33	9.35	343 S
13:28	9.02	5 B	13:31	9.12	294 B	13:33	9.38	780 B
13:28	9.01	32 S	13:31	9.14	179 B	13:33	9.37	1564 S
13:28	9.02	65 B	13:31	9.14	115 B	13:33	9.38	634 B
13:28	9.01	12 B	13:31	9.15	701 B	13:33	9.38	1112 B

图2—9—7　单笔大单成交

在图2—9—7中，下午13:29在9.09元的价格连续出现了6笔买单共12000手，而在13:32出现了单笔8203手大单成交，虽然连续买入的总量超过了单笔成交量，但论气势，还是单笔大单成交更占优势，也更能激发场内投资者的做多热情。

当具备上述几项条件之后，个股的盘口就具备了拉升的特征，使用好它对于我们所关注的股票或热点品种判断其拉升还是有很大的帮助的。但盘口方法本身的问题在于你得关注某只股票，并看到了其出现的盘口位置、形态及特征。它并不具备普遍性，即我们需要寻找到这样的股票并不是一件容易的事，至少要翻看很多的个股盘口。

近年来，随着计算机在金融应用分析方面取得了巨大的发展进步，可以让“符合盘口拉升前条件”的个股会自动地跳出来供你选择，即盘口的预警功能，它能使分析的效率明显地提高。但计算机并不能解决所有的问题，我们的有些语言，计算机是无法进行智能识别的。但我还是希望能够在决策之前的工作，带有部分重复性质的统计计算工作，交由计算机来做。提高效率就是节省时间，有些股票在即将拉升前的进行确认时间很短，时间优先的交易原则足以凸显交易时间的珍贵。

第 10 节
拉升过程中的盘口特征

首先我要说明的是，第 9 节里讲述的内容通常是判断后市是否有拉升，而很多个股的拉升它并不是必须具备上述的这些条件的。有的开盘后马上进入到拉升状态，有的盘中“突然的”、“莫名其妙的”拉升，那么这些在拉升过程中的股票在盘口是否有迹象可循呢？本节的内容主要就是讲解拉升过程中的盘口特征。

1. 从盘口拉升到放量

在个股拉升过程中，正常情况下都会伴随成交量的有效放大（超跌反弹除外），其实这一点即便是在 K 线上也是这样的规律，因为随着股票成交数量的不断增加，投资者的眼球不可能关注所有的股票，而更多的会关注处于拉升过程中的股票，这也是为什么大多数人喜欢买涨不买跌的其中一个原因。

那么从因果的角度来解释：拉升是原因，放量是结果。如果一只股票涨幅比较大，成交量自然就会跟上来，买卖双方的参与热情也就会自然提升。而表现到盘口上，就有以下几方面的特征。

2. 个股盘口的现价线急升

白色线是个股盘口的现价线，在拉升过程中，白色线的角度极大，有的甚至接近于90°角的快速上升，如图2—10—1所示。

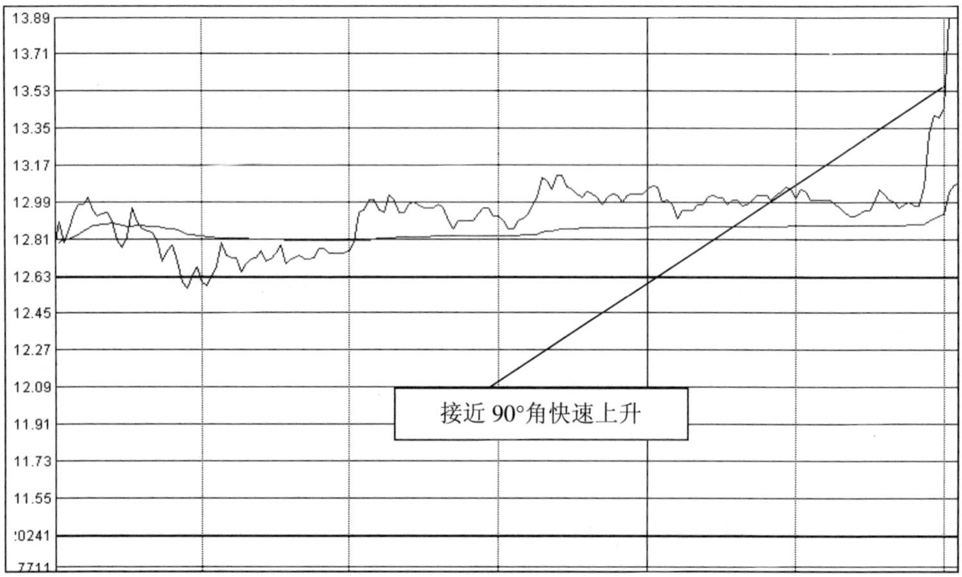

图2—10—1 现价线急升

在图2—10—1中，该股现价线（白色线）出现了近90°角的快速上升，收盘前达到涨停，短短几分钟就涨了快8个点。

3. 成交量明显大于挂单量

当个股处于拉升过程中的时候，成交量是会明显大于挂单量的。你看买①至买⑤和卖①至卖⑤挂单的量都不很大，但右下角每笔成交的成交量却相对很大。这是由于在价格的急升过程中，买卖双方都不愿意被动选择“限价挂单交易”，而是主动选择“市价即时交易”，如图 2—10—2 所示。

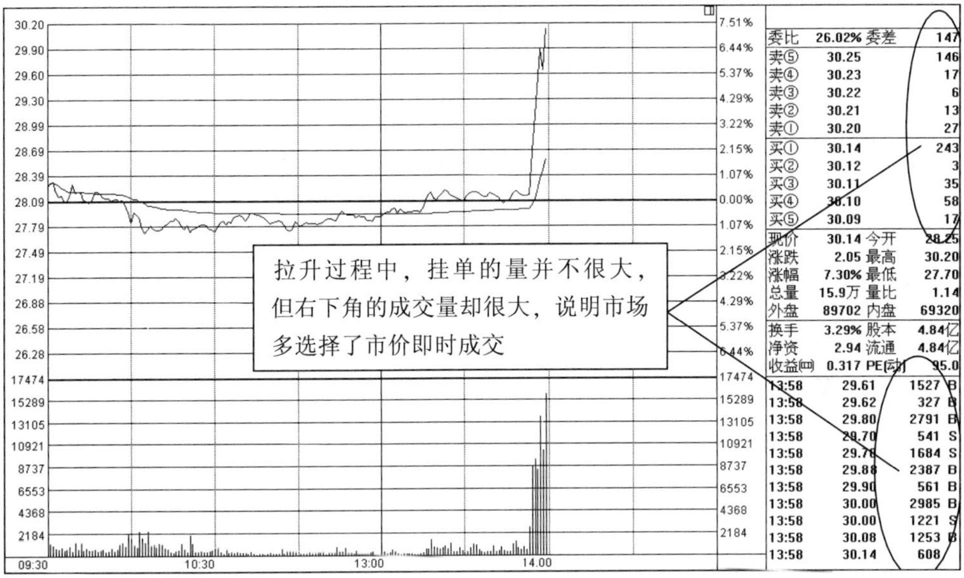

图 2—10—2　成交量大于挂单量

在图 2—10—2 中，该股在下午近 14:00 时出现了拉升，现价线（白色线）以极快的速度向上井喷，我们看右上角的挂单量，最多一手才不到几百手，而右下角的成交量都是几千手的大单，说明市场在拉升的时候，因为价格变动太快，买卖双方都不选择“限价挂单交易”，而是选择“市价即时交易”。

4. 单笔大单成交不断出现

在一波拉升的过程中，单笔的大单成交会每隔几笔就出现一次，如果从单笔的大单数量上来看，能够不断地刷新纪录就更好了。我们可以从盘口上看出来这个数值的变化以及持续情况，从而感受到拉升是否还能继续，而且也能够感受到拉升是否出现了衰竭，如图 2—10—3 所示。

时间	价格	现量		时间	价格	现量		时间	价格	现量	
13:52	12.98	10 S	1	13:54	12.96	8 B	1	13:56	13.20	206 B	11
13:52	12.96	49 S	3	13:54	12.95	10 S	1	13:56	13.20	487 B	8
13:52	12.99	35 B	6	13:54	12.95	21 S	3	13:56	13.20	703 B	66
13:52	12.99	63 S	1	13:54	12.95	119 S	5	13:56	13.23	86 B	10
13:52	13.00	5 B	1	13:54	12.96	5	1	13:56	13.26	428 B	44
13:52	12.99	10 S	4	13:54	12.95	39 S	3	13:56	13.27	88 B	8
13:52	12.99	48 S	4	13:54	12.97	10 B	1	13:56	13.27	30 B	4
13:52	12.99	10 S	1	13:54	12.97	82 B	5	13:56	13.27	65 B	5
13:52	12.99	2 S	1	13:55	12.97	10 S	1	13:56	13.31	918 B	70
13:52	13.00	34 B	5	13:55	12.96	15 S	2	13:56	13.32	53 B	6
13:52	12.99	10 B	1	13:55	12.97	10 S	1	13:56	13.33	24 B	5
13:53	12.97	25 S	2	13:55	12.99	119 B	12	13:56	13.32	57	11
13:53	12.97	15 S	4	13:55	13.00	203 B	17	13:57	13.38	153 B	24
13:53	12.99	1 B	1	13:55	13.00	6 S	2	13:57	13.35	694 S	40
13:53	12.97	111 S	7	13:55	13.01	321 B	9	13:57	13.36	40 S	8
13:53	12.97	16 S	1	13:55	13.02	12 S	1	13:57	13.36	60 S	9
13:53	12.97	8 S	1	13:55	13.05	116 B	20	13:57	13.40	187 B	7
13:53	12.97	35 S	3	13:55	13.06	300 B	25	13:57	13.43	21 B	7
13:53	12.97	130 B	2	13:56	13.10	523 B	42	13:57	13.45	459 B	25
13:53	12.97	2 B	1	13:56	13.10	20 B	3	13:57	13.41	64 S	7
13:54	12.96	27 S	4	13:56	13.10	20 B	2	13:57	13.41	109 S	15
13:54	12.96	3 S	1	13:56	13.10	232 B	13	13:57	13.44	65 B	9
13:54	12.96	5 S	1	13:56	13.19	1676 B	126	13:57	13.41	742 S	84
13:54	12.97	5 B	1	13:56	13.19	1 B	1	13:57	13.45	146 B	17
13:54	12.97	30 B	2	13:56	13.19	45 B	8	13:57	13.48	163 B	23
13:54	12.96	3 S	2	13:56	13.16	92 S	22	13:57	13.40	99 S	15

图 2—10—3 单笔大单不断出现

在图 2—10—3 中，13:56 之前该股的成交比较小，虽然偶尔也有过百的大单出来，但总的来讲都是以几十手为多数，13:56 之后市场进入到拉升的过程中，不断地有大单出现，代表上升还在继续，直到大单不再出现，上升才会告一段落。

5. 盘中被扫盘出现价格跳空

个股在拉升过程中是处于兴奋状态的，该股的参与者也都处于兴奋中，所以往往会遇到价格的跳空，即参与者不惜用更高的价格买入，导致盘口多个卖出价格被横扫，出现小范围内的价格扫盘（在真正的拉升过程中，因为交投比较活跃，很难出现大范围扫盘）。扫盘一定不只是一笔单子扫，之后会有后续的大单跟上，如果出现价格被扫的范围比较大，而且没有后续，那么通常价格会以回落来弥补盘口上的价格因扫盘而出现的真空阶段，如图 2—10—4 和图 2—10—5 所示。

时间	价格	现量	时间	价格	现量	时间	价格	现量
13:59	6.56	40 S	14:06	6.56	16 S	14:11	6.59	491 B
13:59	6.56	13 S	14:06	6.57	15 B	14:11	6.68	8614 B
14:00	6.56	8 S	14:07	6.56	62 S	14:11	6.68	54 S
14:00	6.56	10 S	14:07	6.56	23 S	14:12	6.60	20 S
14:00	6.56	67 S	14:08	6.57	500 B	14:12	6.60	10 S
14:00	6.57	60 B	14:08	6.57	98 B	14:12	6.64	17 S
14:00	6.56	114 S	14:08	6.57	2 S	14:12	6.64	73 B
14:00	6.56	80 S	14:08	6.57	50 S	14:12	6.68	103 B
14:01	6.56	20 S	14:08	6.57	23 S	14:12	6.67	794 B
14:01	6.57	37 B	14:09	6.57	20 S	14:12	6.68	114 B
14:01	6.57	23 B	14:09	6.58	100 B	14:12	6.69	72
14:01	6.57	12 B	14:09	6.57	20 S	14:12	6.68	179 S
14:02	6.57	69 B	14:09	6.57	63 S	14:12	6.68	532 S
14:02	6.57	10 S	14:09	6.57	239 S	14:12	6.69	87
14:02	6.57	5 S	14:09	6.57	48 B	14:13	6.68	476 S
14:03	6.57	2 S	14:09	6.57	5 S	14:13	6.68	670 B
14:03	6.57	35 S	14:10	6.57	5 S	14:13	6.69	69 B
14:04	6.57	10 S	14:10	6.58	36 B	14:13	6.68	404 S
14:04	6.57	8 S	14:10	6.57	115 S	14:13	6.68	161 S
14:04	6.57	10 S	14:10	6.57	5 S	14:13	6.68	526 S
14:04	6.57	2 S	14:10	6.57	22 S	14:13	6.68	66 S
14:05	6.57	13 B	14:10	6.57	210 S	14:13	6.68	455 S
14:05	6.57	45 S	14:10	6.58	173 B	14:13	6.69	408 B
14:05	6.57	2 S	14:10	6.57	284 S	14:13	6.70	770 B

图 2—10—4　扫盘跟量

时间	价格	现量		时间	价格	现量		时间	价格	现量	
10:28	11.85	29 S	3	10:32	12.14	2 B	1	10:37	12.07	5 B	1
10:28	12.15	8 B	1	10:32	12.14	4 B	2	10:38	12.07	5 B	1
10:28	12.25	1756 B	12	10:32	12.12	1 S	1	10:38	12.07	5 B	1
10:28	11.86	20 S	2	10:32	12.10	6 S	1	10:38	12.07	7 B	1
10:28	12.15	4 B	1	10:32	12.10	4 B	1	10:38	12.08	14 B	2
10:28	12.15	22 B	4	10:32	12.10	59 B	3	10:39	12.08	4 S	1
10:28	12.15	5 S	1	10:32	12.08	1 S	1	10:39	12.07	10 S	1
10:29	12.15	13 S	2	10:32	12.08	36 S	3	10:39	12.06	3 S	2
10:29	12.15	5 S	1	10:32	12.08	2 S	2	10:40	12.06	10 S	1
10:29	12.15	14 S	4	10:32	12.08	1 S	1	10:40	12.07	1 B	1
10:29	12.15	23 S	5	10:32	12.08	1 B	1	10:40	12.07	7 B	1
10:29	12.15	19 B	3	10:33	12.08	18 B	1	10:40	12.07	10 B	1
10:29	12.15	17 B	2	10:33	12.04	20 S	6	10:40	12.07	5 B	1
10:29	12.15	20 B	2	10:33	12.04	30 B	1	10:40	12.06	5 S	1
10:29	12.14	5 B	1	10:33	12.04	14 B	2	10:41	12.07	1 B	1
10:29	12.14	26 B	5	10:34	12.04	8 B	1	10:41	12.07	26 B	2
10:30	12.14	1 B	1	10:34	12.05	2 B	1	10:42	12.07	24 S	3
10:30	12.10	17 S	1	10:34	12.08	6 B	1	10:43	12.07	18 S	1
10:30	12.10	10 S	1	10:35	12.09	5 B	1	10:43	12.06	40 S	2
10:30	12.10	10 S	1	10:35	12.09	5 S	1	10:43	12.07	6 B	2
10:30	12.10	70 S	4	10:35	12.09	20 B	1	10:43	12.06	23 S	3
10:30	12.01	7 B	1	10:35	12.08	24 S	1	10:43	12.06	10 S	2
10:30	12.00	14 S	4	10:35	12.08	1 B	1	10:44	12.07	1 B	1
10:30	12.10	13 B	4	10:36	12.05	5 S	1	10:44	12.07	5 B	1
10:30	12.10	2 B	1	10:36	12.08	15 B	1	10:44	12.07	3 B	2
10:31	12.10	5 B	1	10:36	12.09	18 B	1	10:45	12.08	2 B	1

图 2—10—5　单笔扫盘

在图 2—10—4 中，该股在 14:11 出现了 8614 手单笔大单成交，并把价格从 6.59 元打至 6.68 元，随后又出现多次大单买入(B 盘)，价格才能够得以持续。扫盘的关键是要有后续的跟量。

在图 2—10—5 中，该股在 10:28 出现了一笔 1756 手的大单买入，并把股价从 12.15 元打至 12.25 元，但扫盘大单出现后，市场并没有出现随后的跟量，大单成了"孤家寡人"，通常这样价格无法得以持续上升，逐步回落至 12.10 元附近，弥补盘口上的价格因扫盘而出现的真空阶段。

以上这些内容是拉升过程中的一些主要盘口特征，拉升是最让人兴奋的价格上升的过程，通过对拉升过程中盘口的理解和学习，有助于我们判断拉升处于什么样的状态，而尽量减少在拉升阶段过早卖出，充分把握拉升的过程中带来的价格收获。

下面我们再来介绍一下拉升末期的盘口特征。

第 11 节 拉升末期的盘口特征

如果个股在盘口出现了一波拉升，并且有明显的拉升末期的盘口特征，通常是盘口的一个相对高点。这对于短线已经确定想卖出的投资者来讲，无疑是个很好的盘口卖点。这些虽然都是个股盘口的一些小细节，但我们仍看到有很多的投资者在拉升的过程中卖早了很多，白白地浪费了最强的一波上升，而一波强而有力的几分钟盘口拉升，往往是几个交易日价格变动所不能实现的价格上涨幅度。所以怎样卖在盘口拉升的末期，这几乎是股票交易一种最基础的对交易细节的掌握，就像篮球不能用脚踢球、足球不能用手碰球的规则一样，是个股盘口上最基础的知识了。

1. 如何卖在分时线的某单一波拉升的最高点

首先我要做出说明的是，卖在分时线的某一波拉升的最高点的方法，其实只是适用于你的这只个股出现了盘口的拉升，并且已经决定在这一波的拉升最高点卖掉股票。因为有的个股在出现拉升后出现回调，一波回调之后还会有新的拉升，创出新的高点。有的则没有后续的拉升，那么用这个方法，是能卖在这一波拉升的最高点附近，但无法确定这之后是否还有一波新的上升比这波拉升形成的高点更高。所以这样做的前提是，你已经决定在这一波的拉升中确定卖出，不论后面是否还有新的上升比这波更强。

这里我要重新引用盘口的上升速度这个概念。速度：顾名思义从物理学角度的解释是单位时间里移动的距离，在盘口方面则为单位时间里变化的价格。那么我们如果要研究盘口速度，就一定要先解决单位时间的问题，分时盘口是以一分钟作为最小变化单位的，所以我们就以一分钟为单位时间来观察盘口的上升速度。

你可以去查一下你的个股每一分钟都会成交多少笔，然后用这个数值可以判断这一分钟究竟是刚开始，还是快结束了。当然你也可以在分时盘口下，按 F1 键，调出分笔成交明细，来观察细节。我并不建议这样做，因为打开分笔成交明细窗口会覆盖分时盘口，影响你直观地对于价格走势的分析与判断（包括电脑右下角双击时间之后也会出现带有“秒”的时间小窗口，除了覆盖分时盘口走势以外，还会影响切换的时间）。我建议大家在办公桌上或一眼能够望到的墙上备一个带有“秒针”的表或钟。

先观察你自己的股票，在你桌上或对面墙上的时间 1 分钟里的第几秒你的股票价格由前一分钟变动到新的一分钟了，这样你可以找到一个你的股票价格变动在你自己时间里的临界点。比方说自己的时间是在第 46 秒的时候，股价从之前的一分钟变成新的一分钟，你就知道自己时间的第 46 秒是临界点，每快到第 46 秒的时候，就知道分时线里的 1 分钟价格最后成交价要形成了。这样你并不需要每次去把自己的时间调整成跟交易同步的时间，而有一个大概的价格在什么时间即将形成 1 分钟收盘价（误差在 3 秒以内），如图 2—11—1 所示。

14:29	8.86	230	S
14:29	8.86	973	S
14:29	8.86	253	S
14:29	8.86	127	S
14:29	8.86	20	S
14:30	8.87	75	B
14:30	8.86	10	S
14:30	8.86	270	S
14:30	8.87	197	B
14:30	8.86	220	S
14:30	8.86	2	S
14:30	8.87	350	B
14:30	8.86	27	S
14:31	8.87	8	B
14:31	8.87	54	B
14:31	8.86	200	S
14:31	8.87	112	B
14:31	8.86	110	S
14:32	8.87	274	B
14:32	8.87	508	B
14:32	8.87	337	B
14:32	8.87	122	B
14:32	8.86	250	S
14:32	8.87	18	B
14:32	8.86	2	S
14:33	8.87	49	B
14:33	8.86	376	S
14:33	8.86	200	S

图 2—11—1　单位时间

在图 2—11—1 中，准备了一个带有秒针的表或钟放在能够容易看得见的地方，观察你的股票价格在你的表或钟上的哪一秒钟变到下一分钟。如图中右侧部分，比方说在秒针走到第 46 秒的时候（可以是任意位置），你的股票价格变到下一分钟了，那么今天每当秒针在其走到接近第 46 秒的时候，你就会知道价格要形成 1 分钟收盘价了，这对于我们研究“单位时间”价格的变化很有意义。

有了这样一个带有秒针的表或钟，你就可以不用数分时成交了几笔，也不用看分笔成交明细了，就能直接了解和判断“单位时间”的上升速度。因为你如果没有这个应用，那么你在盘口上很有可能出现以偏概全，你不知道最新的成交价格是否是“单位时间”的最后价格或接近最后价格（有的是在一分钟前些时候下跌，可又在一分钟后面的时间里又出现了明显的上涨）。

解决了单位时间的问题之后，我们就可以观察价格变化的方向和速度了，这里边必须先解决单位时间的量化问题，这很重要。因为如果我们只看分笔成交，你会发现有很多时候价格在上涨过程中也有出现小幅回落的时候，而研究单位时间就是来看一个价格平均的运行方向和速度。

在分时线里调出十字光标（前面讲过），在左上角有一个时间，按键盘上的“←”、“→”箭头，来看每一分钟价格向上运行的速度和变化，而确定是否临近最后一分钟，这一切都是为了进行速度的对比。

当上升在单位时间里呈现价格不断增长的情况，其方向就是明显的上升，你应该继续持股，因为你无法判断这个上升是否结束或即将结束。只有出现我在《数字化定量分析》一书第一章第7节里面所说的：123456787现象，出现转向确定高点后卖出。你可以用我在《数字化定量分析》书里所写的方法，而这本书里面介绍了一个更简单和直观的“1分钟K线卖出法”（按热键“91”“回车”调出1分钟K线，或右键调出1分钟K线过程可参考图片1—3—2）。

当你的股票出现一波快速的拉升，已经决定在这波拉升里卖出，迅速切换到1分钟K线，并同时做好卖出准备，拉升阶段市场出现快速上涨，1分钟K线出现连续的较大阳线，当确定出现阴线的时候第一时间卖出，这样基本可以确保你卖在这一波上升的次高点，因为阴线是有小幅下跌的，所以不是最高点，属于盘口的右侧交易（这个第一时间，并非是指毫无准备的快速敲盘，你速度再快，实盘交易中挂单的必须步骤也需要时间，所以要先挂好单子。至于怎么挂单，后面再详细讲）。如图2—11—2所示。

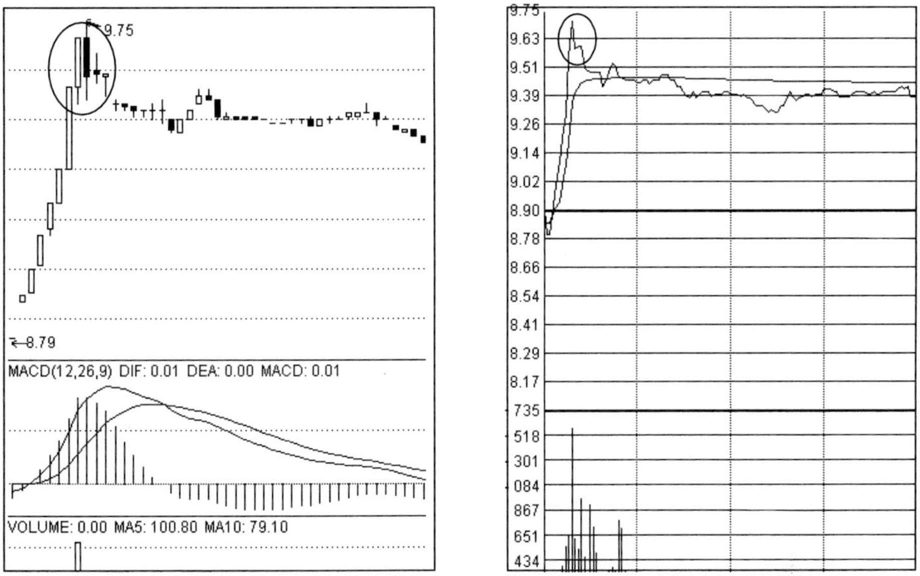

图 2—11—2 次高

在图 2—11—2 中，左边部分 1 分钟 K 线的表现形式是用上升的红色 K 线变成下跌的绿色 K 线，只要是连续的红色就一直持有，直到绿色出现，当你看见绿色出现的时候，肯定卖不到最高价了，所以是次高点。右边部分在个股的分时盘口，你只要发现市场转折，由连续的上升开始转向下跌，就代表市场已经出现这波上涨结束，同样也只能是次高点。这种交易方式属于右侧交易，即卖不到最高价格，必须等最高价格出现之后，在其右侧进行交易。

同样在 1 分钟 K 线上，而当上升在没有出现转向之前，却出现了明显的上升速度的减弱，动能衰竭的情况，你也可以选择左侧交易，这样你甚至可以卖在这一波上升的最高点。打个比方，当个股盘口连续每分钟以 8 分钱左右的价格上升的时候，当突然从每分钟上涨 8 分钱，变为仍在上涨但最近的一分钟只涨了 1 分或 2 分钱。则为盘口的明显滞涨，可选择左侧交易不等构筑高点回落提前卖出，如图 2—11—3 所示。

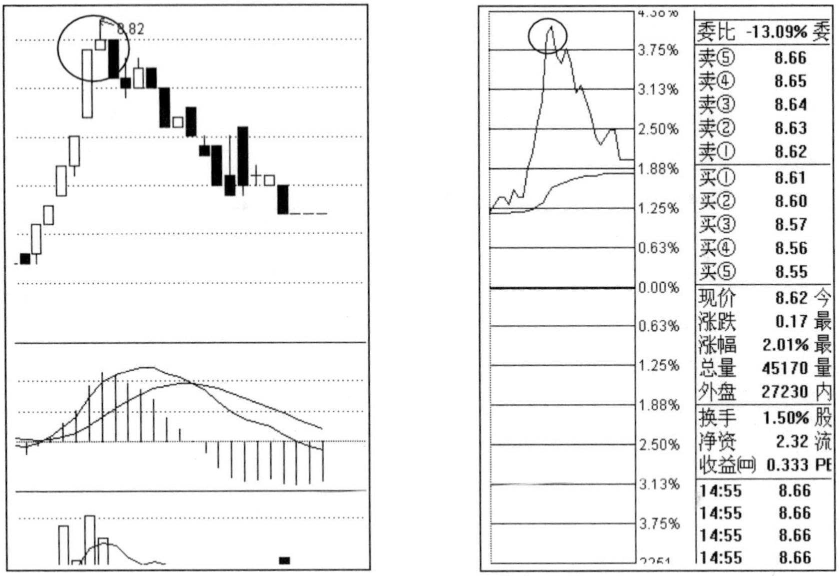

图 2—11—3 最高

在图 2—11—3 中，图左边部分 1 分钟 K 线的表现形式是上升的红色 K 线出现了明显的单位时间涨幅的下降，最新的 1 分钟上涨幅度对比其之前的 1 分钟平均上涨幅度虽然都还是上涨的，但涨幅下降得很明显，即出现了明显的速度差异。滞涨是上升衰竭的一种表现形式，随后将发生转向，代表这个阶段上升将结束，可左侧交易（并不需要在 1 分钟 K 线上等到阴线后再进行右侧交易）。右边部分分时盘口的表现形式是，你只要发现市场改变了分时线上升的速度，就好像一个人在微微点头行礼一样，虽然还是上涨的，但出现了明显的降速，即将形成高点，这个阶段上升将结束，不必等最高价格已经出现，即可逢高左侧进行卖出。

2. 如何卖在分时线的一个上升波段相对的高点

一个阶段上升并不是指某一波上升，而是一个波段性的上升，我们能够看到的是个股在盘口上出现拉升的图形之后其市场人气被大大地激发，形成一种极强的攻击态势，那么这往往并不是一波上升就能结束的，而是存在一个阶段上升，在盘口上这样的阶段性上升有什么迹象和特征呢？

通过长时间的观察，我发现如果分时盘口一旦进入到攻击态势里的阶段性的上升，白色的现价线经常呈现出高低点交替创新高的走势。即在拉升的过程中，难免会出现回调，但就像前文提到的，通常回调并不跌破均价线，然后会再次向上。如果创了新高，就是高低点交替创新高。假如在某一次的回调之后，价格并没有再创新高，而是形成了略低于分时线前高点的次高点（类似于盘口的双头形态，左边比右边略高）。这通常会是这个阶段上升的终点，后面即便再有上升，多需要大盘的配合或一个长时间的休整之后了。如图2—11—4 所示。

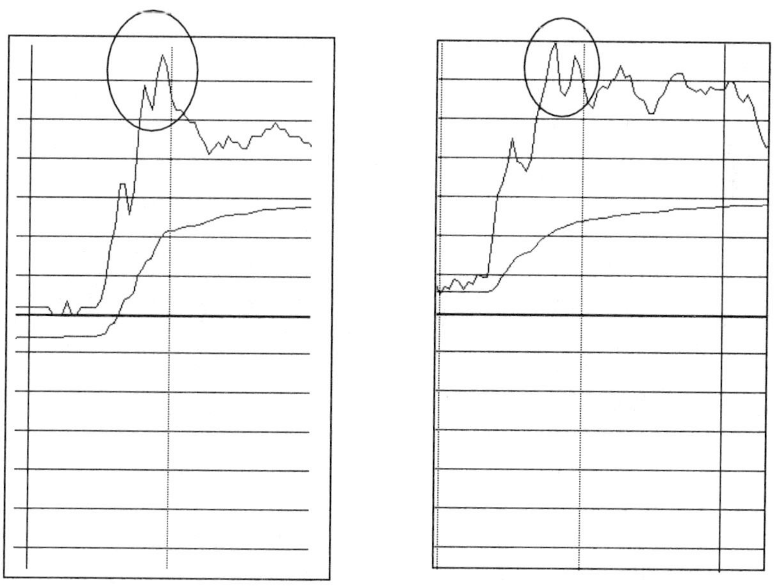

图 2—11—4　双头形态

在图 2—11—4 中，图左边部分和右边部分都是双头，但左边部分的双头是左低右高，那么你并不能确定上涨已经结束（因上升趋势就是高点不断上移）；右边部分的双头是左高右低，代表冲击前期高点乏力，气势上有明显欠缺，多为波段上涨结束。

在量能的变化上，判断能否在分时线创新高，也有比较明显的参考价值。如果回调之后再次上升，在冲击前一波高点的过程中，成交量只要明显地多于刚才构筑高点时所形成的盘口成交量，才能形成有效突破。假如在成交量上相差比较远，即便创了新高也很难维持得住。所以我们可以根据成交量在盘口上的细微变化来预判我们对于是否会形成上面提到的略低于前高点的次高点之双头形态。图 2—11—5 所示。

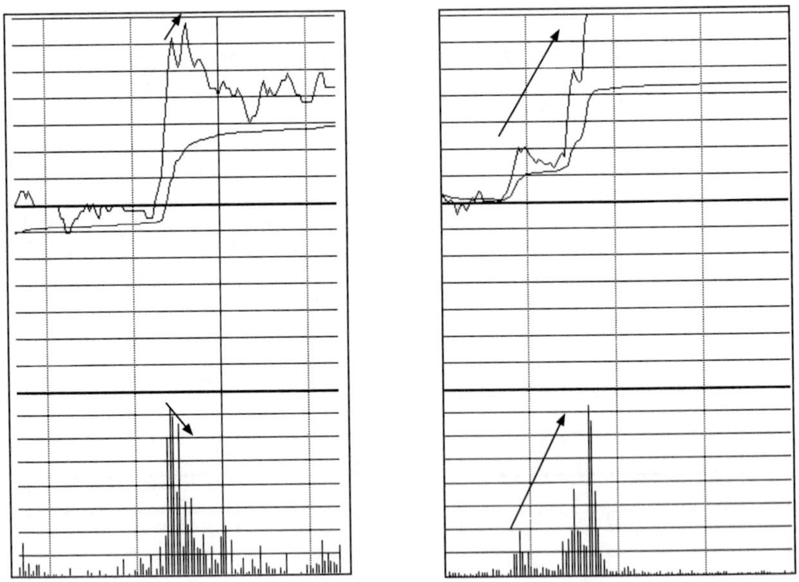

图 2—11—5 双头成交量

在图 2—11—5 中，即便是左低右高的双头，如果你发现盘口刷新高点形成新高的时候成交量没有之前高点的成交量更大，而是明显的减少，跟价格成背离情况，多为波段上升结束。右边部分是持续拉升的个股走势，价格的上升是和成交量呈相同方向，即价升量增。

3. 挂单技巧

当你确定了要在拉升的过程中卖出的情况下，要学习一些即时盘中的挂单技巧，其实前文里已说了，分时盘口在挂单上抢时间是很重要的，因为盘口的瞬间变化太快了。根据时间优先原理，尽量要提前挂好单，以待出现信号后抢“第一时间”。

对于拉升过程中，挂单技巧则显得更重要。因为拉升过程中的价格变化更快，你想卖出，而买方的委买数量是有限的，谁先卖到构筑顶瞬间的委买单，谁就能卖到最高点。而一旦你在挂单的时间上比别人慢，那么成交的概率就会低。而且你需要撤单重新挂单，这样所消耗的时间足以距离最高点相差好几个价位。

那么在拉升过程中卖出的挂单技巧，可依照顺序分为：

（1）先要分析自己手中的卖出数量是否比买①位置上平均出现的委买数量大很多。买①的位置是很多人委买的，而你卖出数量是你一个人的，也就是绝大多数人的卖出数量会小于买①位置上挂单的委托买入的数量。但你要是卖量过大，就要考虑即时盘中的盘口承接力的问题。通常以 2 倍为分界线，假如买①位置上是 1000 手左右，你要卖的股票数量为 500 手以内，这个问题还不大，因为在拉升的过程中，很多人是选择即时交易而非挂单交易，所以真实的买入数量大于买①位置上显示的数量。而且即便不能完全卖到买①位置，买②、买③位置也基本能够消化你的卖量，你可以不用太考虑挂多少量的问题。而如果你的卖量实在太大，就要考虑挂多少量和挂什么价格了。

（2）挂什么价格？我们为了抢盘口委托的时间是要在盘口上进行提前挂单的，挂单的时候需要输入股票代码、卖出价格和卖出数量。如果卖量比较小，你无需考虑卖量而且你的卖出价格也并不需要总是换做最新的市场价格，比方说你挂 10.00 元卖出，而现价已经涨到了 10.20 元了，你没必要把 10.00 元改成 10.20 元。因为你的量不是很大只要挂的价格低于委托买入的买①价格，你挂什么价格都不重要，因为最终是会以买①价格附近成交的。所以为了节省时间，这个挂价可以比现价低很多而不需要进行价格修改。

（3）如果卖量比较大，你卖出的价格就要进行适时修改，因为毕竟要考虑到盘口的承受力问题，要不断上移挂单价格，可以移至买①价格的下面三个价格左右。卖量特别大的时候，也要考虑分笔卖出，而不是一次卖出。

讲到这里，个股盘口的大部分内容已经讲完了。在本章最后一节里，给大家介绍一些个股盘口出现过的经典案例。

第 12 节 异常个股盘口相关案例

1. 频繁申报撤单，操纵盘口价格

案例 1：莫某某 9 日内操纵 7 只股票案

(1) 集合竞价"蓄势"。

"莫先生这个人非常聪明，也非常专业，在证券市场上做了很多年。"一位接近莫某某的人士说。证监会公布的《行政处罚决定书》显示，最终认定莫某某 9 日内操纵 7 只股票，构成"操纵市场行为"。

一位接近该案调查组的人士介绍，与此前的周某某案等不同的是，莫进行操纵不是集中在某个时间段，而是"全天候"进行，集合竞价、连续竞价、盘中、盘尾均有操作，甚至各时段互相作用达成推高股价并"出货"的目的。其习惯在每日开盘前的集合竞价时段（9:15～9:25）开始"蓄势"。2007 年 3 月 9 日，9:15:12，莫分两笔以综艺股份（16.19，0.35，2.21%）当日涨停价位 17.15 元申报买入 117300 股，但分别在 9:18:43 和 9:18:31 撤单，而在 9:24:21，莫账户又以 15.65 元申报卖出该股票 13200 股。

交易所的统计数据显示，集合竞价阶段该只股票的市场买入总申报量为 379000 股、总撤单 137100 股，莫的账户买入申报量占市场总申报量的 65.20%，买入申报撤单量占市场总撤单量的 85.56%。在大量“假高价买单”的干扰下，当天综艺股份以 15.62 元开盘，并迅速摸高至当日最高价 16.19 元。

前述接近调查人员人士表示，“按照市场常态，买入前 5 档上的申报量大多比较均衡，且总量不会很大，假定共有 100 万股的申报买入量，但此时如有人申报 1000 万股进去，结果就像一块石头扔进水里，会引起其他投资者跟风，从而增加虚假推动量。

在最终认定的莫某某操纵的 7 只股票中，有 6 只股票均在集合竞价阶段进行过大量虚假申报和撤单。在 2007 年 5 月 9 日操纵高鸿股份（12.90，0.06，0.47%）股票过程中，莫也是先在集合竞价阶段大量申报买入并撤单。9:15:07，以当日涨停价格 15.79 元申报买入 63100 股；9:18:30，以 15.00 元申报买入 66500 股，上述两笔申报分别在 9:18:08 和 9:19:06撤单。

“从这个申买价来看，他清楚地知道，如果他不虚报买单，这只股票应该是什么价位。”前述人士说。从操作手法上看，莫某某明显是在利用目前的交易机制上的便利：9:15～9:25 之间，此时能申报也能撤单，即以涨停价申报买单，把集合竞价推高，9:25 以后就只能申报不能撤单，故在此时间之前把涨停板申报价格撤掉，但较高的集合竞价已经形成；9:25 之后或 9:30 开盘时突然卖出股票并获利。

（2）盘中推高出货。

集合竞价阶段的蓄势为盘中出货打开了一定的股价空间。

来自证券交易所的交易数据显示，2007 年 3 月 9 日，莫某某在集合竞价阶段频繁对综艺股份申报、撤单、未成交 1 股之后在盘中开始了“六指琴魔”般的操纵表演。9:37:29～

9:59:48，莫的账户连续8笔申报买入，共计1552000股，申报价格从第1笔的15.5元提高到第8笔的15.96元，之后全部撤单，撤单距申报时间平均1分03秒，最短仅10秒。在此期间，该股票的成交价格从莫申报前的15.57元上升到申报后的16.02元。与此同时，9:41:18～10:16:43，莫以均价15.96元卖出10笔，共计145889股。至此，一波“申报—推高—撤单—卖出”的完美操纵暂告一段落。

当然，表演远未结束。10:17:54～10:43:56，莫连续5笔申报买入，共计1766000股，申报价格从15.70元至15.95元不等，后全部撤单。在股价上升过程中，10:22:31～10:46:59，莫以均价15.92元卖出15笔，共计158050股。如此反复操作。根据证监会的调查结果，莫用自己实名账户申报买入综艺股份股票29笔，共计10730100股，但全部成功撤单。买入申报撤单量占该股票当日市场买入总申报量的57.07%。

更有甚者，2007年6月11日，莫申买长城电工（12.42，0.15，1.22%）股票37笔，撤单34笔，买入申报撤单量占该股票当日市场买入总申报量的65.39%。次日，莫又申报买入5笔长城电工，并全部撤单。其间，莫屡次在股价推高后将持有股票卖出获利。

“调查范围一般是在第一档跟第十档之间，莫的买单一般是挂在三档以后，（因为）成交机会比较小。这样做的结果是形成虚拟买盘汹涌的假象，从而吸引其他投资者跟进，达到维持股价或意图抬高股价的目的。”前述人员说，在连续进行申买和撤单操作以后，一般都会有一个反向操作，即抛卖单出来。

莫某某反复用相同的手法，在9天内对7只股票进行了操纵，共盈利77.48万元。

2. 连续一字跌停的股票坚决不能碰

什么是一字跌停？就是与一字涨停相反，开盘即封于跌停，通常是个股出现了资金链断裂、重大利空或长时间停牌后的补跌。

案例 2：合金投资（000633）资金链断裂后的价格崩盘

合金投资是典型的庄股时期的代表股，这类股有一定的历史背景，靠牺牲流动性进行高控盘维持较高的股价和独立走势。崩盘几乎是这类型股票的唯一出路：即牺牲股价，激活流动性。而资金链断裂后的价格崩盘是极凶猛的，一字跌停的股票价格再低也绝不能碰。

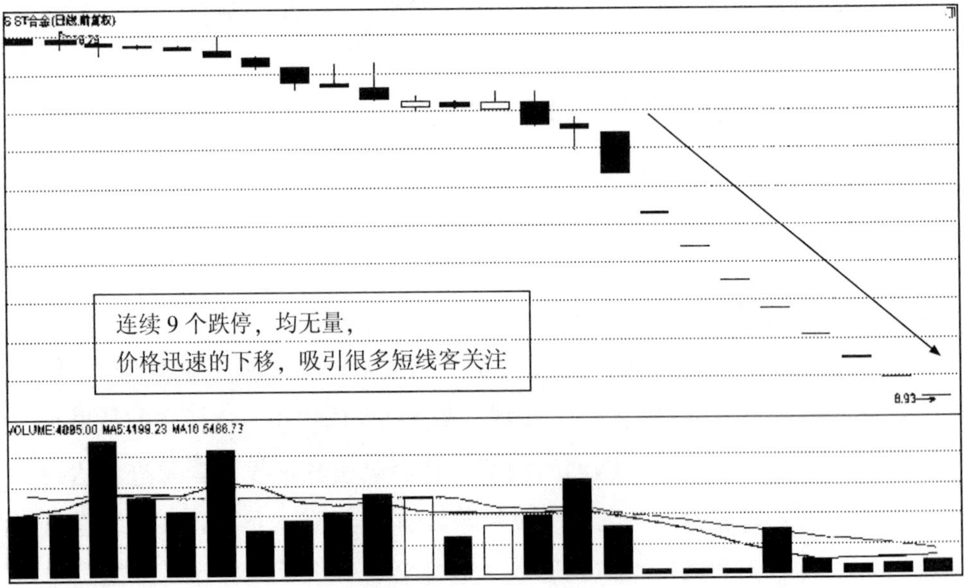

图 2—12—1 一字跌停—1

在图 2—12—1 中，该股连续 9 个跌停，价格迅速下移，吸引了很多场内短线客的关注，因为对比 9 天前，价格相当便宜，有诱惑力。但由于没有成交量，代表没有资金买入，多数短线客不敢入场，采取观望姿态。

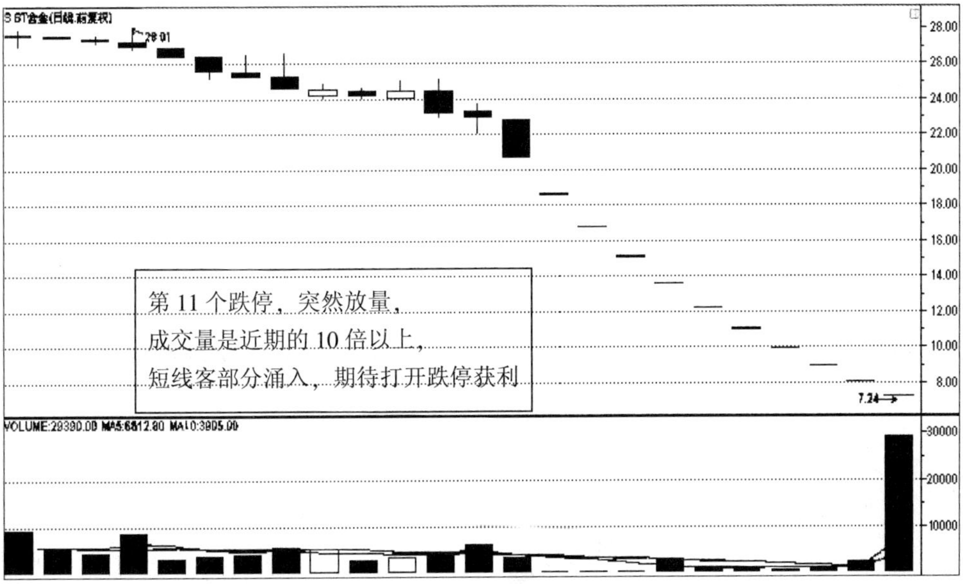

图 2—12—2　一字跌停—2

在图 2—12—2 中，又来两个跌停，至第 11 个跌停的时候，突然放量，下面成交量显得放大明显，即便目测也能看出是近期成交量的 10 倍以上，成交量代表买卖双方真实的成交所至，代表 11 个跌停后明显有资金入场并成交。想抄底的短线客若跟随买入，没打开跌停前就是当天最低价买入，貌似当天没有太大的风险。但主力为了放量吸引买盘，多用自己的钱买自己的跌停位置上的票（这从挂卖量的减少能够看到是否已经排到自己的挂单量，一旦进入到自己的挂单量，只是把股票左兜换右兜而已），虽损失手续费但能明显吸引买盘。主力买的是自己的，而跟风买入的也是庄家的，庄家以此达到出货目的。

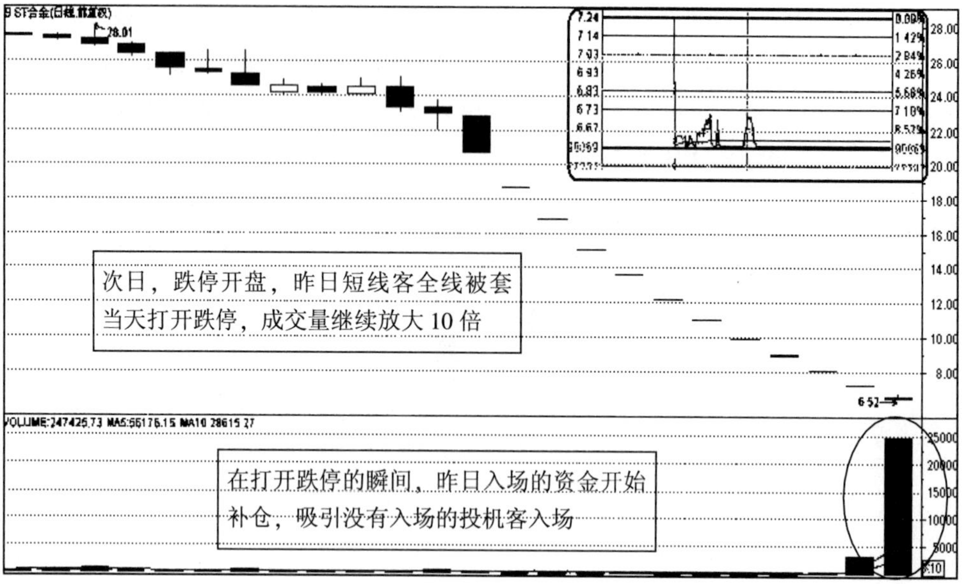

图 2—12—3 一字跌停—3

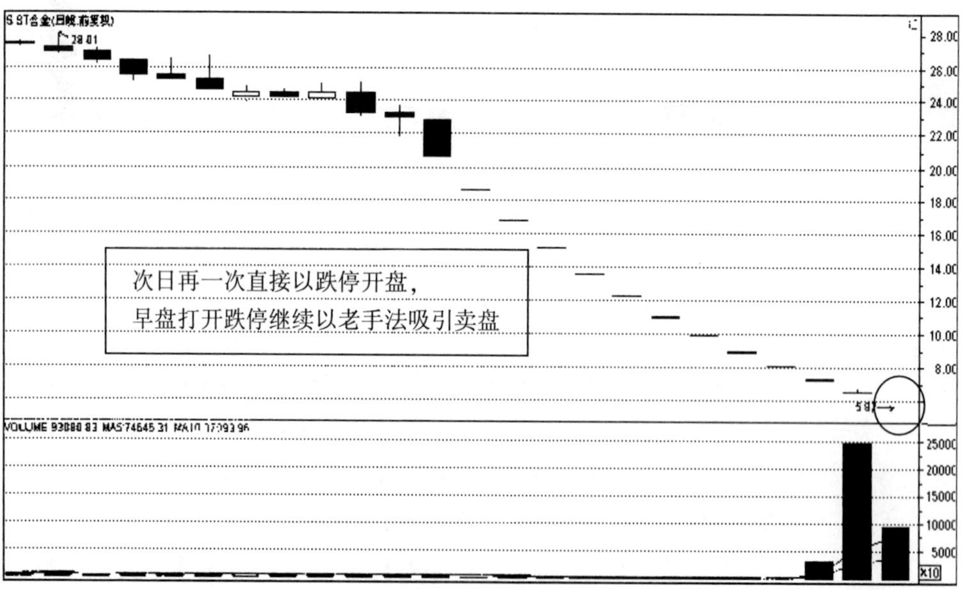

图 2—12—4 一字跌停—4

在图 2—12—3 中，次日直接跌停开盘，昨日看到放量入场搏反弹的短线资金全线被套，主力再用老方法对倒成交量，在昨日放大 10 倍的基础上，再次放出巨量，并盘中打开跌停板故意吸引买盘，昨天部分短线套牢资金进行补仓，又有一些新的短线资金入场。

在图 2—12—4 中，次日再一次直接跌停开盘，前两日炒短投资者又悉数被套，再用老方法继续吸引买盘，手法凶悍，谁进套谁。

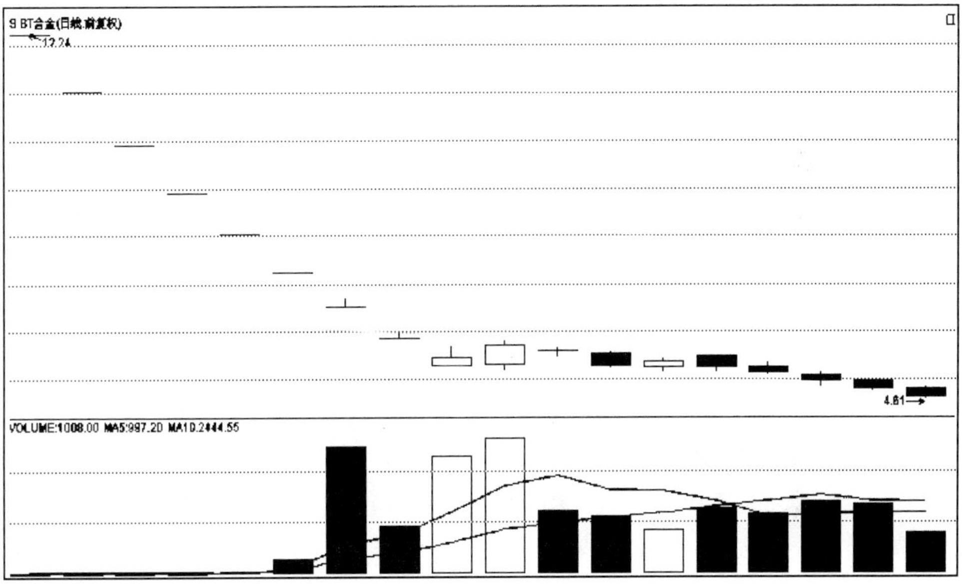

图 2—12—5　一字跌停—5

在图 2—12—5 中，次日再跌停开盘，即便短期有反弹，但前面被套的资金都解不了套，市场再由急跌运行到缓跌，慢慢出货，彻底套死短线投机客们。

案例 3：受整体上市停牌（云天化）和重大事项公布（重庆啤酒）

云天化（600096）长时间停牌后的补跌。云天化 2008 年 3 月 21 日停牌，11 月份复牌，期间大盘大跌，云天化补跌，如图 2—12—6 所示。

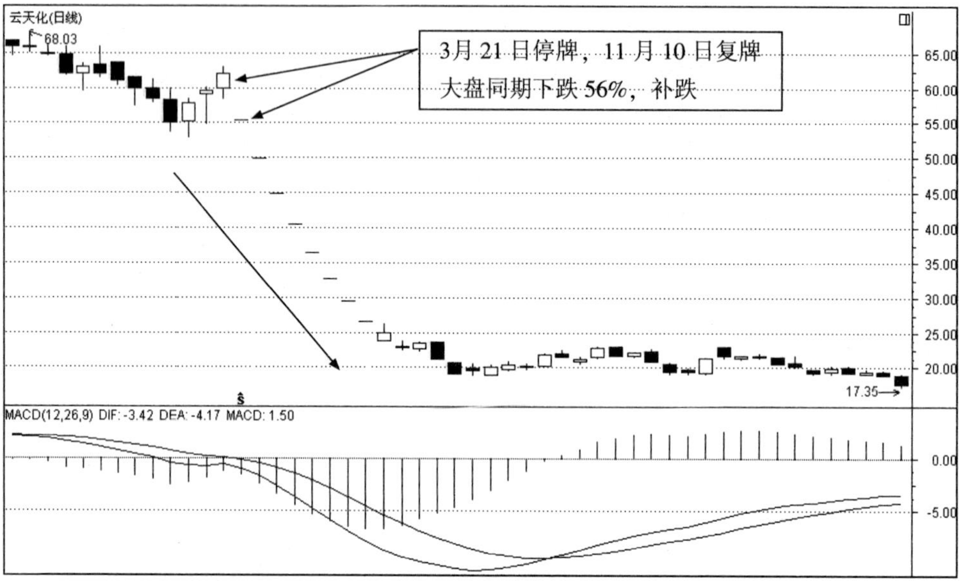

图 2—12—6 停牌补跌

在图 2—12—6 中，该股 2008 年 3 月 21 日停牌，同年 11 月 10 日复牌，大盘同期下跌 56%，该股补跌的过程中，连续一字跌停从 60 元跌到 20 元。

重庆啤酒（600132）2011 年 12 月 8 日乙肝疫苗事件重大利空，复牌后股价一路从 83 元跌到 20 元，如图 2—12—7 所示。

上述股票其实在多个跌停里的每一个跌停里，多少都是有成交的，而且按照价格优先、时间优先原则，买进去容易，却根本卖不出来，存在着非常巨大的风险。连续一字跌停的股，就是炸弹股，应坚决回避。

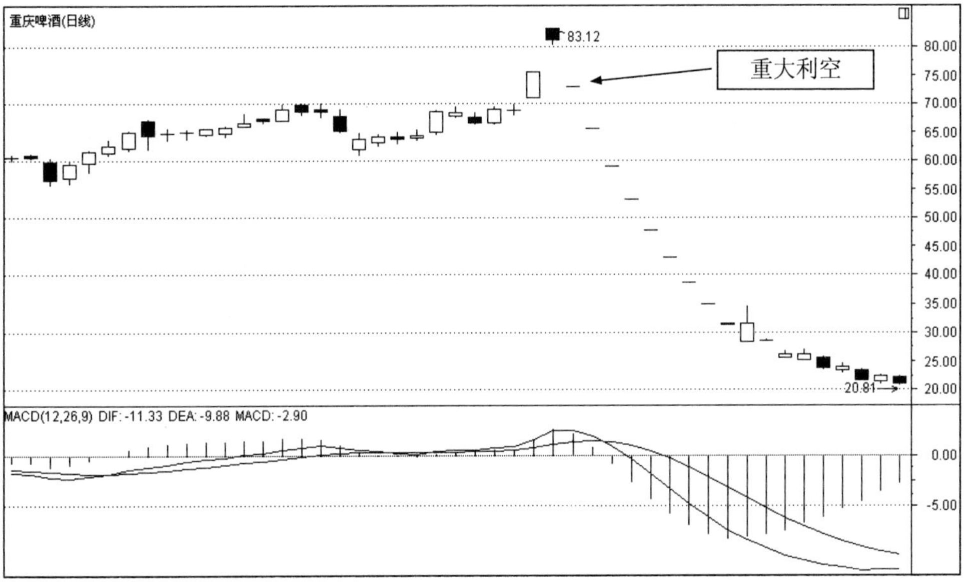

图 2—12—7 重大利空

在图 2—12—7 中，重庆啤酒 2011 年 12 月 8 日公布乙肝疫苗事件，重大利空，复牌后股价一字跌停，连续 9 个跌停板，放量打开后又下跌 40%多才见底，股价一路从 83 元跌到 20 元附近。

3. 盘口送礼

案例 4：盘中“送大礼”，半小时赚 22%

瞬间跌停后又直奔涨停直至收盘，万家乐 2009 年 4 月 2 日盘中表现令人惊叹。而在跌停那一刻成交的近百万股买单，半个小时就取得了 22%的丰厚收益。

万家乐 2009 年 4 月 2 日以 4.71 元开盘，高开 0.01 元，开盘后 10 多分钟的走势也不温不火，9:43，万家乐还在 4.73 元波动，突然，一笔 9690 手的卖单直接将股价砸到了 4.23 元的跌停价。股价在此未做停留，没等市场反应过来，又恢复到了 4.74 元的正常价位。就在“幸运”买家拿到筹码后的半小时内，万家乐股价一飞冲天，于 10:13 成功站上 5.17 元的涨停位。其后涨停短暂打开后又牢牢封住，直至收盘，仍有 72016 手买单挂在涨停价上。

由于万家乐当日振幅达到 22%，深交所盘后公布了该股的交易公开信息，上榜的均为营业部席位。因跌停仅在一瞬间，万家乐昨日分时走势图上并未出现深幅下挫的痕迹，但日 K 线还是留下了一根长长的下影线。

约 400 万元的成交金额，30 分钟时间盈利超过 90 万元，“幸运”买家无疑捡到了一个天上掉下来的大馅饼。不过，如此“手气”显然值得怀疑。如果不是交易双方事先约好在跌停价上买卖一定数量的筹码，从而实现利益输送，谁会有这么好的运气呢？很明显是一起非常明显的盘中“送大礼”行为，如图 2—12—8 所示。

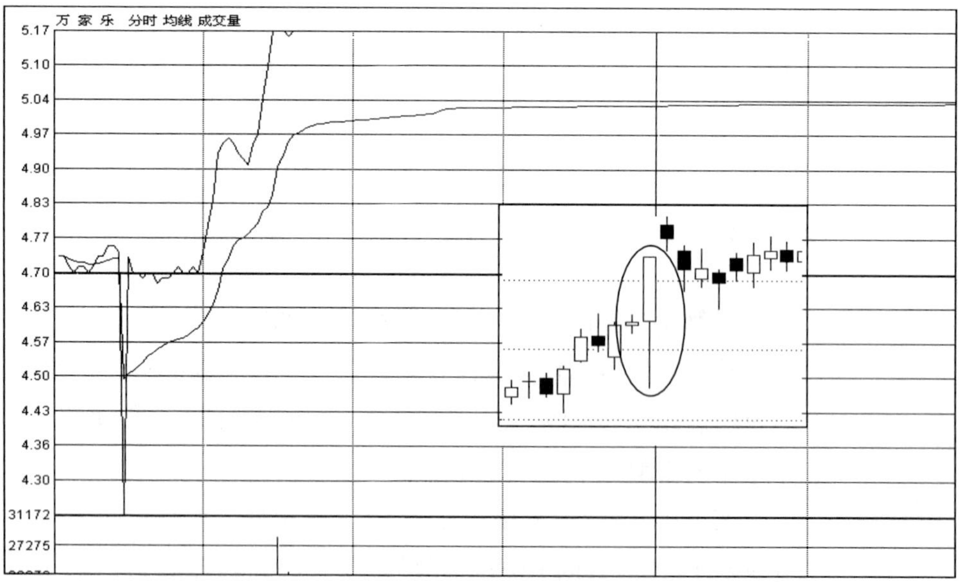

图 2—12—8 盘中送礼

在图 2—12—8 中，该股开盘后从 4.7 元迅速被打到 4.3 元以下，然后 1 分钟内又快速拉回，再至涨停，30 分钟获利 90 万元，盈利为 22%（1.1 除以 0.9）。

2009 年 10 月下旬，仅 10 天里就出现了多次的送大礼行为，分别是：

（1）10 月 19 日，中国重汽（000951）在盘中瞬间砸到 23 元，几近跌停，然后直线拉起，收盘上涨 5.38%，次日继续高开高走。其间高低差价达 5 元之多。

（2）10 月 23 日，抚顺特钢（600399）在盘中瞬间砸到 7.43 元，砸盘幅度一度超过 5%，然后直线拉起，收盘上涨 4.06%，次日继续上冲但产生大幅度震荡，其间高低差价达到 9 毛多。

（3）10 月 27 日，大橡塑（600346）在盘中瞬间砸到 6.54 元，这是差两分钱即跌停的位置，随后直线拉起，股价在上涨 3.72%附近企稳，盘中一度最高上涨超过 7%，其间差价达到 1.3 元左右。

（4）同天 10 月 27 日，兰州黄河（000929）在盘中瞬间砸到 8 元整，随后以更快速度直线拉起，企稳在上涨 3.32%附近，盘中最高曾经一度上涨到接近 5%，其间差价超过 1 元钱。

除此之外，还有很多盘口的经典案例，本书就不一一列举了。

后 记

利用2012年的春节放假休息时间，将《盘口》这本书的大部分文字工作完成，直到“五·一”节后，图片部分才完工。写书其实是件苦差事，以至于这本书从策划，开始写作，到完工历时了两年之久。本书的内容除非常少的部分引用于网上之外，绝大部分都是我本人在十多年的操作生涯里对于盘口经验的总结，而且一直坚持自己写，不找人代笔。在写作的过程中，已经注意了很多的细节问题。但由于本书所描述的内容属于专业知识，所以不排除本书可能在部分内容里有不很严谨的或考虑不到的细微之处，望广大读者给予谅解并进行指正，在此本人表示诚挚的感谢。

由于本书的字数有限，盘口的变化万千，本书仅仅是揭示了市场的一个部分。更多专业知识，可参加由和讯投资学院（http：//px. hexun. com/）主办的我本人主讲的网络系统培训课程，课程内容介绍可见博客首页左侧链接。